Der Königsplatz in München

Peter Köpf

Der Königsplatz in München

Ein deutscher Ort

Ch. Links Verlag, Berlin

Die Deutsche Bibliothek verzeichnet diese Publikation
in der Deutschen Nationalbibliographie;
detaillierte bibliographische Daten sind im Internet
über http://dnb.ddb.de abrufbar.

1. Auflage, September 2005
© Christoph Links Verlag – LinksDruck GmbH
Schönhauser Allee 36, 10435 Berlin, Tel.: (030) 44 02 32-0
www.linksverlag.de; mail@linksverlag.de
Umschlaggestaltung: KahaneDesign Berlin,
unter Verwendung eines Fotos der Bayerischen Staatsbibliothek München (Bildarchiv Hoffmann),
das den nördlichen »Ehrentempel« am Königsplatz zeigt (November 1935)
Satz, Gestaltung und Lithos: Uwe Friedrich, Berlin
Druck und Bindung: Bosch Druck GmbH, Landshut

ISBN 3-86153-372-3

Inhalt

Hitlers München (1933–1945)

Unbequeme Altlast (1945 bis heute)

Anhang

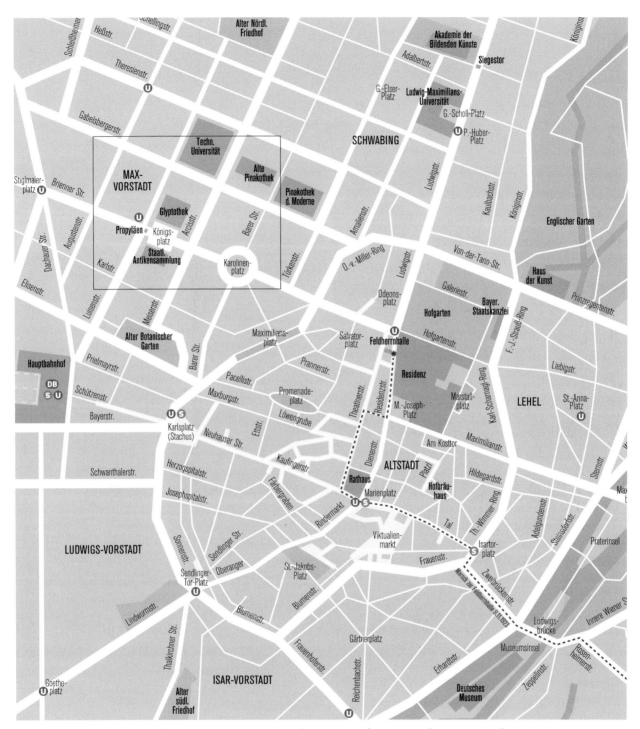

Die Münchner Innenstadt. Ringförmig um das Stadtzentrum führt eine Straße, die ungefähr den Verlauf der mittelalterlichen Stadtmauer wiedergibt. Die Stadtentwicklung im 19. Jahrhundert vollzog sich hauptsächlich in nördlicher und westlicher Richtung: Nach Norden entlang der neu angelegten Ludwigstraße, nach Westen entlang der Brienner Straße, über den Karolinenplatz zum Königsplatz und weiter zum Stiglmayerplatz. Gepunktet die Route der Putschisten vom 9. November 1923.

Der Königsplatz von der heutigen Antikensammlung aus gesehen. Links die Propyläen, rechts die Glyptothek.

Vorwort

München hat viele schöne Plätze, darunter manche mit bewegter Geschichte. Der Königsplatz ist der bedeutendste. Bis heute spielt er im kulturellen Alltagsleben Münchens eine ganz besondere Rolle.

Es war München nicht in die Wiege gelegt worden, eine »Weltstadt mit Herz« zu werden. Die im Hochmittelalter von Welfenkaiser Heinrich dem Löwen gegründete Stadt erlebte erst im frühen 19. Jahrhundert jenen Entwicklungsschub, der aus der provinziellen Residenz eine Kulturmetropole machte. München dehnte sich zunächst nach Norden (Ludwigstraße) und Westen (Brienner Straße) aus. Der Königsplatz, auf halbem Weg zwischen der Residenz und dem Schloß Nymphenburg gelegen, sollte nach den Vorstellungen seiner Schöpfer, des Kronprinzen Ludwig und seines Architekten Leo v. Klenze, ein Ort der Musen sein, ein Ort für Kunstgenuß und Bildung.

Die Geschichte nahm jedoch eine andere Wendung. Nachdem Ludwig und Klenze die beiden Museen und das zugehörige neue Stadttor erbaut hatten, alle drei im griechisch-antiken Stil gehalten, mußte der prächtige, geräumige Platz zunehmend als Ort für staatstragende Feierlichkeiten herhalten. Auch verschiedene Gruppierungen hielten dort gern ihre Versammlungen ab, sie gehörten vorwiegend einem bestimmten Spektrum der politischen Farbenlehre an. Monarchie und deutsche Geschichte, schon in der Person Ludwigs untrennbar verbunden, vereinnahmten den Königsplatz. Nach-

dem der Erste Weltkrieg verloren und die Demokratie gewonnen war, entwickelten sich in München aus der Gruppe monarchistischer Heimatbündler rechtskonservative, radikale, schließlich extremistische Vereinigungen, aus denen auch die NSDAP hervorging.

Im »Dritten Reich« erhielt München den Titel »Hauptstadt der Bewegung« und nahm damit eine Sonderstellung unter den deutschen Städten ein. Der »Führer« hatte zu der Isar-Metropole eine enge emotionale Bindung entwickelt. Hitler lebte seit 1913 in München, wo er bis 1945 seinen privaten Wohnsitz behielt. In München formte er aus einer unbedeutenden Splittergruppe namens DAP die NSDAP, die bald zur Massenpartei aufstieg, hier feierte die NS-Prominenz nach der »Machtergreifung« große Feste.

Zentraler Versammlungsort für die politischen Rituale der NSDAP war von 1933 an der Königsplatz, den Hitler zu diesem Zweck mit Granitplatten pflastern ließ. Dort standen die beiden »Ehrentempel« mit den Sarkophagen der beim Putschversuch 1923 ums Leben gekommenen Hitler-Anhänger. Zwei monströse Verwaltungsbauten der NSDAP an der Ostseite des Platzes waren Hitler noch lange nicht genug: Er ließ anschließend das gesamte umliegende Viertel aufkaufen. Von diesem NSDAP-Stadtteil aus lenkten emsige Parteigenossen die Millionen Mitglieder umfassende »Staatspartei« und weite Bereiche des öffentlichen Lebens.

Es hätte nahegelegen, am Königsplatz ein eigenständiges NS-Dokumentationszentrum einzurichten. Dazu ist es bis heute nicht gekommen. Während etwa in Nürnberg oder auf dem Obersalzberg (aber auch in Berlin) erfolgreiche Dauerausstellungen die Geschichte erklären, haben Münchens Verantwortliche nach 1945 zwar debattiert, geschehen ist jedoch nichts. Wichtiger war ihnen, die Stadt so schnell wie möglich von der unangenehmen Vergangenheit zu befreien und den Fremdenverkehr anzukurbeln. Aktive Erinnerungsarbeit zur dunkelsten Epoche der Stadtgeschichte hätte dabei eher gestört.

Dennoch ist der Platz dauerhaft »entnazifiziert« worden, auch wenn die beiden NS-Verwaltungsbauten – heute von der Universität genutzt – äußerlich nahezu unverändert an der Ostseite stehen.

Friedliche Veranstaltungen finden heutzutage hier statt: Openair-Kino, Opern-Events, Konzerte. Statt der Granitplatten sind wieder Grünanlagen entstanden, die denen Klenzes gleichen. Der Königsplatz ist heute wieder Aushängeschild der Kulturmetropole München.

Das vorliegende Buch erzählt die wechselhafte, spannende Geschichte des Platzes anhand von Archivalien, historischen Photos und Zeitzeugenberichten. Die Veränderungen des Königsplatzes sind für die deutsche Geschichte der vergangenen beiden Jahrhunderte symptomatisch, er ist deshalb ein sehr deutscher Ort. Er zeigt auch, wie schwierig es ist, angemessen mit der Vergangenheit umzugehen. Verdrängung ist jedoch eine denkbar ungeeignete Maßnahme, um mit der Geschichte zu leben und die Zukunft zu gestalten.

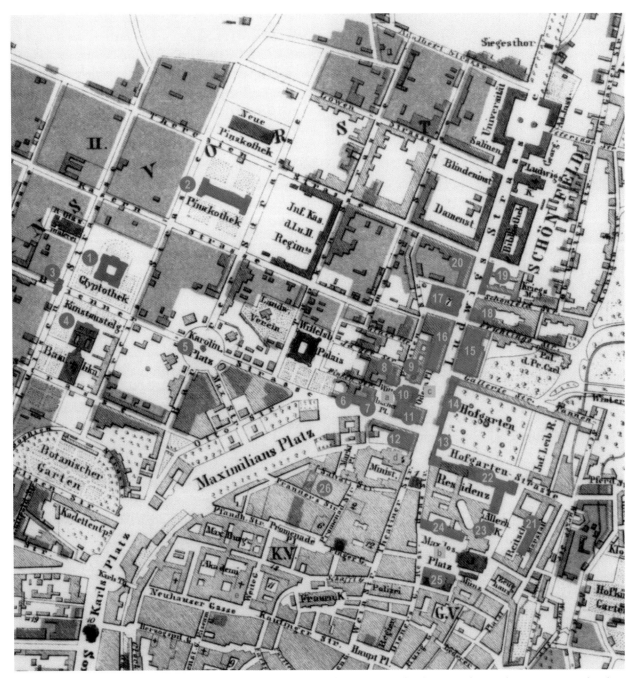

Stadtplan Münchens von 1850: Der »Fürstenweg«, die Brienner Straße stellt die Verbindung von der Residenz zum Königsplatz her, der die Stadt Richtung Westen (Schloß Nymphenburg) abschließen sollte. Das bürgerliche Zentrum verlor an Bedeutung, die Residenz – und damit die Monarchie – standen im Mittelpunkt des neuen Achsenkreuzes.

Leo v. Klenze, der Architekt des Königsplatzes, war ein vielseitig begabter Künstler. Um seinem königlichen Auftraggeber die geplanten Bauwerke anschaulich machen zu können, malte er sie häufig. Hier sein 1848 entstandenes Gemälde der Propyläen, die als Stadttor die Platzanlage des Königsplatzes nach Westen abschließen sollten. Ihre Errichtung begann erst 1856.

Der Maler vom Königsplatz

Einleitung

Niemand weiß genau, wie es kam, daß Friedrich Echinger eine Randfigur der Geschichte geworden ist. Fakt ist, daß er mit einer Hauptfigur der Weltgeschichte etwas teilte: die Liebe zu München. Es war wohl an einem Sonntag im Frühsommer 1913, da fuhr der Lehrer aus Ingolstadt mit der Bahn in die bayerische Landeshauptstadt, spazierte durch die Straßen im Zentrum, über den Marienplatz zur Residenz und von dort zum Königsplatz. Dort sah er einen etwas abgerissenen, hageren jungen Mann an einer Staffelei, der die *Propyläen* malte. Sie kamen ins Gespräch, und Echinger fiel der österreichische Dialekt auf. Vielleicht erzählte ihm der Maler, daß er sich seit sechs Jahren als Kunstmaler durchschlug, die Kunstakademie in Wien ihn zweimal abgewiesen hatte und er am 24. Mai von Wien nach München gezogen war, um der Einberufung in die österreichisch-ungarische Armee zu entgehen.

Nun zeichnete er mit dem Bleistift das Siegestor und die Feldherrnhalle oder aquarellierte die Altstadt-Winkel und die Bauten am Königsplatz. Der Maler liebte den Königsplatz, die Architektur faszinierte ihn: Klenzes *Glyptothek* an der nördlichen Platzseite, der Ziebland-Bau des ehemaligen »Museums zur Förderung der Künste und Gewerbe in Bayern« auf der Südseite, der nun der Künstlervereinigung »Münchner Sezession« als Galerie diente, und die *Propyläen*, das Tor an der Westseite. Er liebte die ganze Stadt, von der ersten Stunde an. »Es gab wohl tausend und mehr Dinge, die mir innerlich lieb und teuer waren oder wurden«, sollte

der Maler später in einem Buch mit Millionenauflage schreiben. Er meinte damit nicht etwa seine spätere Freundin und Ehefrau, von der er noch nichts wissen konnte, da sie erst ein Jahr zuvor, 1912, in München geboren worden war. Er schrieb, ihn habe »die wunderbare Vermählung von urwüchsiger Kraft und feiner künstlerischer Stimmung, diese einzige Linie vom Hofbräuhaus zum Odeon, vom Oktoberfest zur Pinakothek« angezogen. »Daß ich heute an dieser Stadt hänge, mehr als an irgendeinem anderen Fleck der Erde auf dieser Welt, liegt wohl mitbegründet in der Tatsache, daß sie mit der Entwicklung meines eigenen Lebens unzertrennlich verbunden ist und bleibt.«[1]

Vielleicht hat der Maler dem Lehrer das schon damals erzählt. Am Ende ihrer Unterhaltung kaufte Echinger jedenfalls dem abgerissenen Mann aus Wien für wenig Geld ein 21,2 mal 34,9 Zentimeter großes Aquarell der *Propyläen* ab und fuhr zufrieden nach Hause.

Im August 1914 kam der Krieg, und der Maler meldete sich freiwillig – bei den Deutschen. Mehr als vier Jahre später kehrte er aus dem Krieg zurück, der sich zum Weltkrieg entwickelt hatte, wütend wegen des »Verrats der Novemberverbrecher« und des »Versailler Diktats«. Wieder in München suchte der Gefreite nach Orientierung. Deren politische Ausrichtung war zunächst offenbar nicht festgelegt. Er war als Vertrauensmann seines wieder in München befindlichen Regiments für die Verbindung mit der Räteregierung zuständig, und es gibt

Ein Hitler-Aquarell des »Alten Hofs« in München aus dem Jahre 1914. Seit 1913 lebte er in München, wo er als Arbeitsloser Aquarelle von bekannten Münchner Bauwerken verkaufte.

sogar ein Photo, das ihn als Mitmarschierer im Trauerzug für den kurz zuvor ermordeten, ersten demokratisch gewählten Ministerpräsidenten Bayerns, Kurt Eisner, zeigt. Nach der blutigen Niederschlagung der Räteregierung durch »Freikorps« und Reichswehr im Frühjahr 1919 denunzierte er angeblich »bolschewistische« Regimentsmitglieder und ließ sich dann von der Propaganda-Abteilung der Reichswehr anwerben. Im Auftrag seines Vorgesetzten verdiente der Maler und Gefreite sein Brot nun damit, die neu entstehenden kleinen Zirkel und Parteien zu beobachten. Als Spitzel saß er eines Tages in der Versammlung einer Partei namens Deutsche Arbeiterpartei (DAP). So begann eine neue Etappe der Weltgeschichte.

Als Mitglied Nummer 555 – die Zählung begann bei 500 – trat er der DAP von Anton Drexler bei, besuchte an der Universität einen Rednerkurs und übernahm bald die Führung der DAP, der er den Namen »Nationalsozialistische Deutsche Arbeiterpartei« (NSDAP) und das Hakenkreuz als Parteisymbol verpaßte.

Hier, in München, erlebte der Maler in den folgenden Jahren verheerende Niederlagen und große Siege. Hier schoß er am Abend des 8. November 1923 ein Loch in die Decke des Bürgerbräukellers, proklamierte die nationale Revolution, setzte am darauffolgenden Tag einen Demonstrationszug in Bewegung, der nach Berlin marschieren sollte und schon an der Feldherrnhalle zusammengeschossen wurde. Noch stand die Reichswehr auf der anderen Seite.

Spätestens zu diesem Zeitpunkt, zehn Jahre nach seinem Eintreffen in München, war der Maler vom Königsplatz über die Stadt hinaus ein bekannter Mann. Hier ließ er seine Partei nach der Entlassung aus der Festungshaft in Landsberg am 27. Februar 1925 auferstehen, wie weitere zehn Jahre später auch die 16 Toten, deren Blut im November 1923 auf das Pflaster vor der Feldherrnhalle und angeblich auch auf eine schmutzige Hakenkreuz-Fahne geflossen war.

Kurz vor dem Zweiten Weltkrieg, irgendwann im Sommer 1939, wurde Friedrich Echinger an den Maler vom Königsplatz erinnert. Vor ihm stand ein Mann, der ihm 5000 Reichsmark anbot, wenn er dafür das damals erworbene Bild herausrücke. Ob Echinger es gern behalten hätte, ist nicht bekannt. Aber das ist ohnehin uninteressant, denn sein Gast gab unmißverständlich zu verstehen, daß das Angebot ein Befehl sei. Er kam im Auftrag des »Stellvertreters des Führers«, Rudolf Heß.

Der Maler beherrschte inzwischen eine Partei mit mehreren Millionen Mitgliedern, die ihr Hauptquartier am Königsplatz in München aufgeschlagen hatte. Längst hatten die Deutschen ihm die Regierungsverantwortung übertragen und er hatte getan, was 43,7 Prozent der Wähler von ihm erwartet hatten: den Versailler »Schandvertrag« aufgekündigt und diejenigen Politiker einsperren oder ermorden lassen, die er für diesen »Verrat« verantwortlich machte. Er hatte außerdem Deutschlands Reichswehr zu einer nach Millionen von Soldaten zählenden »Wehrmacht« vergrößert sowie das Sudetenland und Österreich »heim ins Reich« geholt.

München durfte sich mittlerweile offiziell »Hauptstadt der Bewegung« nennen. Diesen Titel trug die Stadt seit dem 2. August 1935 »mit freudi-

Eine aufgeregte Menschenmenge vor der Münchner Feldherrnhalle. Es ist der 2. August 1914, gerade ist der Kriegsausbruch bekannt-gegeben worden. Die königlich-bayrische Gesellschaft steht wie das gesamte alte Europa vor dem Abgrund. Ganz vorne an der Feld-herrnhalle ist der damals noch völlig unbekannte Adolf Hitler dabei und jubelt...

gem Stolz«, wie Adolf Dresler, Hauptamtsleiter der Reichspressestelle der NSDAP, in seinem Buch über »Das Braune Haus und die Verwaltungsgebäude der Reichsleitung der NSDAP. [sic] in München« schrieb. »Dieser Titel gebührt ihm aus mehreren Gründen: München ist die Geburtsstadt der NSDAP. (...), von hier aus hat der Nationalsozialismus seinen Siegeslauf durch ganz Deutschland angetreten; hier fand sich 1919 eine kleine Gruppe von sieben Mann zusammen, die (...) zur Millionenpartei aufstieg, die heute das Schicksal Deutschlands bestimmt. (...) Das Volksleben Münchens wird nicht von Verstand, sondern vom Gemüt beherrscht, und so konnte München am besten den Nährboden für eine Bewegung abgeben, die sich in erster Linie an das Gemüt und an den Glauben wendet.«

Adolf Hitler, eben jener Maler, der im Frühsommer 1913 die *Propyläen* gemalt hatte, wußte früh, daß er die Stadt einmal zum Zentrum seiner »politischen Religion« (Eric Voegelin) erheben wollte. In seinem Polit-Pamphlet »Mein Kampf« schrieb er: »Die geopolitische Bedeutung eines zentralen Mittelpunkts einer Bewegung kann (...) nicht unterschätzt werden. Nur das Vorhandensein eines solchen, mit dem magischen Zauber eines Mekka oder Rom umgebenen Ortes kann auf die Dauer einer Bewegung die Kraft schenken, die in der inneren Einheit und der Anerkennung einer diese Einheit repräsentierenden Spitze begründet liegt. So darf bei der Bildung der ersten organisatorischen Keimzellen nie die Sorge aus dem Auge verloren werden, dem ursprünglichen Ausgangsort der Idee die Bedeutung nicht nur zu erhalten, sondern zu einer überragenden zu steigern.«

Am 12. Juni 1925 erklärte Hitler auf der NSDAP-Führertagung in Plauen: »Rom – Mekka – Moskau! Jeder der drei Orte verkörpert eine Weltanschauung. Bleiben wir bei der Stadt, die die ersten Blutopfer unserer Bewegung sah: Sie muß das Moskau unserer Bewegung werden!« München, ergänzte er wenige Wochen später in Stuttgart, sei für ihn »geheiligter Boden«. Die »Kathedrale« dieses Kult-

Zentrums war der Königsplatz. Hier baute er das Hauptquartier seiner Partei, groß wie eine Botschaft, hier liefen seine Parteigenossen am 30. Januar 1933 zusammen, nachdem Reichspräsident Paul v. Hindenburg ihn zum Reichskanzler ernannt hatte, obwohl der bayerische Ministerpräsident Heinrich Held von der Bayerischen Volkspartei (BVP) die Demonstration verboten hatte. Hier feierten Hitlers Anhänger am 21. März 1933 den endgültigen Sturz des bisherigen Ministerpräsidenten Held: »Ein Wald von Fahnen, Standarten und anderen Abzeichen füllte die Stufen zum Gebäude der Neuen Staatsgalerie«, berichteten die *Münchner Neuesten Nachrichten* anderntags. Den Ziebland-Bau an der Südseite des Platzes hatten zu diesem Zweck Scheinwerfer und brennende Fackeln beleuchtet.

Da Hitler nun wegen seiner Aufgaben öfter in Berlin als in München weilte, stellte er im Nürnberger Rathaus bei der Begrüßung zum NSDAP-Reichsparteitag am 30. August 1933 noch einmal klar: »Wir wissen, daß die Führung dieser Bewegung dort bleibt, wo sie einst ihren Ausgang genommen hat: in München. Wir wissen, daß die Regierung des Reiches in Berlin bleibt.« Zu diesem Zeitpunkt hatte er die Pläne für sein »Mekka« schon im Kopf, »der Professor« arbeitete längst daran, sein damaliger Leibarchitekt Paul Ludwig Troost. Der Königsplatz sollte diesen Vorstellungen zufolge zum Wallfahrtsort der Deutschen werden, hier ließ Hitler die »Blutzeugen« ehren, die »Märtyrer der nationalsozialistischen Bewegung«, die für ihren Glauben und Hitlers Ideen gestorben waren. Der Königsplatz war nach den Worten von Hauptamtsleiter Dresler »nach dem Wunsch und Willen des Führers eine Weihe- und Versammlungsstätte des von ihm geeinten deutschen Volkes« geworden.

Das war nur die halbe Wahrheit. Denn lange vor Hitler war der Königsplatz bereits ein sehr deutscher Ort. Schon als Kronprinz konzipierte der spätere König Ludwig I., »voll teutschen Sinn's«, den Platz als Symbol des Kampfes gegen den damaligen Beherrscher Europas, den französi-

GEDENKT DER OPFER DES FASCHISMUS!

In den Trümmern der Stadt gedenkt das Volk nach 1945 der »Opfer des Faschismus«, hier vor der Feldherrnhalle 1947. Die Honoratioren dagegen wollen die Rolle ihrer Stadt im Nationalsozialismus (einige auch ihre eigene Rolle) möglichst bald aus dem kollektiven Gedächtnis tilgen. Aus der »Hauptstadt der Bewegung wird nach 1945 binnen kurzer Zeit die »Weltstadt mit Herz«.

schen Kaiser Napoleon. Kunst und Architektur waren hier die Waffen, der Königsplatz der Ort von Ludwigs Kampf. Auch zahlreiche andere Architekten und Politiker wünschten den Königsplatz danach als Aufmarschplatz zu nutzen, Pläne gab es zuhauf.

Hitler ließ dann tatsächlich Granitplatten verlegen. Weil der »Führer« am Königsplatz die »Messen« seines nationalreligiösen Kults lesen ließ, haben die Münchner diesen Teil der Vergangenheit nach 1945 so rasch wie möglich vergessen. Die Stadtoberen verdrängten die Rolle Münchens und des Königsplatzes im Nationalsozialismus bewußt aus dem architektonischen und politischen Gedächtnis der Stadt.

Hätten Adolf Hitler und seine Anhänger im Zweiten Weltkrieg gesiegt, der Sarg des Diktators stünde heute in München in einem Mausoleum, der angrenzende Königsplatz in der Maxvorstadt wäre eine politische Wallfahrtsstätte. Davon wollte die »Weltstadt mit Herz« nach 1945 nichts mehr wissen, als der Königsplatz kaum mehr den Zeichnungen und Gemälden Hitlers glich. Die *Glyptothek* war eine Ruine, das »Braune Haus« völlig zerstört. Nur die am Königsplatz errichteten NS-Bauten hatten kaum einen Kratzer abbekommen und wurden schnell »demokratisiert«. Der Platz selbst blieb jahrzehntelang ein Schandfleck Münchens. Mittlerweile sind die verrufenen Platten verschwunden, und über die Geschichte ist Gras gewachsen.

Vor der Glyptothek auf dem Königsplatz, Aufnahme um 1900.

Ludwigs Kampf

Leo Klenze und König Ludwig I., die Schöpfer des Königsplatzes

München wäre heute eine andere Stadt, hätte eine bestimmte junge Frau ausgeführt, was andere ihr aufgetragen hatten. Dann wäre Ludwig weder Kronprinz noch König geworden, es gäbe keine Theresienwiese und kein Oktoberfest, und der Königsplatz erinnerte nicht an Athen, sondern, wenn es ihn überhaupt gäbe, an Wien.

»Jetzt bin ich Ihre Untertanin!«
Eine junge Frau macht Bayerns König

Im ausgehenden 18. Jahrhundert sah der weißblaue Kurfürst Karl Theodor sich und seine Bayern vom nach-revolutionären Frankreich bedroht. Seine größte Sorge aber war: Er hatte keine Nachkommen, jedenfalls keine, die ihn auf dem Thron hätten beerben dürfen. Die vier Kinder seiner Ex-Geliebten, der Tänzerin Josepha Seyffert, hatte er nicht legitimiert, so daß sie für die Thronfolge nicht in Frage kamen. Doch dann starb Karl Theodors Ehefrau Elisabeth Auguste, die er 33 Jahre zuvor, nach dem Tod ihres einzigen Sohns an dessen erstem Tag auf Erden, ins pfälzische Oggersheim verbannt hatte, weil sie nicht mehr gebären konnte. Ihr Tod eröffnete neue Möglichkeiten für den Greis von inzwischen 70 Jahren.

Wenig war Karl Theodor bis zu diesem Zeitpunkt in München gelungen. Als 1777 der letzte Wittelsbacher der altbayrischen Linie, der »Vielgeliebte« Kurfürst Max III. Joseph, kinderlos gestor-

ben war, sprach der preußische König Friedrich II. zwar vom »Glücksschwein Carl Theodor«, weil der Kurfürst von Pfalz-Bayern nun nach dem Wittelsbacher-Hausvertrag von Pavia das Herzogtum Altbayern samt der Landeshauptstadt München erbte und zu einem der mächtigsten deutschen Adligen aufstieg. Doch Karl Theodor jammerte, weil er das blühende, durch eine moderne Stadtanlage im

Kurfürst Karl Theodor erbte Bayern 1777. Er war ein rückwärtsgewandter, despotischer Herrscher und einer der Vorläufer von Ludwig I.

Rastergrundriß vergrößerte Mannheim verlassen und ins rückständige München ziehen mußte: »Jetzt sind die guten Tage vorbei.« Verzweifelt versuchte er, Altbayern gegen die habsburgischen Niederlande (Belgien) zu tauschen, die Österreicher waren schon in Bayern eingerückt, da verhinderte ausgerechnet König Friedrich II. von Preußen im »Kartoffelkrieg« von 1778/79 ohne einen Schuß den Tausch, da er den Machtzuwachs der verhaßten Österreicher verhindern wollte.

Das ungeliebte Bayern blieb in der Hand des Erben der Wittelsbacher, Karl Theodor, aber die Einwohner nahmen es dem »Zuag'roasten« übel, daß er sie hatte verschachern wollen.

Karl Theodor fühlte sich in München ständig bedroht und sah sich 1781 gezwungen, die Aufführung eines bayrischen Historienstücks zu verbieten, weil es einen Königsmord aus dem Jahre 1208 verherrlichte. Mit den »Illuminaten«, jener geheimnisumwitterten Aufklärer-Truppe, vertrieb er 1784

auch seinen allzu nachsichtigen Bücherzensor Maximilian v. Montgelas und verbot Lektüre und Veröffentlichung der Schriften von Kant, Fichte, Wieland und Schiller.

Seine Angst vor Verschwörern führte zu Bespitzelung, Denunziation und Zensur. Und so fuhren in diesen Jahren wissensdurstige Münchner Bürger am Wochenende ins nahegelegene Freising, wo ein toleranter Bischof herrschte, um dort Zeitungen zu lesen, die in München verboten waren.

Alles war von gestern an diesem Monarchen, und sogar die Neffen im Wittelsbacher Herzogtum Pfalz-Zweibrücken warteten nur auf seinen Tod, davon war Karl Theodor überzeugt. Da bot ihm der österreichische Kaiser Joseph II. – aus den bekannten machtpolitischen Gründen und nach dem Sprichwort: »Du glückliches Österreich heiratest, statt Kriege zu führen« – eine junge Frau zur Gemahlin an, und Karl-Theodor beeilte sich, diese letzte Gelegenheit zu nutzen, um doch noch einen legitimen Nachfolger zeugen zu können.

Im Februar 1795, mitten in der Fastenzeit, heiratete er die 19jährige Habsburger Erzherzogin Maria Leopoldine von Österreich-Este. Der österreichische Kaiser wollte damit die Möglichkeit schaffen, Bayern seinem Reichsgebiet auf dem Erbweg zuschlagen zu können. Die junge Frau hatte sich zunächst schockiert geweigert, einen so alten Mann zu ehelichen, und gab erst nach langem Widerstand der ihr auferlegten »Staatsraison« nach. Aber ihren »Auftrag« erfüllte sie dennoch nicht, obwohl Karl Theodor tat, was er konnte. Sogar seinen Obersthofmeister soll er zu seiner Frau geschickt haben, schreibt Sylvia Krauss-Meyl, um ihr »in seinem Auftrag ein Kind zu machen, für das er die Vaterschaft übernehmen würde«.[1]

Karl Theodors neue Frau verweigerte sich hartnäckig, machte aber im Gegenzug das Münchner Lustschloß »Nymphenburg« zu einem mehr als vergnüglichen Platz und fand nicht nur an italienischen Gardeoffizieren und Münchner Hofmusikern Gefallen, sondern auch an Max(imilian) Joseph,

Friedrich II. von Preußen und Joseph II. von Österreich zankten sich trotz öffentlicher Sympathiebekundungen um Bayern. Beide wollten weitere Geländegewinne des anderen verhindern.

dem Oberhaupt des Zweibrücker Zweigs der Wittelsbacher. Dessen Herzogtum hielten gerade die Franzosen besetzt, weshalb der Wittelsbacher in Mannheim und im fränkischen Ansbach lebte, gewissermaßen im Exil.

Max Josephs Sohn Ludwig erfuhr Jahrzehnte später, »daß mein Vater bei Lebzeiten des verstorbenen Kurfürsten die verwitwete Kurfürstin beschlafen habe«, und war schockiert: Hätte sein Vater mit der Kurfürstin einen Sohn gezeugt, Karl Theodor hätte den Sproß eines der verhaßten Wittelsbacher als seinen eigenen anerkannt und damit den ersehnten Thronfolger gehabt. Welche Ironie der Geschichte wäre das gewesen!

Als der greise Kurfürst am 12. Februar 1799 beim Tarockspiel zusammenbrach und vier Tage später starb, verhinderte erstaunlicherweise die Witwe, die Kurfürstin, die Österreicherin, daß Bayern nun wie geplant an Österreich fiel. 60 000 »verbündete« Österreicher rückten umgehend in Bayern ein. Allerdings beanspruchte neben Österreich auch die Wittelsbacher-Linie in Zweibrücken den Thron. Den Ausschlag gab die Kurfürstin. Sie schrieb an Max Joseph, ihren zeitweiligen Liebhaber: »Jetzt bin ich Ihre Untertanin, und ich bin stolz darauf.« Sie verriet damit ihre eigene Familie und ihr Volk. Aus Rache?

Das neue Kurfürstenpaar, Max Joseph und seine zweite Ehefrau Karoline Friederike Wilhelmine, Prinzessin von Baden, zog am 12. März 1799 in München ein, umjubelt von den versammelten Schaulustigen. Mit ihnen kam Maximilian v. Montgelas nach München zurück, und auch die evangelische Kirche, der Max Josephs erste Frau angehört hatte, hielt Einzug an der Isar. Viel wichtiger für die Entwicklung Bayerns und der Stadt war jedoch das älteste der vier Kinder aus Max Josephs erster Ehe, der Kronprinz, Ludwig (1786–1868) genannt. »Wer hätte geahnt«, schrieb Ludwig-Biograph Carl Theodor Heigel 1872, »welch großartige Veränderungen der blasse, schmächtige Prinz, der an der

Hätte die junge Maria Leopoldine ihrem greisen Ehemann Karl Theodor während ihrer fünfjährigen Ehe (1795–1799) noch ein Kind geschenkt, wäre Ludwig I. nie König von Bayern geworden. Einen Königsplatz hätte es dann wohl auch nicht gegeben.

Seite des Vaters durch die langen und krummen Straßen Münchens fuhr, in dieser Stadt hervorrufen werde.«

Zunächst jedoch unterzeichnete Ludwigs Vater, Kurfürst Max Joseph, den streng geheimen Bogenhausener Vertrag vom 25. August 1805, der Bayern an Napoleon band. 1806 schloß er sich mit den Franzosen und anderen deutschen Mittelstaaten zum Rheinbund zusammen, und sagte sich damit vom Reich los. Für Max Joseph, der eine französische Erziehung genossen und zeitweilig als Oberst im »Corps d'Alsace« der französischen Armee gedient hatte, ein naheliegender Schritt.

Bayrische Soldaten unter dem General Karl Philipp Fürst v. Wrede deckten wenige Monate später auch Napoleons siegreichen Kampf gegen den österreichischen Erzherzog Ferdinand bei Austerlitz. Als Napoleon in München einzog, jubelte die Bevölkerung ihm zu; die Bayern betrachteten sich jetzt wieder als Verwandte der Gallier, der Kronprinz nahm auf einem Ausritt mit Napoleon den

Degen als Geschenk entgegen, den dieser bei Austerlitz geführt hatte, und als Preußen bei Jena geschlagen war, schossen sie in München zur Feier »Victoria und Tedeum«.

Zum Dank für die geleisteten Dienste erhielten die Bayern die österreichischen Gebiete Tirol, Lindau und Vorarlberg, und am 1. Januar 1806 durfte der bisherige Kurfürst als Maximilian I. Joseph erster König des von Napoleon auch noch zur Monarchie erhobenen Bayerns werden. Um das für beide Seiten vorteilhafte Bündnis zu festigen, heiratete Maximilians Tochter Auguste wenige Tage später in einer prächtigen Zeremonie Napoleons Stiefsohn Eugène-Rose de Beauharnais.

Das Bindemittel zwischen Volk und Dynastie: »Eine recht nationale Geschichte«

Wo ein König war, mußte auch ein Königsplatz her. Er fand sich 1808 in einem neuen Generalplan für München, den eine vom König zusammengestellte Baukommission erstellt hatte. Zu dieser Kommission gehörten so berühmte Männer wie Friedrich Ludwig v. Sckell, der Schöpfer des Englischen Gartens, und der junge Architekturprofessor Karl v. Fischer. Bis dahin sei München eine »behäbige, leichtlebige Ackerstadt« gewesen. Die Entwicklung der Stadt habe in der Vergangenheit »fast gar keine Fortschritte gemacht«, schrieb Ludwig-Biograph

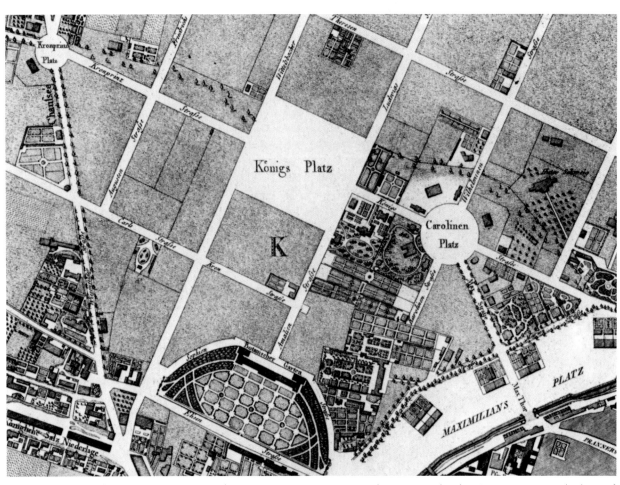

1806 machte Napoleon Bayern zum Königreich. Wo ein König war, musste auch ein Königsplatz her. Dieser Name stand schon auf einem Plan des »königlich bayerischen topographischen Bureaus« aus dem Jahr 1812.

Heigel. Nun, auf dem neuen Generalplan, führte eine breite Straße, die später Ludwigstraße heißen sollte, nach Norden ins Nirgendwo. Eine zweite führte Richtung Nymphenburg, nach Westen.

Indem sich die Stadt nach Norden und Westen ausdehnte, rückte die Residenz geographisch in die Mitte der Stadt, das bürgerliche Zentrum Marienplatz an den Rand. Auf dem sogenannten Fürstenweg von der Residenz zum Schloß Nymphenburg zeichneten die Stadtplaner zwischen zwei runden Arealen (Karolinenplatz und Stiglmaierplatz) ein Rechteck ein. Dieser Platz sollte – im Gegensatz zum Karolinenplatz – nicht privat umbaut werden. An letzterem hatten Sckell und Fischer alleinstehende Palais für betuchte, aufstrebende Großbürger vorgesehen. Der Königsplatz dagegen sollte ein öffentlicher Platz werden.

Daß an dessen Nordseite ein Museum stehen würde, war bald unumstritten. Seit einer ersten Reise nach Rom von November 1804 bis Herbst 1805 war die Leidenschaft des Kronprinzen Ludwig für die Kunst entbrannt, besonders für die antike Kunst. »Thorvaldsen, Canova und andere dort wirkende Künstler überwanden den prunkvollen, geistlosen Barockstil und kehrten zur einfachen Schönheit der griechischen Plastik zurück, deren Verständnis namentlich durch Winckelmann aufgeschlossen worden war«, berichtete Heigel.[2] Das gefiel dem Thronfolger. Schon 1808 machte er seine Begeisterung für die Antike zum Programm: »Wir müssen auch in München haben, was zu Rom *museo* heißt.« Die Grundstücke dafür kaufte Ludwig nun in rascher Folge auf.

Gegenüber dem geplanten Museum, an der Südseite des Platzes, wünschte sich sein Vater Maximilian I. Joseph ein Denkmal, das den Beitrag Bayerns zu Napoleons Siegen feiern sollte. Jedenfalls wünschte er das, solange er und Napoleon gemeinsam marschierten. Beim Kriegszug des Korsen gegen das russische Zarenreich im Frühjahr 1812 war das noch der Fall. Dort starben im Verlauf die-

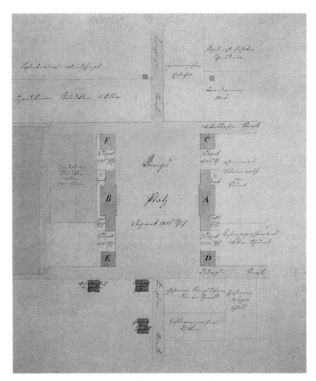

Die ersten Bebauungspläne für den Königsplatz von 1812 sahen Eckbauten vor, dafür kein Stadttor im Westen (oben). An der Nordseite war ein Antikenmuseum (A) vorgesehen, an der Südseite ein Armeemuseum (B).

ses Feldzuges rund 30000 bayrische Soldaten an der Seite der Franzosen. Ein von General v. Wrede vorgeschlagenes und von Fischer entworfenes Armeedenkmal, eine Kuppelhalle, sollte daher an der Südseite des Königsplatzes an die bayrischen Rußland-Marschierer erinnern, General Erasmus v. Deroy und seine Soldaten.

Karl v. Fischer erarbeitete erste Pläne, mit denen er »das Andenken auf dem Felde der Ehre gebliebener Krieger zu verewigen« trachtete. Auf dem Königsplatz sollten künftig an Gedenktagen Messen gefeiert, Fahnenweihen abgehalten, militärische Ehrenzeichen verliehen und Trophäen glorreicher Feldzüge aufbewahrt werden. Doch das Projekt geriet zu teuer.

Im selben Jahr 1812 übertrug der König seinem Sohn Ludwig offiziell die Planung des Königsplatzes. Die väterlichen Huldigungen gegenüber Napo-

Statt ein Armeemuseum zu bauen, ließ der König auf dem Karolinenplatz einen Obelisken aufstellen: Er besteht aus dem Metall
eroberter Kanonen und erinnert an die bayrischen Soldaten, die
»für des Vaterlandes Befreyung« gestorben waren.

leon lagen dem Thronfolger fern. Ludwig, geboren
in Straßburg, haßte die Franzosen und deren liberale Errungenschaften ebenso wie die Frankreich-
Begeisterung seines Vaters. Er war »Teutscher«.
»Wir waren in gar vielem das Gegentheil von einander«, schrieb Ludwig in seiner Autobiographie
über das Verhältnis zu seinem Vater.

»Er voll Vorliebe für die Franzosen, für die Tricolor, für die Republik [!], für Napoleon, ihnen
entschiedener Freund, ich entschiedener Feind, ja
ein glühender Feind der Franzosen, ob sie weis
[= königstreu] oder tricolor [= revolutionär], voll
teutschen Sinn's, ihm völlig fremd, ich für's
Geschichtliche, Bestehende, er für Neuerungen,
keinen Sinn für jenes, für Aufhebung der Klöster,
ich für Erhaltung, er sorglos für guten Finanzstand,
ich sehr dafür, die Pfalz gab er hin, das treue ange-
stammte Land, ich sehnte nach ihr.«

Während Maximilian I., der Fortschrittliche, auf
einem offiziellen Gemälde seine Hand auf die
(neue) Verfassung stützte und damit die Einschränkung seiner Machtvollkommenheit durch
die verfassungsmäßigen Rechte der Volksvertreter

bejahte, sollte sein Sohn bei seiner eigenen Krönung im Jahr 1825 sein Zepter in die rechte Hand
und diese dann auf die Verfassungsurkunde legen,
womit er demonstrierte: Der Staat bin ich, in Bayern regiert der König.

Das war damals noch ferne Zukunft, Naheli-
genderes beschäftigte den Kronprinzen 1812. Ihm
gelang in diesem Jahr ein weiterer Sieg. Denn auch
politisch setzte er sich bei seinem Vater durch:
Wenige Tage vor der Völkerschlacht bei Leipzig,
der zweiten großen Niederlage Napoleons nach
dem Debakel in Rußland, gelang es ihm und General v. Wrede, König Maximilian zur Unterschrift
unter den Vertrag von Ried (8. Oktober 1813) zu
drängen, womit Bayern gerade noch rechtzeitig der
siegreichen Allianz Rußland-Preußen-Österreich
beitrat.

Ludwig hätte gern persönlich dazu beigetragen,
die Franzosen zu vertreiben. Aber an den Kämpfen
gegen Frankreich teilzunehmen, hatte ihm der Vater
verboten. Ludwigs jüngerer Bruder Prinz Carl
dagegen durfte: Er stellte sich mit bayrischen Truppen bei Hanau gegen den Richtung Frankreich flie-
henden Napoleon.

Ludwigs eigener Kampf gegen Napoleon und
Frankreich fand auf dem Königsplatz statt, sein
Mittel war die Kunst. Auch hier unterschied er sich
von seinem Vater: Er sei »enthusiastisch für großartige Kunst, Malerey, Bildhauerey und Architektur« gewesen, dagegen habe sein Vater »aber fast
nur Freude an Cabinettsbildern« gehabt. In München plante er eine Ruhmeshalle, ein Armeedenkmal, dann eine Kaserne mit Kadettenschule, Garni-
sonshaus und Garnisonskirche. Doch all diese
großen Pläne paßten nicht auf den kleinen Königsplatz. Außerdem gab es weder Brunnen noch eine
Wasserleitung an diesem Ort, um solche Wohnan-
lagen zu versorgen.

Ludwig verlegte das Denkmal schließlich auf
den Karolinenplatz. Der Obelisk, der 1833 zum
20. Jahrestag der Völkerschlacht enthüllt werden
sollte, war aus 600 Zentnern Metall von zerbrochenen Kanonen gegossen. Ludwigs Aufschrift –

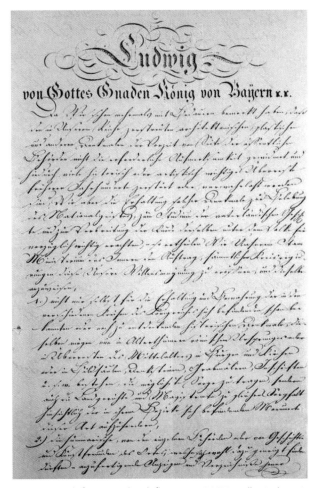

Mit einem Erlaß zur Denkmalpflege von 1827 wollte Ludwig I. »zur Belebung des Nationalgeistes« beitragen. Sein Minister Schenk meinte, die Historie sei »ein spezifisches Gegengewicht wider revolutionäre Neuerung«.

Bayernprinz Carl, sich mit den bayrischen Truppen militärisch ausgezeichnet hatte.

Ludwigs Königsplatz entwickelte sich damit über die Jahre zu einem nationalistischen Monument, zu einem Fanal gegen die französische Vorherrschaft in Europa, gegen die Verherrlichung Napoleons und seines Kaisertums, gegen die hierzu benutzte Kunst der römischen Cäsarenzeit. Begeistert wandte sich Ludwig statt dessen der zeitlich früheren, einfacheren griechisch-antiken Kunst zu und förderte gleichzeitig Forschungen zur deutschen Geschichte.

Ludwigs Minister Eduard v. Schenk schrieb später auf, wozu das dienen sollte: »Das historische Studium hat seit dem Befreiungskriege mit der wiederhergestellten Würde des deutschen Namens unverkennbar einen ungemeinen Aufschwung genommen. Nach einem langen Vandalismus ist die gebührende Sorgfalt für die Überreste der deutschen Vorwelt wieder erwacht und das richtige Gefühl ist ziemlich herrschend geworden: Daß die Historie ein spezifisches Gegengewicht wider revolutionäre Neuerung und gegen ungeduldiges Experimentieren sey, – wer einen Sinn ernst und würdig auf die Vergangenheit richte, sey nicht zu fürchten in der Gegenwart – und es gebe kein kräftigeres Bindemittel zwischen Volk und Dynastie als eine recht nationale Geschichte.«[3]

Ludwig ließ nun auch den kommunalen Behörden mitteilen, er habe bemerkt, daß »den in unserem Reich zerstreuten architektonischen, plastischen und anderen Denkmälern der Vorzeit von Seite der öffentlichen Behörden nicht die erforderliche Aufmerksamkeit gewidmet wird«, er aber »die Erhaltung solcher Denkmale zur Belebung des Nationalgeistes (...) für vorzüglich wichtig« erachte, daher »werden die Kreis-Regierungen angewiesen, selbst für die Erhaltung und Bewahrung der schon bekannten oder noch zu entdeckenden historischen Denkmale zu sorgen«.

Sein eigenes Denkmal am Königsplatz war bereits im Bau.

»Auch sie starben für des Vaterlandes Befreyung« – war ein letzter Nadelstich gegen die Franzosen. Daß er die umliegenden Straßen nach den Orten französischer Niederlagen benennen ließ, war demselben Anliegen zu verdanken: Von 1826 an hieß die bisherige Friedrichstraße nach einem französischen Ort am Flüßchen Aube, wo auch bayrische Soldaten gegen die Franzosen gekämpft hatten, Arcisstraße. Die Gesamtstrecke von Max-, Königs- und Kronprinzenstraße hieß nun Brienner Straße, benannt wie die Barer Straße (Bar) nach einer Stadt (Brienne), in deren Nähe sein Bruder, der erwähnte

Die Glyptothek: »Erneuerung der Nation durch das Vorbild der antiken Kunst«

Seine Leidenschaft, das Sammeln antiker Kunstschätze, hatte Ludwig in Italien entdeckt. »Das schönste Kaufbare in Rom zu erwerben ist mein Wille«, verkündete er, zum »Ruhm des Vaterlands« wolle er sammeln. Die Zeit war dafür günstig. Wegen der Finanznot fühlten sich italienische Adelsfamilien mit großem Antikenbesitz nicht mehr an den üblichen testamentarischen Auftrag gebunden, den Familienbesitz zusammenzuhalten, und boten ihre privaten Sammlungen zum Verkauf an. Außerdem bereisten zahlreiche Expeditionen zu Beginn des 19. Jahrhunderts altgriechische Stätten, um auszugraben, zu klassifizieren und zu sammeln.

Ludwig verstand den Raub der griechischen Kulturschätze nicht nur als Rettung vor Barbarei und Verfall, sondern wollte, was damals neu war, eine »öffentlich zugängliche Sammlung vorwiegend antiker Kunst« einrichten, die er »zu einem Zeichen der kulturellen und politischen Erneuerung der Nation durch das Vorbild der antiken Kunst« gestalten wollte.[4]

Der Kronprinz scheute keine Kosten. Während des Monarchenkongresses in Wien (1814/1815) erwarb er »die schönste Perle der Glyptothek«, die griechische Ilioneus-Statue, und bezahlte dafür 33 000 Gulden. Der Verkäufer brüstete sich anschließend damit, den Torso des knienden Jünglings 20 Jahre zuvor für einen Dukaten erworben zu haben.

Ludwigs Vater war besorgt über den anhaltenden Kaufrausch seines Ältesten und stellte ihm daher zwei Berater und Aufpasser zur Seite: Georg v. Dillis, Professor für das Landschaftsfach an der Münchner Akademie, und Johann Martin Wagner, Maler, Bildhauer und Professor an der Kunstschule in Würzburg, der von 1810 bis 1858 die Begeisterung Ludwigs für die vergessenen und heimatlosen Götter und Helden steuerte. In Griechenland war Karl Haller v. Hallerstein als Aufkäufer für Ludwig tätig.

Kiste um Kiste traf in München ein, und in nur acht Jahren erwarb Ludwig den größten Teil des späteren Bestands der *Glyptothek*, darunter die später verschollene Medusa Rondanini und den Barberinischen Faun sowie die wertvollen Giebelfiguren vom Aphaiatempel in Ägina, die sogenannten »Ägineten«, die Haller v. Hallerstein und Charles Robert Cockerell auf Malta entdeckt und von der Insel geschafft hatten. Nachdem Bertel Thorvaldsen die Giebelfiguren 1812 bis 1818 in Rom restauriert und Wagner sie nach München geschickt hatte, schenkte Ludwig seinem römischen Kunstagenten eine Uhr und schrieb dazu: »Wie Odysseus, viel geduldet haben Sie, Wagner, und das wegen meiner, dessen ich mein ganzes Leben eingedenk sein werde. Der Zeit rastloses Vergehen zeigt die Uhr, die Zukunft wird Ihnen aber zeigen, daß jene nicht

Das Museum am Königsplatz erhielt den Namen Glyptothek. Ludwig stellte hier seine antiken Erwerbungen aus, wie den »Barberinischen Faun« aus dem Mausoleum Hadrians.

fähig ist, mich die Dienste vergessen zu machen, welche Sie mir erwiesen.«[5]

Für seine wachsende »vaterländische große Sammlung« wünschte sich Ludwig ein Museum, das gleichzeitig Nationaldenkmal sein sollte. Das Grundstück an der Nordseite des Königsplatzes hatte er dafür mittlerweile zum Preis von 52673 Gulden erworben. Am 4. Februar 1814 schrieb die Akademie der bildenden Künste in seinem Namen einen Wettbewerb aus. Die Teilnahmebedingungen druckten Ende des Monats in- und ausländische Zeitungen. Ludwig wünschte Entwürfe für drei Gebäude: neben einem Invalidenhaus, in dem er bayrische Soldaten unterbringen wollte, die an den Napoleonischen Kriegen beteiligt gewesen waren, eine Walhalla sowie »ein Gebäude zur Aufstellung von Werken der Bildhauerkunst«. Dieser Bau sollte

Leo Klenze, von Ludwig I. 1833 geadelt, erbaute für den Monarchen am Königsplatz die Glyptothek und die Propyläen. Auch zahlreiche andere Bauwerke Münchens entwarf er.

»nicht mehr als 300 baierische Fuß lang seyn. Dem Künstler ist freigestellt, sie mit oder ohne Säulenhalle zu entwerfen; aber Ganzes wie Theile wird im reinsten antiken Styl[6] gefordert. Die Tiefe des Gebäudes nach Belieben. Ein Geschoß, doch einige Stufen über die Erde erhöht, und in mehrere Säle getheilt; die Fenster rückwärts, um die Einfachheit der Facciata nicht zu stören. (…) Die Deke im Innern muß hoch genug angegeben werden, um auch kolossale Statuen aufstellen zu können. (…) Die Preiszeichnungen müssen spätestens bis zum ersten Januar des Jahres 1815 an die unterzeichnete Akademie kostenfrei eingesendet werden. (…) Für jedes der drei Gebäude besteht der Preis in Zweihundert Dukaten in Golde. München, den 4. Febr. 1814. Königl. baierische Akademie der bildenden Künste. J. P. Langer. Fr. W. J. Schelling.«

Für das Skulpturenmuseum an der Nordseite bat Ludwig am 15. März 1815 seinen Lehrer für die alten Sprachen, Philipp Lichtenthaler, er solle »in Lateinischer oder Griechischer Sprache ein Wort aussuchen, das z.B. wie Bibliothek = Büchersammlung die Stätte, in welcher Bildhauerwerke aufgestellt sind, bezeichnet«. Lichtenthaler empfahl den Begriff *Glyptothek*.[7]

Leo Klenze: »Also doch ein Teutscher«

Als 1815 nach Napoleons »Herrschaft der hundert Tage« die Vertreter Österreichs, Preußens, Großbritanniens, Rußlands und Frankreichs in Paris die Friedensverträge unterzeichneten, ging es für Bayerns Monarchen nicht nur um die Gebietsgewinne: das Großherzogtum Würzburg, Aschaffenburg und die linksrheinische Pfalz. Die Vertreter der Sieger strömten auch nach Paris, um die kulturelle Beute zu verteilen: die von Napoleon in ganz Europa und Ägypten zusammengeraubten Kunstschätze. Ludwig war daher ebenfalls in die französische Hauptstadt gereist. Während im Louvre österreichische Soldaten unter Aufsicht des Bildhauers Antonio Canova antike Skulpturen verpackten, die nach

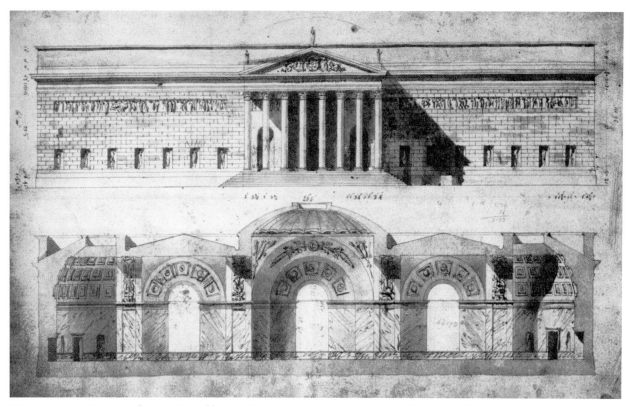

Klenzes erster, in Paris angefertigter Entwurf für die Glyptothek aus dem Jahr 1815: Südfassade und Innenräume.

Rom zurückkehren sollten, kam am 7. Oktober 1815 das Gerücht auf, das Museum werde noch am Abend geschlossen; was darin sei, verbleibe Eigentum der Franzosen.

Ludwig eilte nun in den Louvre, nahm mit eigenen Händen den »Faun mit den Flecken« vom Postament und trug ihn hinaus. Das hatte seinen Grund: Am selben Tag war Ludwigs Kaufangebot an Prinz Albani nach Rom ergangen, zu dessen Sammlung der Faun gehörte. Dank seines Einsatzes erhielt Ludwig zudem endlich den Barberinischen Faun aus dem Mausoleum Hadrians, den Wagner längst für ihn erworben hatte, der jedoch, wie der Kunsthistoriker Peter Frese ermittelte, wegen Canovas Ausfuhrverbot für alle antiken Kunstwerke im Vatikan »geparkt« worden war.

Auch ein gewisser Leo Klenze (1784–1864) nutzte die Gelegenheit, auf sich aufmerksam zu machen. Am 26. Februar 1814 war er erstmals auf der Durch-

reise in München mit Ludwig zusammengetroffen. Klenze hatte ab 1803 sein in Berlin begonnenes Studium der Architektur und der Malerei in Paris fortgesetzt, und später dem König von Westfalen, Jérôme Bonaparte, 1810 in Kassel das Ballhaus am Schloß Wilhelmshöhe als Hoftheater gebaut. Jérôme war der Bruder Napoleons, und von diesem als König von Westfalen eingesetzt worden. Nach der Völkerschlacht von Leipzig 1813 und dem anschließend fluchtartigen Rückzug Napoleons nach Frankreich vertrieben die Kasseler Bürger Jérôme aus der Stadt. Damit hatte Klenze seinen wichtigsten Arbeitgeber verloren. Statt mit ihm nach Italien zu gehen, verlegte Klenze (samt Familie) seinen Wohnsitz zurück nach Paris.

Auf der Suche nach neuen Auftraggebern begab er sich 1814 auf eine Rundreise nach Wien und München. Der einstige »Franzose« Klenze, der als freier Künstler an sein Fortkommen und die Ernährung seiner Familie denken mußte, brachte Ludwig nun Pläne für ein Denkmal der Befreiung Bayerns vom »französischen Joch«. Der erfreute Kronprinz strich Klenze lächelnd mit der Hand über sein blondes Haar und rief befriedigt: »Also doch ein Teutscher.«

In Paris trafen sich die beiden 1815 wieder. Inzwischen hatte sich der Thronfolger mit seinem bisherigen Leibarchitekten Karl v. Fischer zerstritten. Nach dem Treffen an der Seine fertigte Klenze erste Skizzen, um am Wettbewerb für die *Glyptothek* teilzunehmen. Ludwig hatte ihm zuvor insgeheim versichert, daß er, Klenze selbst, als Preisrichter amtieren werde.

Am 21. November 1815, einen Tag nach dem Abschluß des Zweiten Französischen Friedens, der Napoleons endgültige Niederlage besiegelte, nahm Klenze das Angebot an, nicht nur persönlicher Architekt Ludwigs zu werden, sondern gleichzeitig auch Hofbaumeister bei dessen Vater, König Max I. Joseph. Klenze sollte, so Hofbauintendant Andreas

Gärtner, für »architektonische Monumente im klassischen Styl« zuständig sein, »bei welchen es auf Geschmack und reinen Baustyl ankömmt«.

Drei Jahre später, 1818, löste der steil aufsteigende Klenze auch den 74jährigen Gärtner ab, der bis dahin offiziell sein Vorgesetzter gewesen war. Neu zu besetzen war im selben Jahr auch das Bauamt des Innenministeriums; um die Nachfolge Emanuel Joseph v. Hérigoyens bewarb sich auch Karl v. Fischer, Klenzes Vorgänger als Hofarchitekt. Die Entscheidung fiel wenig überraschend aus: Am 1. Oktober 1818 übertrug der König dem 34jährigen ehrgeizigen Klenze, mittlerweile architektonischer Multifunktionär am Hof der Wittelsbacher, auch dieses Amt. Von nun an leitete Klenze alle großen Bauprojekte Münchens.

Die Einreichungsfrist für die Entwürfe des Preisausschreibens war zwischenzeitlich um ein Jahr bis Anfang Januar 1816 verlängert worden. Als die ein-

Die Glyptothek war der erste Bau am Königsplatz. 1823 waren die Außenarbeiten weit fortgeschritten, allerdings wurde der seit 1816 geplante Bau erst 1830 fertig.

gegangenen Projektvorschläge entsiegelt wurden, fanden sich 14 für das Invalidenhaus und 20 für die *Glyptothek*. Keiner erhielt einen Preis, viele verwarfen die Akademie-Mitglieder als »unter aller Beurteilung«, ohne die Urheber zu kennen, die anonym blieben.

Nur der Entwurf des Fischer-Schülers Johann Anton Weiss für eine Festhalle (Walhalla) wurde ausgezeichnet. Über Klenzes drei Entwürfe für die *Glyptothek* urteilte Juror Fischer: »Diese drei Projekte scheinen gar nicht von einem Architekten herzurühren.« Die perspektivischen Ansichten hätten zwar etwas Bestechendes, aber die Anlage an sich nannte er »kenntnis- und konstruktionswidrig«.

Der Kronprinz jedoch hielt weiter zu Klenze und beauftragte seinerseits nun Fischer, einen eigenen Entwurf abzugeben, für den er ihm nur etwas mehr als zwei Wochen Zeit gab. Nachdem er dessen Pläne erhalten hatte, ließ Ludwig seinen Favoriten Klenze einen neuen, die besten Ideen aller Vorschläge vereinenden Entwurf anfertigen, der seinen Idealvorstellungen entsprach. Wenige Tage später legte Ludwig, ohne die Akademie noch einmal einzubeziehen, am 23. April 1816 den Grundstein für die *Glyptothek*.

1817 beauftragte Ludwig I. Klenze mit dem Bau einer Kirche (St. Bonifaz) südlich des Königsplatzes, die im frühchristlichen Stil gehalten sein sollte. Auch dieser Bau wurde erst 1850 fertig.

Als Klenze am 2. April 1817 mit dem Kronprinzen spazierenging, sagte dieser ihm, er wolle gegenüber der *Glyptothek* eine Apostelkirche bauen, um so die Benediktiner wieder in München anzusiedeln. Die Walhalla war in der Stadt nicht zu bauen, auch der alternative Standort Englischer Garten war bald verworfen. Die Kirche solle antik sein, wünschte Ludwig, und »soviel nur immer möglich mit dem katholischen Gottesdienst vereinbar«. 1818, nach einem weiteren Italienbesuch, verwarf Ludwig seine Idee aber wieder, die Apostelkirche »einem Heydentempel möglichst ähnlich zu machen, des Christenthums Geist ist anders, ihm gemäß muß die Kirche seyn, basilikenartig«.

Nun regte Klenze an, den Königsplatz nach Westen hin mit einem Stadttor abzuschließen, damit sich die Stadt nicht »bis Schleißheim dahindorfen« solle. Die *Glyptothek* wollte er im ionischen, die Kirche im korinthischen und das Tor im dorischen Stil erbauen, den Königsplatz auf diese Weise als Forum für antike Baukunst gestalten. Ludwig scheint der Vorschlag gefallen zu haben, allerdings wünschte er, der Portikus der *Glyptothek* solle »eine innere Säulendurchsicht« haben, »so wie in den atheniensischen Propyläen«, so daß man von außen bis ins Innere des Museums blicken könne.

Klenze zeichnete zwar entsprechende Pläne, Johann Martin Wagner, der Berater des Kronprinzen, erkannte jedoch schnell die »Windpotenz« eines solchen Konzepts und riet daher von dieser Lösung ab. Ludwig hielt dennoch an seiner fixen Idee fest. Erst als Klenze ihn dafür gewinnen konnte, die Säulendurchsicht statt dessen mit dem Stadttor zu verbinden, gab der Kronprinz nach.

Klenze reichte am 30. Juli 1817 eine schriftliche Begründung nach: Das Tor solle der Stadtvergrößerung endlich Grenzen setzen, namentlich dem »Unfug der Bauerei in der Maximiliansvorstadt«. Er, Klenze, sei »fest überzeugt, daß sich diese nie über den Platz hinaus, wo die *Glyptothek* steht, erstrecken kann, und würde also mit diesem Platze die Stadt schließen. Es würde also, wenn das Stadttor an die Seite desselben nach Nymphenburg zu

Auch die Glyptothek malte Klenze für seinen königlichen Auftraggeber. Das 1815 entstandene Aquarell gibt den später ausgeführten Bau schon ziemlich genau wieder. Eingeweiht wurde die Glyptothek schließlich 1830, das Jahr, in dem die Franzosen erneut versuchten, Restauration und Bourbonen durch Demokratie und Republik zu ersetzen.

käme, ein Effekt entstehen wie auf dem Platze del popolo zu Rom, wie an der Barrière du Thrône zu Paris, wie am Brandenburger und Potsdamer Thore zu Berlin etc., nemlich man würde, in die Stadt selbst eintretend, gleich den vollen Effekt ihrer Pracht und Schönheit umfassen. An diesem Thore nun würde ein Säuleneffekt am paßlichsten, natürlichsten und am schönsten anzubringen sein, und die Durchsicht selbst ein weit reicheres Bild als das des inneren Hofes der *Glyptothek* gewähren. Da zu diesem Werke die dorische Ordnung unerlässlich wäre, so würde der Platz selbst schon den Inbegriff griechischer Architektur, die 3 Säulenordnungen, in sich fassen.«

Am 13. September 1817 ergänzte er: »Die ionische *Glyptothek*, die korinthische Kirche und das dorische Stadttor würden auf einem Punkt ein Bild des reinen Hellenismus in unsere Welt verpflanzt geben.«

Im Verborgenen versuchte Ludwig zwischen 1816 und 1828 die restlichen Grundstücke am Platz zu kaufen. Es gelang ihm nicht. Am schlimmsten war, daß die Eigentümer an der südlichen Seite ihre Grundstücke in kleine Parzellen zu teilen und diese für Privathäuser mit Gärten zu verkaufen wünschten. Ludwig fürchtete um sein Konzept: »Dieser Königsplatz«, schrieb er 1819 an Klenze, »muß der König der Plätze werden, durch den Einklang (nicht Einförmigkeit) seiner schönen Gebäude.« Ohne die einheitliche Bebauung sah der Kronprinz sein Gesamtprojekt zerstört.

Die Grundstücke neben der *Glyptothek* hatte Ludwig schon beisammen, und Klenze schlug vor, den Platz vorerst dort durch Bauten zu schließen. Mitte

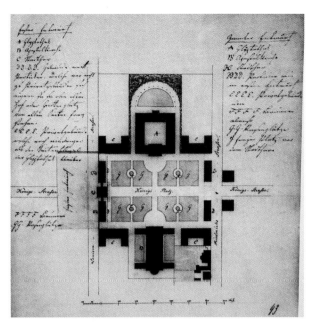

1821 taucht in den Planungen erstmals ein Stadttor an der westlichen Platzseite (links) auf, auch die östliche Seite sollte zu diesem Zeitpunkt mit zwei Gebäuden geschlossen werden.

der 20er Jahre begann er, an der Ostseite der *Glyptothek* zwei zweistöckige Pavillons errichten zu lassen. Doch dann war mitten während der Bauarbeiten ein seltsamer Vorgang zu beobachten: statt den Dachstuhl aufzurichten, begannen die Arbeiter, wie mehrere hundert Münchner vom Platz aus mitansahen, die neuen Häuser wieder abzureißen.

Zum einen hatte sich mittlerweile herausgestellt, daß der Ankauf der Grundstücke nicht ganz rechtmäßig zustande gekommen war. Zum anderen bedrohten die Pavillons durch ihre Größe nun die Wirkung der *Glyptothek*. Kleinere Pavillons wiederum hätten sich als Investition nicht rentiert. Ludwig mußte das – spät – einsehen, das Volk dichtete zum königlichen Ungemach bissige Spottverse.

Wenigstens der Bau der *Glyptothek* schritt voran. Ludwig selbst, der nach dem Tod seines Vaters 1825 diesen auf dem Thron beerbt hatte, stand fast jeden Tag auf den staubigen Gerüsten, und das Volk mokierte sich über den blaublütigen »Oberpolier«. Die Quelle des Unmuts lag jedoch tiefer. Argwöhnisch beobachteten die Münchner die Bauwut ihres

Regenten und seines Architekten sowie die vielen Künstler, die hier fürstlich verdienten. Ludwig hatte sie bei seinen Romaufenthalten meist im Caffè Greco kennengelernt.

Sie nannten sich »Nazarener«, trugen langes Haar in der Mitte gescheitelt, verehrten Christentum, Vaterland und das Mittelalter, reanimierten gotische und germanische Kunst und vor allem die Freskenmalerei. Sie trieben in Rom ein »klosterbruderisierendes, sternbaldisierendes Unwesen«, urteilte Goethe. Aber Ludwig begeisterten ihre primitiven Wandbilder zur Josephslegende in der Casa Bartholdy. Er war überzeugt, ihre »neu-deutsche«, religiöse und patriotische Kunst erwecke in der Vergangenheit, was die Deutschen in der Gegenwart einen und in eine große Zukunft führen könnte.

Als die Künstler den Kronprinzen zum Ende seines letzten Aufenthaltes am 29. April 1818 mit einem großen Gelage in der römischen Villa Schultheis verabschiedeten, hatten einige von ihnen ihre

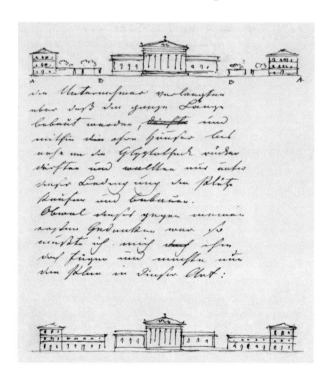

Klenze entwarf und baute 1822 zwei Varianten für Nebengebäude der Glyptothek. Sie mußten 1824 aus optischen und ökonomischen Gründen halbfertig abgebrochen werden.

Zukunft gewonnen. Ludwig lud ihren spiritus rector Peter Cornelius ein, die beiden Festsäle auf der Gartenseite der *Glyptothek* zu verschönern (1818–1830). Cornelius kam diesem wohldotierten königlichen Auftrag gerne nach, bis 1840 bemalte er auch die Wände der Hofgartenarkaden, der Alten Pinakothek und der Ludwigskirche.

König Ludwig I. verkörperte von seinen Überzeugungen her eine zeitübliche, rückwärtsgewandte Mischung. Zum einen war er Romantiker, die Aufklärung war für ihn »Finsternis, die für Licht den Wahn ausgegeben« habe. Gleichzeitig war er Nationalist, dem die deutsche Geschichte und die deutsche Einigung über alles ging. Sein Baumeister Leo Klenze dagegen verachtete »Nationalplunder« und »unselige Altdeutschtümelei«, er war ein Mann der seinem König so verhaßten Aufklärung.

Daß die beiden dennoch so gut miteinander auskamen, hatte mit der Architektur zu tun. Beide waren davon überzeugt, daß es nur einen wahren Baustil gebe: die griechische Architektur. Sie war für beide »nicht etwa nur die vollkommenste, beste und schönste, sondern die einzig wahre und wesentliche, unter welche sich alle frühere als Anfang, unvollkommener Versuch, und alles spätere als temporär, lokal, einseitig, abschweifend subsummieren lässt«, wie Klenze schrieb. Die verabscheute Gotik war ihm »Sieg des Handwerks über die Kunst«, Barock »plumpes, schweres Zeug«.

Das Problem war, daß die Maler, die der König aus Rom mitgebracht hatte, und die alle Kunststile seit der Gotik wieder beleben wollten, in Klenzes Augen eine »mystisch abstruse Clique« bildeten. Ludwigs Zuneigung zu dieser »elenden Bande talentschwacher Parteimenschen«, so fürchtete Klenze, würde mittelfristig seine eigene Position gefährden. Doch Ludwig ließ sich von den Bedenken seines Hofarchitekten nicht beeindrucken und holte einen nach dem anderen aus der Nazarener-Clique nach München: Nach Peter Cornelius kamen noch Johann Friedrich Overbeck, Wilhelm Schadow und viele mehr.

Die Ausmalung der Glyptothek, hier der »Göttersaal« im Originalzustand, vertraute Ludwig den »Nazarenern« um Peter Cornelius an. Sie hatten die gotische, patriotisch-religiöse Kunst wiederentdeckt und verzierten die Glyptothek mit derlei Fresken.

Eines Tages im Jahr 1827, als Cornelius und seine Schüler die Arkaden und andere Bauteile der *Glyptothek* mit historischen Fresken bemalten, klopfte es heftig an der Tür. Ludwig persönlich stand davor. Über die Regierungsgeschäfte vernachlässigte er sein Faible für die Kunst nicht, im Gegenteil: seit dem Tod seines Vaters konnte er nun auch in der Kunstpolitik schalten und walten wie er wollte. An diesem Tag ließ er sich in der *Glyptothek* alles Fertige zeigen und die Namen und Herkunft der Studenten nennen. »Das ist schön«, rief er erfreut, »aus allen Gauen Deutschlands kommen die Künstler zu mir.« Fast täglich besuchte er nun die Baustelle. »Man schlägt den Sieger auf dem Schlachtfeld zum Ritter«, sagte er vor dem Freskogemälde der Zerstörung Trojas stehend zu Cornelius. »Sie sind hier gleichfalls auf Ihrem Felde der Ehre, und ich mache Sie also hier zum Ritter!« Dann hängte er ihm den Ritterorden der bayrischen Krone um den Hals und umarmte ihn.

Der Römersaal der Glyptothek Richtung Süden. Hier waren die kaiserzeitlichen Skulpturen aufgestellt.

Oben der Inkunabelsaal mit seinen ägyptischen und griechischen Statuen, unten der Bacchussaal mit einem der berühmtesten Werke der Glyptothek, dem Baberinischen Faun. Die oberen Wandfresken stießen dagegen auf Kritik: Der aufgeklärte »Franzose« Klenze verachtete die »mystisch abstruse Clique« der Nazarener und ihre Art zu malen. Ludwig gelte die Schale mehr als der Kern, klagte auch sein Kunsthändler Wagner.

Die Glyptothek ist 1830 fertig, aber die Stadt »dorft« wie von Klenze befürchtet »gegen Schleißheim hin«. Das Aquarell zeigt die Brienner Straße Richtung Westen, auf der die Monarchen von der Residenz zum Schloß Nymphenburg fuhren.

Wandmalereien erlebten damals eine von der königlichen Begeisterung beförderte Wiedergeburt. Und trotz aller Mängel, Schwächen und Kritik, beispielsweise an Cornelius, bemerkte Hofbiograph Heigel: »Es war eben deutsche Kunst, die sich an die Lösung der höchsten Aufgaben wagte, das Gefällige und Sinnliche verschmähte und gleich der bildenden Kunst der Antike Verständnis für Größe der Einfachheit verlangt.«[8]

Schließlich, im Jahr 1830, war die *Glyptothek* fertig und Ludwig dichtete: »Wie aus dem Haupt Athene gewaffnet entsprungen / steht, vollendet in sich, herrlich das griechische Werk.«[9]

Der Preis der Kunst: »Tränen der Untertanen«

Es war die Zeit, in der die konservative Politik der Restauration liberale Ideen zurückdrängte und der Blick des von der »großen deutschen Vergangenheit« begeisterten Monarchen sich noch intensiver auf die als vorbildlich empfundene Historie richtete. Mit alter Kunst und Geschichte wollte Ludwig das bayrische Volk für das künftige einige »Teutschland« gewinnen. Deshalb ließ er seine Heroen in monumentalen Kunstwerken feiern, gemalt oder als Skulptur, sie sollten die Vorbilder für die Menschen der Gegenwart sein. Klenze, der die »römische Bande« so sehr verachtete, konnte sich selbst dennoch nicht beklagen. Er wurde mit Aufträgen geradezu überschüttet. Ludwig baute nicht nur am Königsplatz, ganz München veränderte sich rasant. Den König trieb dabei eine Vision. Er hatte erklärt, er wolle »aus München eine Stadt machen, die Teutschland so zur Ehre gereichen soll, daß keiner Teutschland kennt, wenn er nicht München gesehen hat«.

Ludwig eröffnete die *Glyptothek* 1830, in dem Jahr, in dem die Franzosen den zweiten Versuch unternahmen, Restauration und Bourbonen gegen Demokratie und Republik einzutauschen. Bayern hielt unter Ludwigs Herrschaft dagegen am Gestern fest: Wer liberale Reformen verlangte und gegen die Zensur der Presse klagte, landete im Gefängnis. Zur Eröffnung des neuen Gebäudes

schrieb des Königs Kunsthändler Wagner aus Rom an Ludwig: »Es muß eine wahre Freude sein, die Antiken nach langer Verborgenheit endlich unserem Vaterlande zu Licht und Zierde aus den Kisten hervorgehen zu sehen. Merkwürdig mag es sein, den Eindruck zu bemerken, den sie auf das Publikum machen, das doch großen Theils nichts dergleichen noch gesehen hat. Aber leider, den Meisten wird der Bierkrug noch immer lieber sein.«[10]

Das traf zu: Die Bevölkerung Münchens ignorierte einerseits die Revolution und beklagte andererseits Ludwigs Kunstwahn. Ludwigs Vater hatte einmal zu Klenze gesagt, es wäre besser gewesen, »wenn sein Sohn, der Louis, sein Geld zum Bau eines Spitals oder eines Narrenhauses verwendet hätte«. Die Münchner spotteten über den Namen, nach der Pinakothek genannten Gemäldegalerie (1826–1836 von Klenze erbaut) und der *Glyptothek* nannten sie

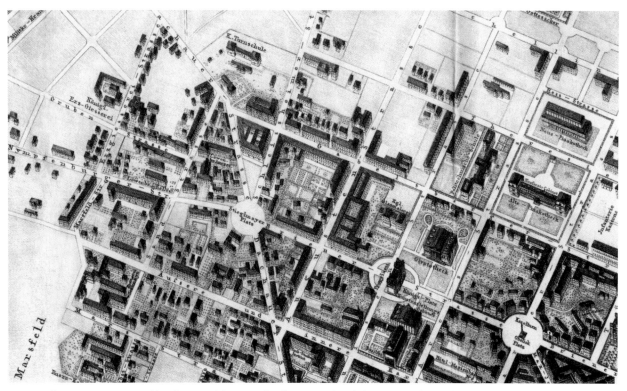

Die Bevölkerung murrte: Die zahlreichen Prachtbauten, die der Monarch auf dem Königsplatz und an anderen Stellen der Stadt errichten ließ, kosteten viel Geld. Westlich des Königsplatzes entstand nach 1850 ein großbürgerliches Viertel. (Plan von 1871)

beispielsweise das neue Gefängnis der königlichen Mode gemäß Kleptothek.

Die *Glyptothek* war der »närrische Kronprinzenbau«, die Pinakothek die »Dachauer Gemäldegalerie«, weil viele nicht glauben konnten, daß München, »in einem Winkel des Vaterlandes gelegen, am Fuße der Tyroler Berge«, jemals über die bisherigen Stadtgrenzen hinauswachsen werde. Das nördlich der Innenstadt gelegene Neu-München samt seiner neuen Gemäldegalerie sei nur »ein Gesellschaftsspiel von einigen prächtigen Häusern, die zusammenkamen, um Stadt zu spielen«.[11]

Aber nicht nur die Lage fand Kritik: der berühmte Philosoph Friedrich Wilhelm Joseph v. Schelling, als Angehöriger der bayrischen Akademie der schönen Künste damals im Jurorengremium, kritisierte die *Glyptothek* als ein Gebäude »ohne Stil, ohne Konsequenz, (…) an welches ungeheure Summen verschwendet werden, Summen, für die nicht nur die Elginische Sammlung zu kaufen stand, sondern auch wohl eine griechische Insel sich umgraben läßt«.

Daß Klenze seiner Architektur den Vorrang vor der Skulptur eingeräumt habe, die Schale mehr gelte als der Kern, hatte schon Kunsthändler Wagner – aus verständlichen Motiven – moniert. Er war gegen jeden baulichen Prunk, der ihm zufolge vom Eigentlichen ablenke: »Jede Zierde, alles bunte oder glänzende thut den idealen Kunstwerken Schaden.« Es sei doch so: »Der Rock des Menschen soll sich nach dem Körper richten und nicht der Körper nach dem Rock.« Die Zeitschrift *Phoenix* spottete 1835, die *Glyptothek* habe »mit Pompeji das gemein, daß man auch sie erst ausgraben müßte, um sie dem menschlichen Auge sichtbar zu machen«. Und vor allem neideten seine vielen Kritiker Klenze, der seit 1833 ein erbliches Adelsdiplom besaß, seine Erfolge: daß der Abstinenzler, Nichtraucher und Frühaufsteher zum vielfachen Millionär geworden war. Allerdings war sein Vermögen mehr durch Bau- und Aktienspekulation denn durch Gehälter und Honorare gewachsen.

Klenzes Ruf war dementsprechend schlecht. Er sei intrigant, hieß es, korrupt und opportunistisch. Und tatsächlich zahlte der Architekt seinen Preis: Um seinem Förderer zu gefallen, hatte er sich mehr und mehr dessen Vorstellungen gebeugt und dabei seine Seele verkauft. 1841 berief er sich auf ein Wort Sophokles': »Ein jeder, der zu einem König geht, der wird, so frei er zu ihm kam, sein Knecht.« Verbittert ergänzte Klenze: »Und so hat der König Ludwig das Beste was in mir war (…) stets unterdrückt und in eine falsche Bahn gezwungen.« Die einfachen Leute hatten andere Nöte: »Kunst ersetzt kein Brot«, schimpften sie über ihren König, der in den schönen Räumen, die teuren antiken Statuen als Dekoration mißbrauchend, romantische Feste bei Fackelschein feierte. Die zensierte und kujonierte Presse wagte es nicht, Ludwig anzugreifen, sie spießte statt dessen den Architekten auf. Er galt ihr als anmaßender »Ausländer«, »Zuag'roasta«, der die einheimischen Künstler verdrängt habe, geistigen Diebstahl betreibe und Geld verschwende, das nicht zuletzt in die eigene Tasche fließe. Der König ließ lediglich die schärfsten Blätter zensieren und fragte anschließend scheinheilig: »Wie kommt es doch, daß ein Mensch so viele Feinde haben kann?« Das Volk sah die Bauten seines Königs nicht als Wohltaten, sondern »als Verschwendung der öffentlichen Gelder, als Vergeudung des innersten Markes der Nation auf Kosten höherer Zwecke, als Erzeugnisse eitler Ruhm- und Prunksucht«[12]. Georg Gottfried Gervinus, einer der »Göttinger Sieben«[13], zweifelte später an, daß »alles aus Privatmitteln des Königs gedeckt« worden sei. Dagegen sprächen »die innere Noth des Landes, die unerträglichen Lasten der Steuerpflichtigen, der traurige Stand der Finanzen unter Ludwigs Regierung«.

Da die Stadtverwaltung Münchens immer wieder gegen die ihr auferlegten finanziellen Lasten protestierte, drohte Ludwig in den Jahren um 1830 mehrfach damit, seine Residenz nach Nürnberg zu verlegen und die Universität, die ja erst 1826 nach München verlegt worden war, mitzunehmen,

Dieses Gemälde Wilhelm v. Kaulbachs aus dem Jahr 1850 zeigt die von Ludwig I. beauftragten Architekten. Ganz links in prominenter Position Klenze, daneben rechts Voit, Ziebland, Ohlmüller und Gärtner.

falls die Stadtoberen seine Baupläne nicht weiter unterstützten. Also kratzten sie allein eine dreiviertel Million Gulden für Grundstücke an der Ludwigstraße zusammen, die der König, wie der zweite Bürgermeister Jakob Klar schon 1829 kritisierte, mit Palästen bebauen wolle, wo doch Wohnungen dringend gebraucht würden. Noch mehr sollte der Neubau der Ludwigskirche (1829–1844) kosten, die die Schellingstraße (damals: Löwenstraße) abschließen sollte und die bis zu diesem Zeitpunkt, wie gesagt wurde, inmitten von Wiesen stand, »wo man nur den Schafen predigen« könne.

Ein Jahr nach der französischen Erhebung rebellierten auch in Bayern 1831 die Stände. Im Mittelpunkt stand erneut heftige Kritik an Klenze und den teuren Bauten. In einer Versammlung klagte der Abgeordnete Rabel über den »Hofbaudilettant« Klenze: »Überall Glanz und nichts als Glanz; diese Glänze, meine Herren, erdrücken das Volk!«
   Auch die Zweite Kammer des Landtags, seit 1818 die Vertretung der Stände, kritisierte nun Ludwigs Kunst- und Baupolitik, monierte, daß allein die *Glyptothek* drei Millionen Gulden gekostet habe, ein Zehntel der jährlichen Staatseinnahmen. Sie

wünschte statt Denkmälern Markthallen, Wasserleitungen, Wohnungen und Fabriken. Ludwig entgegnete ebenso ungerührt wie verständnislos: »Wenn man das Geld im Spiel verliert oder für Pferde ausgiebt, meinen die Leute, es wäre recht, es müsse so sein; wenn man es aber für die Kunst verwendet, sprechen sie von Verschwendung.«[14]

Die Stadt versuchte, die ihr auferlegten Ausgaben an anderer Stelle wieder hereinzuholen. Sie refinanzierte sich per Malzaufschlag. Da Bier zu den »Grundnahrungsmitteln« der Armen gehörte, bezahlten sie nun die königlichen Paläste, Kirchen und Denkmäler. Auch Stiftungen belastete Ludwig bis über ihre Grenzen, und er entnahm Mittel aus Etats, die eigentlich anderen Zwecken dienten. So ließ er Klenze etwa das Odeon mit seinem Konzertsaal aus Mitteln des Verteidigungsetats bauen.
   Die Stimmung war schlecht im Land. »Wir wissen nicht«, sagte ein Abgeordneter 1831 im Landtag, »wieviel Tränen der Untertanen an diesen Prachtgebäuden hängen. Denn mit welchem Geld werden sie bestritten? Mit dem Geld der Untertanen, zumal des Landmannes, der ohnehin von so vielen Lasten gedrückt ist.«[15] Der Abgeordnete Scheuing klagte:

»Es ist wirklich schaudererregend, wenn man in München Paläste aufsteigen sieht, die eine Million kosten, (…) während in anderen Kreisen die Kirchen, Schulen und Gefängnisse verwittern.«

Der findige König hatte sich längst auch andere Finanzierungsquellen erschlossen. Die Lottomittel mußten nun zusätzlich zur Finanzierung der Civilliste herhalten, also jenes Teils der Staatsausgaben, die dem König zur persönlichen Verfügung standen. Wiederum traf es hauptsächlich die untersten Bevölkerungsschichten. Lotto war das Spiel der Ärmsten, und so spottete J. G. A. Wirth in der Deutschen Tribüne, das Ansinnen, Lotto abzuschaffen, sei von den Königstreuen so leidenschaftlich bekämpft worden, »weil man den Schweiß der Nation und die Pfennige der Bettler zum Glanze der Krone unabweislich bedürfe«[16].

Ludwig wehrte sich gegen diesen bürgerlichen Unmut mit rabiaten Mitteln: Er verweigerte die Unterschrift für Maßnahmen gegen die Cholera. Auch wenn die Seuche München erreiche, ließ er seinen Minister v. Wrede aus Berchtesgaden wissen, werde er erst unterzeichnen, wenn das Parlament die Civilliste genehmigt habe.

Dafür geißelte Georg Büchner ihn 1834 in »Der hessische Landbote«: »Sehet an das von Gott gezeichnete Scheusal, den König Ludwig von Baiern, den Gotteslästerer, der redliche Männer vor seinem Bilde niederzuknien zwingt, und die, welche die Wahrheit bezeugen, durch meineidige Richter zum Kerker verurteilen läßt; das Schwein, das sich in allen Lasterpfützen von Italien wälzte, den Wolf, der sich für seinen Baals-Hofstaat für immer jährlich fünf Millionen durch Meineide Landstände verordnen läßt, und fragt dann: ›Ist das eine Obrigkeit von Gott zum Segen verordnet?‹«

Der Bayern-Monarch ließ sich davon nicht beeindrucken. Seine »Bauwut« trieb immer neue Blüten. Neben Klenze baute in München Friedrich v. Gärtner für Ludwig, in diesen Jahren entstanden Königsbau und Festsaal der Residenz, einige Kirchen, die Hofgartenarkaden und die Gebäude an der Ludwigstraße, darunter die Staatsbibliothek (1832–1844), das Blindeninstitut (1833–1837), Wohnungen im Damenstift St. Anna (1836–1839), die Salinenadministration (1838–1842), die Ludwigskirche, die Universität und das Georgianum (1835–1840), das Max- Joseph-Stift (1837–1841), das Erziehungsinstitut für adlige Fräulein, das Siegestor (1843–1850) mitsamt der Villa der Königin davor, die Feldherrnhalle (1841–1844), das Wittelsbacher Palais an der Brienner Straße (1843–1850) sowie das »Museum zur Förderung der Künste und des Gewerbes in Bayern« am Südrand des Königsplatzes (1838–1845 von Georg Friedrich Ziebland erbaut).

Schon »in den Tagen von Teutschlands tiefster Schmach« hatte Ludwig zudem die Vision einer Walhalla, in die er Marmorbildnisse der »fünfzig rühmlichst ausgezeichneten Teutschen« stellen wollte. Als einer der ersten sollte Karl Reichsfreiherr vom Stein darin Platz finden, der Architekt des preußischen Bündnisses mit Rußland gegen Frankreich, ein Seelenverwandter: »Ich habe nur ein Vaterland, und das heißt Deutschland«, hatte Stein 1812 gesagt, und später mit Ludwigs Unterstützung die deutsche Geschichtsquellensammlung gegründet, die bis heute in München ansässige Forschungsgruppe Monumenta Germaniae Historica. Nach Napoleons Niederlage intensivierte Ludwig seine Walhalla-Idee, die Entwürfe orientierten sich – wenig erstaunlich – an den Tempelanlagen auf der Akropolis von Athen, die Perikles nach den Siegen gegen die Perser als Zeichen der Größe hatte errichten lassen. Als die Pläne fertiggestellt und vom König »approbiert« worden waren, baute Klenze dem Monarchen seine Ruhmeshalle im Donautal bei Regensburg (1830–1842).

In München legte Ludwig am 12. Oktober 1846 einen weiteren Grundstein, den für die Neue Pinakothek, in nächster Nähe zum Königsplatz gelegen. »Für Gemälde aus diesem und künftigen Jahrhunderten ist die Neue Pinakothek bestimmt«, erläuterte Ludwig. »Erloschen war die höhere Maler-

Gegenüber der Glyptothek, an der südlichen Platzseite, ließ Georg Friedrich Ziebland von 1838 bis 1845 das »Kunst- und Industrieausstellungsgebäude zur Förderung der Künste und des Gewerbes in Bayern« bauen. Im Krieg zerstört, wurde es 1966 wiederhergestellt. Seit 1967 stellt die Staatliche Antikensammlung dort antike Kleinplastiken aus.

kunst, da entstand sie wieder im neunzehnten Jahrhundert durch Deutsche. Ein Phönix, entschwang sie sich ihrer Asche und nicht allein die malende, jede bildende Kunst entstand auf's Neue herrlich.«

Den Grundstock bildeten zeitgenössische Gemälde deutscher Künstler, die der geschäftstüchtige Klenze 1841 an Ludwig verkauft hatte. »Mit Luxus darf die Kunst nicht betrachtet werden; in Allem drücke sie sich aus, sie gehe über in's Leben, nur dann ist sie, was sie sein soll. Freude und Stolz sind mir meine großen Künstler. Des Staatsmanns Werke werden längst vergangen sein, wenn die des ausgezeichneten Künstlers noch erhebend erfreuen.«

Einer fand Ludwigs Einsatz für Kunst und Deutschtum großartig: Fürst Metternich, der Architekt der monarchistischen Restauration in Europa nach 1815. Er besuchte München 1837. Kaltblütig sei Ludwig, würdigte Metternich, großartig, berich-

tete er seiner Frau, »tout cela est gigantesque«. Heute dagegen kommt der Münchner Architekturprofessor Winfried Nerdinger rückblickend zu einem vernichtenden Urteil: »Die gesamte Kunstpolitik Ludwigs war auf seine Selbstverherrlichung und seinen Nachruhm gerichtet, zu ihrer Durchsetzung war er bereit, buchstäblich über Leichen zu gehen.«[17]

Spott vom Volk: »Propyläen gebauet habend«

Wirkliche Unruhe im bayrischen Volk erzeugte dagegen eine zweifelhafte Dame, der Ludwig mit fast 60 Jahren verfiel: Lola Montez. Das Volk hungerte in diesem Winter 1846/47, und als der König seiner verschwenderischen Geliebten nach zahllosen kostbaren Geschenken auch noch das bayrische

Sie löste den Sturz Ludwigs I. aus: Nach Protesten des hungernden Volks gegen die verschwenderische Geliebte musste Lola Montez 1848 München verlassen.

Heimatrecht zugestehen wollte (und damit die Misere sich ins Unendliche zu verlängern drohte), richtete sich der Volkszorn gegen sie. Im Februar 1847 protestierte sogar seine Ministerriege. Ludwig entließ sie kurzerhand und setzte eine neue ein, genannt »Kabinett Lola Montez«.

Die Kritik hielt an. Bayern werde von einer Mätresse regiert, hieß es unüberhörbar, einer Tänzerin, einer irischen Hochstaplerin, die der König zum Dank für ihre zahlreichen Dienste in standesüblicher Weise zur Gräfin von Landsfeld befördert hatte. Als Studenten und Bürger Anfang 1848 ultimativ liberale Reformen forderten, ließ Ludwig die Universität kurzerhand schließen. Eine große Menge protestierte am Rathaus, man wollte das Haus von Lola Montez in der Barer Straße, nicht weit vom Königsplatz entfernt, stürmen. »Die Hur' muß raus!«, skandierte die Menge.

Der von vielen Krankheiten geschwächte König, dessen Stellung im Staatsapparat durch die Affäre irreparablen Schaden genommen hatte, mußte schließlich der öffentlichen Empörung Tribut zollen. Am 12. Februar 1848 gab Münchens Bürgermeister Kaspar v. Steinsdorf bekannt, »daß die Gräfin Landsfeld, nachdem sie gestern die Haupt- und Residenzstadt München verlassen, heute Vormittag 11 Uhr von Pasing aus in Begleitung zweier Poli-

zei-Bediensteter auf der Eisenbahn nach Lindau abgereist ist.«

Zwei Tage zuvor hatte Ludwig miteilen lassen, »daß statt erst mit dem Wintersemester bereits mit dem Sommersemester die Universität wieder geöffnet werde, wenn bis dahin München's Einwohner sich zu meiner Zufriedenheit benehmen«.

Doch die Unruhen setzten sich fort. Ludwig konnte seinen Thron nicht einmal mehr dadurch retten, daß er endlich Pressefreiheit, öffentliche Gerichtsverfahren, Volksvertretung im Bundestag, Eindämmung der Polizeiwillkür und weitere Reformen ankündigte. Am 20. März 1848 schließlich griff er zum letzten verbliebenen Strohhalm, um die diskreditierte Monarchie im Bayernland zu retten. Ludwig trat zugunsten seines Sohns Maximilian II. ab. »Habe immer gesagt, wirklich König sein oder die Krone niederlegen, und so habe ich nun gethan«, schrieb er am 31. März 1848 an seinen Kunstbeschaffer Johann Martin Wagner in Rom. »Die Empörung hat gesiegt, mein Thron war verschwunden. Regieren konnte ich nicht mehr, und einen Unterschreiber abgeben wollte ich nicht. Nicht Sklave zu werden, wurde ich Freyherr.«

Die Geschichte des Königsplatzes schien damit an ihr Ende gekommen zu sein, er drohte unvollendet zu bleiben. Zwei Jahre zuvor, 1846, hatte Ludwig dem 60jährigen Klenze noch den Auftrag erteilte, endlich die konkreten Baupläne für die *Propyläen* anzufertigen. Mit diesem Torbau am westlichen, stadtauswärts gelegenen Platzende wollte Ludwig den Freiheitskampf des Kreuzes gegen den Halbmond ehren, die 1830 erfolgte Befreiung der Griechen von der türkischen Militärmacht. Damit huldigte er auch seinem Sohn Otto, der seit 1832 König von Griechenland war. »Nach Deutschlands Befreiung, als es unter napoleonischer Gewaltherrschaft gebeugt«, erklärte Ludwig, »glühte ich für nichts so, als daß Hellas siegen würde.«

Just in diesen Revolutionstagen von 1848 begann der Bildhauer Ludwig Schwanthaler, Entwürfe für die Giebelfiguren und Turmreliefs für die *Propyläen* zu zeichnen. Schwanthaler war zu diesem Zeitpunkt eigentlich noch damit beschäftigt, die Skulptur der *Bavaria* fertigzustellen, die für das Festgelände der Theresienwiese vorgesehen war. Was sollte nun aber, nach dem Rücktritt des Königs, aus den großen Plänen für den Königsplatz werden? Bis jetzt stand nur die *Glyptothek*. Ludwig versicherte allen Betroffenen, das Werk werde so oder so vollendet. Am Tag nach seinem Rücktritt wies er seinen Sekretär an, »Geheimrath von Klenze in Kenntnis zu setzen, daß, auf so lange ich nicht anders verfüge, ich im Untersberger Marmorbruch für die Propyläen des Jahrs für 12 000 fl. werde brechen lassen.«[18] Die Propyläen wollte er, wenn sie vollendet seien, der Stadt München schenken.

Arbeiter setzen die Statue der Bavaria zusammen, entworfen von Ludwig Schwanthaler, der kurz vor seinem Tod 1846 auch den Skulpturenschmuck der Propyläen schuf.

Er verpflichtete auch seinen Sohn und Nachfolger auf dem Thron, Maximilian II., an dem Projekt festzuhalten. Und so fertigten Schwanthaler, sein Vetter Xaver und dessen Mitarbeiter bis Oktober alle Modelle für die *Propyläen* gerade noch rechtzeitig, denn am 14. November 1848 starb Ludwig Schwanthaler im Alter von nur 46 Jahren.

Seine Giebelfiguren zeigen an der stadtauswärts zeigenden Westseite Versammlung und Schwur der Griechen, Kampfszenen zwischen Griechen und Türken zu Land und zur See, am nördlichen Turm den Bürgerkrieg, den das Eingreifen der Schutzmächte beendet, und an der stadteinwärts zeigenden Ostseite den Frieden und die neue staatliche Ordnung mit dem thronenden König Otto im altgriechischen Gewand, dem Kirchenmänner, Wissenschaftler, Künstler, Händler, Bauern, Architekten und Schiffbauer huldigen. Im Inneren des Tors sollten 32 Namen, in griechischen Majuskeln geschrieben, an ausgewählte »Beförderer der Freiheit« und »hervorragende Philhellenen« erinnern.

Als Ludwig, mittlerweile 68 Jahre alt, am 6. April 1854 endlich den Grundstein für den Torbau legen konnte, sagte er: »Ein Denkmal seien die Propyläen meines theuren Sohnes Otto Erhebung auf Hellas Thron, auf dem seines Volkes von ihm wohl verdiente Liebe ihn umgiebt. Aus dem Innersten meines Herzens rufe ich: Möge Hellas gedeihen!« Sechseinhalb Jahre später, am 13. Oktober 1860, schrieb Ludwig an Klenze: »Am Tag meiner Abreise von München, prachtvoll schien eben die Sonne, schickte ich zu Ihnen, bey den Propyläen sich einzufinden, aber Sie waren abgereist und so sah ich allein bewundernd den vom Gerüst befreyten Theil. Es ist ein herrliches Werk!« Zum Dank verfaßte der Hobbydichter laut seinem Biographen Heigel für Klenze ein Sonett mit dem Titel: »Im Mondschein vor der Glyptothek«.

Am 18. August 1862 meldete der königliche Polizei-Direktor Pfeufer im Münchner Amtsblatt, was die Bevölkerung künftig zu beachten habe: »Reiter und Wagen, welche von der innern Brienner Straße, und Reiter und Wagen, die von der äußern Brienner Straße kommen, haben das [jeweils] rechtsseitige Thor der Propyläen zu passieren.« Das Bauwerk war vollendet, fürs Publikum freigegeben wurden die *Propyläen* am 30. Oktober des Jahres.

Das symbolische Stadttor zog viel Kritik auf sich. Ein Kritikpunkt war, daß es sowohl dorische als auch korinthische Säulen aufwies, was nach der klassischen Ästhetik der gebotenen Einheitlichkeit des Stils widersprach. Auch fand man die Skulpturen zu klein, den ganzen Bau plump. Schließlich sei es eine Zumutung, daß man die äußeren Fahrspuren queren müsse, um durchs mittlere Tor gehen zu können, und so der Gefahr ausgesetzt sei, von Fuhrwerken überfahren zu werden. Schlimmer für Ludwig war jedoch, daß sein Sohn Otto einen Tag nach der Einweihung, vertrieben von den Griechen, nach München zurückkehren mußte.

»Nach der Katastrophe in Griechenland« berichteten die Zeitungen, wollte Ludwig die *Propyläen* am liebsten wieder abreißen lassen. Bestürzt darüber wandte sich sogar ein bayrischer Förster an den König und bat ihn schriftlich, das Werk doch bitte stehenzulassen. Ludwig erklärte daraufhin, es habe sich um übelmeinende Falschmeldungen gehandelt. Wörtlich schrieb er: »Was dort dargestellt, gehört der Geschichte an, und habe vor, nicht das geringste [sic] daran zu ändern.«

Die meisten Münchner, wegen der hohen Kosten noch immer gram, spotteten nun: »Man lobt den Tag nicht vor dem Abend / Propyläen gebauet habend.« Doch Ludwig bereute nichts. Immerhin blieben die bayrischen Landesfarben auch die Farben der neuen, nicht mehr wittelsbachischen griechischen Staatsflagge. An Klenze schrieb er voll innerer Überzeugung: »Mißachtet auch die Gegenwart, was ich für Hellas getan, wird die Zukunft mir nicht die Anerkennung versagen.«

Am 9. März 1868 begleitet eine große Trauergemeinde den toten Ludwig I. in die Basilika St. Bonifaz. Der Weg führte über den Königsplatz, an der Propyläen vorbei.

Zwei Jahre später, am 27. Januar 1864, erlag Klenze im Alter von fast 80 Jahren einer Lungenentzündung. Aber der Traum des Königs und seines geschäftstüchtigen Baumeisters war Wirklichkeit geworden, der Platz war vollendet. Gegenüber der *Glyptothek*, an der Südseite des Platzes, hatte mittlerweile Georg Friedrich Ziebland, Schüler Karl v. Fischers, zwischen 1838 und 1845 ein »Kunst- und Industrieausstellungsgebäude zur Förderung der Kunst und des Gewerbes« erbaut, nachdem von 1826 an nacheinander die zuvor angedachten Projekte eines Kadettenhauses samt militärischer Nutzung sowie einer Apostelkirche oder einer Hof- und Staatsbibliothek verworfen worden waren. Hinter Zieblands Ausstellungsgebäude versteckt lag das zeitgleich von ihm zwischen 1835 und 1850 errichtete Kloster St. Bonifaz, dessen frühchristlichen Stil der König und seine Nazarener so schätzten.

Die östliche Platzgrenze blieb zur Stadtmitte hin frei, südlich und nördlich an der Brienner Straße standen die Wohnhäuser Karl v. Fischers (1810 von ihm selbst errichtet) und das äußerlich gleiche Gegenstück des Baumeisters Joseph Höchl (1832). Der Platz selbst fiel zur Mitte hin kaum merklich um etwa vier Fuß ab, damit das Regenwasser besser ablaufen konnte, vor allem aber um den Neubauten durch das perspektivische Ansteigen der Platzoberfläche zu den Seiten hin »das gehörige Ansehen zu geben«, wie Klenze notiert hatte. Nach 50 Jahren des Planens und Bauens war aus dem einstigen nackten, auf einer Wiese abgesteckten Karree namens »Königsplatz« ein italienischer Park mit griechischen Bauten geworden.

In St. Bonifaz wollte Ludwig begraben sein. Er starb – vier Jahre nach seinem Architekten Klenze – Ende Februar 1868 in Nizza. Wenige Tage später setzte sich in der bayrischen Residenzstadt an der Isar der Leichenzug am 9. März 1868 von der Residenz her kommend in Bewegung. Alle Kirchenglocken läuteten, als er an der Feldherrnhalle vorbeifuhr, hin-

Der Königsplatz 1932 aus der Luft: Zieblands Ausstellungsbau (rechts) war seit 1919 »Neue Staatsgalerie«. An der Ostseite (oben) standen noch zwei Wohnhäuser rechts und links der Brienner Straße. Sie fielen nach 1933 dem Abriß zum Opfer, um den NS-Neubauten Platz zu machen.

ein in die Brienner Straße, an Thorvaldsens Statue des Kurfürsten Maximilian vorbei, vorne ein Häuflein Veteranen, die einst in der bayrischen Armee (erst mit und dann gegen Napoleon) gekämpft hatten. Auf dem Trauerwagen lag der Sarg, geschmückt mit königlichen Insignien und zahlreichen Orden sowie Kränzen von Schillers Tochter und der Wiener Künstlergesellschaft. Hinter ihm folgten der seit 1848 regierende König Maximilian II., die übrigen Söhne des Verstorbenen und weitere Verwandte.

Die Trauergemeinde schritt vorbei am Obelisk, an der *Glyptothek*, am Kunstausstellungsgebäude und durch die *Propyläen*. So hatte er es gewünscht.

In der Basilika St. Bonifaz wurde Ludwig – bis auf sein Herz, das zu den Ahnen nach Altötting ging – über seiner »unsichtbar« in einer Gruft liegenden Gemahlin Therese bestattet. Drei Tage später zogen Hunderte von Künstlern, die aus ganz Deutschland angereist waren, mit Fackeln und umflorten Fahnen vor die *Glyptothek*. Im Atrium des Gebäudes erstrahlte die Büste Ludwigs, mittels der kurz zuvor erfundenen Elektrizität hell beleuchtet. Ein Männerchor sang: »Mitten wir im Leben / sind vom Tod umfangen.« Dann schmückten Angehörige die Büste mit Lorbeerkranz und Fahnen geschmückt, es war, so Heigel, »eine Trauerfeier von erschütternder Romantik«.

45

Am 5. November 1921 wird der letzte bayrische König, Ludwig III., zu Grabe getragen. Hier die kirchlichen Würdenträger bei ihrem Trauerzug über den Königsplatz, im Hintergrund die Propyläen.

Der Sarg steht auf einer von Lakaien geleiteten Lafette, neben der Adlige und Offiziere einher schreiten. Die drei Jahre zuvor abgeschaffte Monarchie entfaltet noch einmal alle Pracht, zu der sie fähig ist.

Die Menge der Zuschauer auf dem Königsplatz bleibt überschaubar – nach den Unruhen der letzten beiden Jahre hatte die Münchner Bevölkerung überwiegend andere Sorgen.

Natürlich durfte auch eine Abordnung des von zahlreichen Adligen geprägten Offizierskorps der Reichswehr im Trauerzug für den Monarchen nicht fehlen.

Kurz nach Beginn des Ersten Weltkriegs im August 1914 werden auf dem Königsplatz vor der Glyptothek die Einheiten der bayrischen Landwehr verabschiedet. Vier Jahre Stellungskrieg und Trommelfeuer liegen vor den Soldaten, fast zwei Millionen Tote zählte schließlich allein Deutschland. Im Bild ein Stück des Rasens, ein gepflasterter Wegstreifen und die gekieste Wegesfläche.

Hitlers Vordenker

Der Königsplatz als »Forum des Deutschtums«

Die Kassandras hatten sich geirrt. Die behäbige Ackerstadt München war bis zur Jahrhundertwende zu einer Großstadt mit einer halben Million Einwohnern gewachsen, und der Königsplatz lag nicht mehr am Rand, sondern mittendrin. Das bedeutete aber nicht, daß München deshalb weltoffener geworden wäre: Ein unbekannter Kunstsachverständiger, spottete Christian Morgenstern 1894 in der Zeitschrift *Der Zuschauer*, habe sich an den »herrlichen Bildwerken« in der *Glyptothek* zu schaffen gemacht und »äußerst geschmackvoll aus Blech nachgebildete, grünangestrichene und mit unnachahmlichen Takt platzierte Feigenblätter« so freigiebig verstreut, »als hätte ein Orkan in einem Sykomorenwalde gewütet«. König Ludwig hätte Morgensterns Spott über die *Kryptothek* sicher geteilt.

Zur gleichen Zeit diskutierten die Münchner darüber, ob die westlichen Mauern an der *Glyptothek* beseitigt werden sollten, die schmutzig aussahen, die Sicht auf den Platz von der Luisenstraße her versperrten und »die Entfaltung des Platzes zum vornehmsten Square Europas verhindern«, wie die *Augsburger Abendzeitung* 1893 bemerkte. Außerdem sei es Damen nicht ratsam, abends dort zu lustwandeln, »da gerade unter dem Schutze und Schmutze dieser garstigen Mauer die westlichen Anlagen des Königsplatzes und der Park hinter der Glypothek zu Schlupfwinkeln für allerlei Gesindel geworden sind, in welche gar bei Nacht kein Gendarm ohne Bedeckung sich zu begeben räthlich finden dürfte«.

Am Königsplatz selbst nagte der Zahn der Zeit. Außerdem kam ihm die schützende Hand der Monarchie abhanden. Das war 1918, nachdem das deutsche Kaiserreich einen Krieg verloren und die Monarchen abgedankt hatten, als erster der bayrische König Ludwig III. Deutschland versuchte es mit der Demokratie, aber es war ein früh gefährdeter Versuch.

In München übernahmen Arbeiter- und Soldatenräte die Macht. Zwar hatte der Adel seinen beherrschenden Einfluß verloren, aber die übrigen traditionellen Machtgruppierungen waren entschlossen, sich ihrer Entmachtung – anders als der König – mit allen Mitteln zu widersetzen. Die roten Fahnen in der weißblauen Metropole waren ihnen ein Dorn im Auge, die aufsässigen Arbeiter und Soldaten gefährdeten jenen Teil der Ordnung, auf dem ihre Macht beruhte. Einige hunderttausend der von allen Fronten nach Deutschland zurückströmenden ehemaligen Soldaten ließen sich für den Kampf gegen den Bolschewismus engagieren. Von Banken, Industrie und Reichswehr finanziert, entstanden »völkische«, nationalistische »Freikorps«.

Aus diesem Dunstkreis stammte auch der bayerische Adlige, Leutnant und Jurastudent Anton Graf v. Arco auf Valley, der am 21. Februar 1919 in München den ersten demokratisch gewählten Ministerpräsidenten Bayerns, Kurt Eisner erschoß.

Eisner war den antisemitischen Reaktionären als Linker und Jude doppelt verhaßt.

Als Folge des Mordanschlags riefen die vereinigten Linken in München die »Räterepublik« aus. Das war die willkommene Gelegenheit für die »Freikorps« und ihre Hintermänner, mit den »niederträchtigen Bolschewisten« abzurechnen. Einheiten wie der »Bund Oberland« marschierten zusammen mit den offiziellen Reichswehr-Truppen von Reichswehrminister Gustav Noske (SPD) nach München, um »die Diktatur der Russen und Juden«, wie es hieß, mit allen Mitteln zu beseitigen. Mehrere hundert Menschen fielen in den folgenden Wochen dem mörderischen Treiben der »Freikorps« zum Opfer.

Es war ein Vorgeschmack auf das, was zwischen 1933 und 1945 ein perfektioniertes Terrorsystem anrichtete. Und teilweise ergaben sich direkte personelle Verbindungen: Aus den »Freikorps« ging ein großer Teil der NS-Fußtruppen in SA und SS hervor. Der spätere SA-Führer Ernst Röhm, zu diesem Zeitpunkt noch in Reichswehr-Diensten, stellte die enge Zusammenarbeit zwischen der in den Diensten der Weimarer Republik stehenden Armee und den rechtsradikalen Milizen sicher, indem er selbst die Ausbildung dieser Formationen übernahm – bevor er deren Chef wurde – und indem er

mehrere Reichswehr-Soldaten dem aufstrebenden »Führer« der NSDAP, Adolf Hitler, als Leibwache zur Seite stellte.

Nach den Massakern von 1919/20 herrschte wieder Friedhofsruhe in Bayern und den anderen deutschen Ländern. Die SPD-Politiker Ebert und Noske hatten ihr Ziel erreicht, jegliche Form grundlegender gesellschaftlicher Veränderungen zu verhindern. Und der ehemalige bayrische König und seine Familie hatten – wie alle anderen Monarchen, angefangen vom Kaiser bis hinunter zum letzten Fürsten – mittlerweile einen vorteilhaften Deal mit den neuen Machthabern geschlossen. Der private Kunstbesitz Ludwigs III. ging 1923 in den »Wittelsbacher Ausgleichsfonds« über. Die Residenz und andere Immobilien verwaltet seither die Bayerische Schlösserverwaltung. Sie sind öffentlich zugänglich. Die Erträge der umfangreichen Ländereien und des restlichen Immobilienbesitzes fallen aber bis heute der ehemals königlichen Familie zu (ihre Höhe ist unbekannt und wird als ein streng gehütetes Geheimnis behandelt).

Damit gehörte von 1923 an neben den Kunstwerken auch der größte Teil des Königsplatzes dem bayerischen Staat, insgesamt 42 050 Quadratmeter. Der Rest der Platzfläche blieb weiterhin im Besitz

Nach der Ermordung des bayrischen Ministerpräsidenten Kurt Eisner im Februar 1919 zieht ein riesiger Trauerzug durch die bayrische Metropole, der blutige Zeiten bevorstanden.

Freikorps-Soldaten feiern am 2. Mai 1919 in ihrem totenkopfgeschmückten Panzerauto den Sieg über die »Räterepublik«. Tausende starben während des Rachefeldzugs der Söldner.

Reichspräsident Ebert und Reichswehrminister Noske (beide SPD) im Mai 1919 bei ihren reaktionären Freikorps-Truppen, die mit blutigen Massakern die Münchner Räterepublik beseitigten.

Beim »Trauer- und Opfertag« 1921 als dritter von links der »Reichswehrsonderbeauftragte« Ernst Röhm zusammen mit Prinz Alfons v. Bayern und dem Reichsstatthalter Franz v. Epp.

der Stadt, insgesamt 5500 Quadratmeter, nämlich die Brienner Straße, die *Propyläen* mitsamt der Rundfläche, auf der sie standen, sowie die Grünfläche östlich des Ziebland-Baus an der südlichen Platzseite. Für den Freistaat war der Königsplatz ein kostspieliges Erbe, die Aufwendungen für Unterhalt und Restaurierung der Anlagen rund um den Platz sollten sich bald als finanzielle Belastung erweisen.

Im November 1926 vermißte der Offiziant Wöhr bei seinem täglichen Rundgang um die *Glyptothek* an der Fassadenfigur des Donatello die linke Hand. Das war der zweite Verlust nach Hadrians Arm, der im Winter zuvor verschwunden war. *Glyptothek*sdirektor Paul Wolters vermutete, »daß nächtlicher Weile Unfug treibende Passanten etwa hinaufgestiegen und dabei die Hand abgebrochen und mitgenommen« hätten. Eine genauere Inspektion aller Figuren ergab umfangreiche, bisher übersehene Beschädigungen. »Die Möglichkeit ist nicht abzuweisen, daß diese von Mutwilligen verursacht sind«, glaubte Wolters.

Auch an der hinteren Fassade zeigten sich Spuren von Vandalismus, und der Direktor verdächtigte als Urheber »spielende Jugend«, der die Fassadenfiguren »als Ziel ihrer Steinwürfe« dienten.

Auch die Verunreinigungen auf der Gebäuderückseite bewertete er als »Übelstand, der wohl zur Einschränkung der bis jetzt der Jugend gewährten Freiheit führen kann«.

Die Untersuchung des Mineralogischen Laboratoriums der Technischen Universität endeten im Jahr 1930 mit einem überraschenden Ergebnis. Nicht die verdächtigte Jugend samt ihrem Spieltrieb, sondern die Figuren selbst seien Ursache ihres Verfalls: Der verwendete Stein habe sich als zu porös herausgestellt. Wasser sei eingedrungen, bei warmem Wetter verdunstet und habe dabei zu Kalkablagerungen geführt. Diese Verwitterung sei »durch kein Mittel rückgängig zu machen oder zu beseitigen« und bereichere die Erfahrung, »daß an sich wertvolle (...) Marmorsorten den Ansprüchen unseres Klimas auf die Dauer nicht gewachsen sind, sondern sich nur zur Aufstellung von Statuen in geschlossenen, regenfreien Räumen eignen, während sie in vorwiegend trockenem südlichem Klima Jahrtausende überstehen können«.[1]

Von einer weitaus größeren Bedrohung ahnte der aufmerksame Offiziant Wöhr noch nichts: Die Nationalsozialisten feierten inzwischen über München hinaus Erfolge und waren dabei, sich auch den Platz untertan zu machen. Die Ideen dafür stammten allerdings von anderen.

Ehrenhallen inklusive: Entwürfe für einen »vaterländischen Heldenplatz«

Während Münchens Künstler den mittlerweile heruntergekommenen Platz mit kleinen kosmetischen Reparaturen verschönern wollten und Museumsdirektoren wie Paul Wolters neue Räume für Ausstellungen forderten, hatten sich zahlreiche Architekten und Stadtplaner seit der Gründung des Deutschen Reichs 1871 für grundlegende Veränderungen am Platz stark gemacht. Max v. Heckel war 1883 mit einem Entwurf an die Öffentlichkeit getreten, der aus dem luftigen Königsplatz ein geschlossenes Forum machen sollte. Projektierte riesige Museumsgebäude, etliche Säulenhallen, Turm- und Kuppelbauten, verbunden durch Flügelbauten, hät-

ten dazu geführt, daß der Platz vollständig umbaut worden wäre.

Joseph Bühlmann griff in den folgenden Jahren den Vorschlag des Archäologen Adolf Furtwängler auf, der für einen Anbau an die *Glyptothek* zur Schaffung eines Museums für Gipsabgüsse plädiert hatte. Bühlmann skizzierte rund um den Platz Hallen zur Verbindung der einzelnen Gebäude. Viele der Vorschlagenden beriefen sich dabei ausgerechnet auf Klenze, der den Platz angeblich vollkommen umrahmt geplant habe, so daß der Platz als unvollendet und damit als dringend fertigzustellen anzusehen sei.

Während des Ersten Weltkriegs konkretisierte Karl Jäger diese Überlegungen und präsentierte 1921 einen Entwurf, der an den Flanken von *Glyp-*

Verschiedene Stadtplaner wollten den Königsplatz Ende des 19. Jahrhunderts in einen »vaterländischen Heldenplatz« umwandeln. Max v. Heckel schlug 1883 vor, rings um den Königsplatz große Kolonnaden zu errichten, um ein geschlossenes Forum zu schaffen.

Zu Bismarcks 80. Geburtstag wird der Ziebland-Bau 1895 geschmückt. Der Reichskanzler hatte Ludwig II. monatlich hohe Summen aus seinem »Reptilienfonds« bezahlt, da der Bayer den Preußischen König 1871 verabredungsgemäß zum Kaiser nominiert hatte.

tothek und Kunstausstellungsgebäude Bauten für eine Vasensammlung und ein Antiquarium sowie ein Museum für Gipsabgüsse und eine Münzsammlung vorsah. An die Seiten der *Propyläen* stellte Jäger Hallen, die vage an die Vorhalle des Alten Museums in Berlin erinnerten und zum gartenarchitektonisch streng gestalteten Platz hin offen als Ehrenhallen für Feldherrn, Künstler oder Gelehrte dienen sollten.

Während Jäger sich an der Ostseite, also Richtung Stadtzentrum, noch mit zwei Baumreihen zufriedengab, präsentierte der Architekt Otho Orlando Kurz 1924 einen kompromißlosen Plan, der überhaupt keine Rücksicht mehr auf die ursprüngliche Planung nahm: Der Königsplatz sollte jetzt zu einem »Forum des Deutschtums« werden, zu einem nationalen Platz, einem »vater-

ländischen Heldenplatz«. Die bislang offene Ostseite beabsichtigte Kurz mit einer Kolonnade zu schließen, die die Namen aller Gefallenen Münchens aufnehmen sollte, einschließlich »symbolische Male für die Märtyrer des Vaterlandes« wie etwa den rechtsextremen »Märtyrer« Albert Leo Schlageter. Kurz dachte an Sarkophage.

Grundsätzlich war der Königsplatz längst »politisiert«. Nicht nur Ludwigs Beerdigung sowie sein und Klenzes hundertster Geburtstag waren hier gefeiert worden, sondern im April 1885 auch der siebzigste Geburtstag des Urpreußen Bismarck einschließlich militärischen Zeremoniells. Diese auf den ersten Blick verwunderliche Feier – waren doch Bayern und Preußen seit Menschengedenken in inniger Feindschaft befangen – ging darauf zurück, daß der deutsche Reichskanzler seit 1871 einer der Hauptfinanziers des chronisch klammen »bauwütigen« Königs Ludwig II. war, der 1886 unter mysteriösen Umständen ums Leben kam. Bismarck hatte Ludwig während des Krieges gegen Frankreich 1870/71 mit Geld und guten Worten dazu gebracht, den damaligen preußischen König Wilhelm I. offiziell für den deutschen Kaiserthron vorzuschlagen. Seitdem bezog der bayrische Monarch eine regelmäßige »Zuwendung« aus dem »Reptilienfonds« des Reichskanzlers.

Nach dem verlorenen Ersten Weltkrieg nahmen vor allem nationalistische Kreise den Königsplatz als Aufmarschfeld in Beschlag. Am 26. September 1920 veranstalteten die »Einwohnerwehren« ihr »Landesschießen«. 60 000 Bewaffnete kamen, und nach-

dem Fanfaren sein Erscheinen angekündigt hatten, sagte Ministerpräsident Gustav Ritter v. Kahr, der Bayern zur rechtsnationalen »Ordnungszelle« für die von Arbeiteraufständen erschütterte junge deutsche Demokratie gestalten wollte, auf den Stufen der »Neuen Staatsgalerie« am südlichen Platzrand stehend: »In Bayerns schwerster Not, in der Stunde größter Gefahr sind beherzte, um das Wohl des Vaterlandes treubesorgte Männer zusammengekommen, um als echte, rechte Volkswehr dem Unheil Halt zu gebieten, um Haus und Hof zu beschützen, dem schwerbedrängten Volke Ruhe und Frieden, die staatliche Ordnung wiederzugeben. (…) Die Stätte, an der wir stehen, Zeugin einer langen, ruhmvollen bayerischen Geschichte, sie werde uns zum Rütli, das Gelöbnis zum Schwur der ganzen Nation. ›Wir wollen sein ein einig Volk

Der Münchner »Rüetli-Schwur«: Am 26. September 1920 geloben Zehntausende Bewaffnete der »Einwohnerwehren« auf dem Königsplatz, Bayern und Deutschland gegen den »asiatischen Geist«, den »Bolschewismus« zu verteidigen.

von Brüdern, in keiner Not uns trennen und Gefahr.‹« Spontan reckte die Masse wie ein Mann die
Gewehre gen Himmel, von denen etliche gegen die
blutig beseitigte »Räterepublik« geschossen hatten.
Mit diesem »Akt von weltgeschichtlicher Bedeutung«, so vermerkte eine später erscheinende rechte
Postille, habe das Volk gezeigt, »daß es sich nicht
von asiatischem Geist durchseuchen läßt und daß
es der Weltanschauung des Bolschewismus einen
Damm entgegenstellt«.[2]

Am 28. Juni 1922 versammelten sich auf dem
Königsplatz die »Vaterländischen Verbände«, ein
Sammelbecken rechtsgerichteter Verbände, um
gegen »die gemeinste Fälschung der Weltgeschichte« zu protestieren, nämlich »die schamlose
Lüge von der Schuld des deutschen Volkes am Weltkriege«. An diesem Mittwoch jährte sich zum dritten Mal »der Tag der Trauer und der Schande, an
dem das deutsche Volk durch das schmachvolle
Diktat von Versailles nach dem Willen der rach-
süchtigen Feinde für alle Zukunft zu einem un-
rühmlichen Sklavendasein verurteilt werden sollte«.

Wenige Wochen später, am 23. August 1922, demonstrierten erneut Zehntausende, dieses Mal gegen
das »Gesetz zum Schutze der Republik«, das das
Berliner Parlament am 26. Juni, zwei Tage nach dem
Mord an Walther Rathenau, erlassen hatte, und das
auch das Verbot extremistischer Parteien ermög-
lichte. Bayern verweigerte rundweg die Zustimmung zu diesem Gesetz, die Bayerische Volkspartei (BVP) hatte im Reichstag geschlossen dagegen
gestimmt. In den folgenden Jahren sollte Bayerns
Innenminister die Verordnung dennoch mehrfach
anwenden – gegen die Linke.

Unter die Tausenden Demonstranten vom
23. August 1922 mischten sich auch die Mitglieder einer noch jungen Münchner Splitterpartei:
die »Parteigenossen« der »Nationalsozialistischen
Deutschen Arbeiterpartei«. Viele von ihnen hatten
»Taschenfeuerzeug« und »Radiergummi« in der
Tasche, wie die Parteiführung empfohlen hatte,
sprich: Revolver und Gummiknüppel für den Fall,

Die Thule-Gesellschaft, eine völkische und antisemitische Ge-
heimsekte, führte nicht nur das Hakenkreuz im Wappen, sondern
gab auch Hitler die entscheidende Starthilfe.

daß »Bolschewisten« stören sollten. Auch Hitler
durfte auf dieser Demonstration vor 60 000 Menschen sprechen, er betrachtete das als »Ehre«.

Hitler beschrieb die Veranstaltung in seinem
Pamphlet »Mein Kampf« 1925: »Das Eintreffen der
Nationalsozialisten auf dem bereits zur Hälfte
gefüllten großen Platz, der sonst fahnenleer war,
erregte eine unermeßliche Begeisterung. (…) Der
Erfolg der Veranstaltung war überwältigend, weil,
allen roten Drohungen zum Trotz, zum ersten Mal
bewiesen wurde, daß auch das nationale München
auf der Straße marschieren konnte. Rote republika-
nische Schutzbündler, die gegen anmarschierende
Kolonnen mit Terror vorzugehen versuchten, wurden binnen weniger Minuten von S.A.-Hundert-

Auch die Katholiken nutzen den Königsplatz für ihre Zwecke: Kardinal Faulhaber erklärt hier im August 1922, die »gottlose« Demokratie sei durch Meineid und Hochverrat entstanden. Seinen Gläubigen gibt er zu Bedenken: »Gottesrecht bricht Staatsrecht.«

schaften mit blutigen Schädeln auseinanderge-
trieben. Die nationalsozialistische Bewegung hat
damals zum ersten Male ihre Entschlossenheit
gezeigt, künftighin auch für sich das Recht auf die
Straße in Anspruch zu nehmen und damit dieses
Monopol den internationalen Volksverrätern und
Vaterlandsfeinden aus der Hand zu winden.«

Drei Jahre zuvor hatten Anton Drexler und Karl
Harrer die »Deutsche Arbeiterpartei« in München
gegründet. Adolf Hitler trat ihr am 12. September
1919 bei. Wenig später nannte sich die Gruppierung
»Nationalsozialistische Deutsche Arbeiterpartei«
(NSDAP), Hitler fungierte mittlerweile als ihr
Hauptredner. Von der völkischen und antisemitischen »Thule-Gesellschaft«, die im Hotel »Vierja-
reszeiten« tagte, hatte er 1920 den Völkischen Beobachter als Parteizeitung übernommen, und 1921 die

Sturmabteilung (SA) gegründet, die ihn und die
Veranstaltungen der Partei schützen sollten, und
eine große Zahl ehemaliger Mitglieder von »Freikorps« und sonstige Kriegsveteranen aufsog. Am
Königsplatz bestand die SA aus Hitlers Sicht eine
ihrer ersten »Bewährungsproben«.

Seit dem 29. Juli 1921 war Adolf Hitler Vorsitzender der NSDAP mit dem diktatorischen Recht,
Mehrheitsbeschlüsse des Vorstands zu übergehen.
An die 10 000 Anhänger hatte die Partei mittlerweile,
aber auf dem Königsplatz sprach Hitler nun vor
60 000 Reaktionären, Monarchisten, Antirepublika-
nern, Völkischen und Separatisten, von denen es in
Bayern mehr gab als in anderen Regionen Deutschlands. Sie alle einte in den ersten Jahren nach dem
Krieg der Haß gegen eine Revolution von links.
Während 1922 fast alle anderen Länder die als extre-

mistisch angesehene NSDAP aufgrund des Republikschutzgesetzes verboten – Baden im Juli, Preußen im November – feierte Hitler auf dem Königsplatz seinen ersten großen öffentlichen Triumph.

Vier Tage nach Hitlers Auftritt eröffnete Michael Kardinal Faulhaber den in München stattfindenden Katholikentag. Der Königsplatz war reich mit Fahnen geschmückt, allerdings fehlte das schwarz-rot-goldene Banner der Republik. Das hatte seinen Grund, den Faulhaber in seiner Rede auch benannte. Er war der Meinung, der Weimarer Staat habe sich von vornherein diskreditiert, weil er durch Meineid und Hochverrat entstanden sei. Offen rief der Kirchenfürst zum Widerstand gegen die »gottlose« Demokratie auf: »Wehe dem Staat, der seine Rechtsordnung nicht auf den Boden der Gebote Gottes aufstellt, der eine Verfassung schafft ohne den Namen Gottes, der die Rechte der Eltern in seinem Schulgesetz nicht kennt, der die Theaterseuche und die Kinoseuche nicht fernhält von seinem Volk, der Gesetze gibt, die die Ehescheidung erleichtern, die die uneheliche Mutterschaft in Schutz nehmen. Wo die Gebote Gottes nicht mehr gelten, werden 10000 Staatsgesetze die Ordnung nicht aufrichten. Wenn die Staatsgesetze mit den Gottesgesetzen in Widerspruch sind, gilt der Satz: Gottes Recht bricht Staatsrecht.«[3]

Drei Tage später widersprach ihm ausgerechnet ein Katholik, Konrad Adenauer, damals Oberbürgermeister von Köln. Die Mehrheit der Katholiken denke anders, die neue demokratische Verfassung sei für die heutigen Zustände nicht verantwortlich zu machen. Die Zeit der Monarchie sei vorbei gewesen, und wenn der Herbst komme und der Sturm in die Bäume fahre, fielen eben die Blätter. Doch die Vernunft hatte es schwer in diesen Jahren, die Mehrheit des politisch nach wie vor bestimmenden Bürgertums dachte antidemokratisch und nationalistisch.

Unter Protektion des Kronprinzen Rupprecht von Bayern feierten die »Zimmerstutzenverbände« vom 28. April bis 14. Mai 1923 ihr »1. Bayerisches Lan-

desschießen«. Am zweiten Tag der Veranstaltung, einem Sonntag, sah das Programm einen Feldgottesdienst auf dem Königsplatz mit dem Polizeigeistlichen Schneider vor, zu dem die Schützen geschlossen anmarschierten, vom Arzberger Keller in der Nymphenburger Straße kommend. Altaraufbau und gärtnerische Ausschmückung des Altars hatte die Stadtgärtnerei unentgeltlich übernommen.

Der Schmuck blieb an Ort und Stelle, denn tags darauf hielt der Bayerische Bauernverein auf dem Königsplatz seine öffentliche Feier zum Bauerntag ab, »die religiösen und vaterländischen Zwecken dienen soll«, wie der Bauern-Direktor im Antrag ans Kultusministerium erläutert hatte. Für den 10. Juni 1923 reklamierten die »Vaterländischen Kampfverbände Bayerns«, darunter nun als offizieller Mitveranstalter die NSDAP, den Platz für eine Gedenkfeier für ihren »von den Franzosen gemordeten Kameraden« Leo Schlageter. Schlageter, der nach der Ruhrbesetzung durch französisches und belgisches Militär einen Stoßtrupp für Sabotageakte organisiert und geleitet hatte, war am 7. Mai zum Tode verurteilt und am 26. Mai in Düsseldorf hingerichtet worden. Fortan feierte ihn die NS-Propaganda als »Märtyrer der nationalsozialistischen Bewegung«. Weitere Opfer kamen im Herbst des Jahres hinzu. Am 9. November 1923 star-

Das erste Foto einer Hakenkreuzfahne auf dem Königsplatz: die Trauerfeier für den »Märtyrer« Schlageter am 10. Juni 1923.

ben 16 Anhänger Hitlers und vier Polizisten, als Hitler sich mit einem dilettantischen Kommando-Unternehmen an die Macht putschen wollte. So naiv der Marsch zur Feldherrnhalle auch gewesen war, die Opfer dieses Tages bildeten den mythologischen Kern für Hitlers spätere »politische Religion«, deren Altar am Königsplatz errichtet werden sollte.

Hitler-Putsch: »Schießt nicht!«

Ludwig Weber war sehr angetan von den Worten des Redners, der da oben gegen den Marxismus wetterte. Der Polizeisekretär hatte an diesem Abend frei, und als Mitglied der rechtsgerichteten »Vater-

ländischen Verbände« hielt er es für seine Pflicht, an diesem 8. November im Bürgerbräukeller anwesend zu sein. Es waren aus Sicht der Webers in Deutschland schwere Zeiten: In Hamburg hatten die Kommunisten im Oktober einen Aufstand angezettelt, die Inflation drückte schwer und im Rheinland saßen noch immer die Franzosen. Andererseits hatte die Reichsregierung gerade mit Hilfe der Reichswehr die Landesregierungen von Thüringen und Sachsen, denen KPD-Mitglieder angehört hatten, gewaltsam und jedem demokratischen Prinzip widersprechend, abgesetzt. Noch war unklar, in welche Richtung sich Deutschland bewegen würde.

Im vollbesetzten Bürgerbräukeller herrschte Totenstille, jedes Hüsteln war zu hören, während der Redner, der von der bayrischen Landesregie-

Hitlers Putschistentruppen zogen am Morgen des 9. November 1923 durch München. Einige seiner Anhänger besetzen das Wehrkreiskommando, Ludwigstr. 14, und errichten dort eine Straßensperre. Mit der Fahne Heinrich Himmler, 2. von links Rudolf Heß.

Adolf Hitler, wie er sich in den zwanziger Jahren in Photos von Heinrich Hoffmann präsentierte: mit Hundepeitsche und Trenchcoat. Kurz zuvor war er noch in Lederhosen aufgetreten.

Hermann Göring im selbstentworfenen Uniformmantel mit Hakenkreuzbinde, an seinem Hals der Pour le Mérite, der höchste Orden des Ersten Weltkriegs, auf dem Helm das Hakenkreuz.

rung unter Mißachtung der Reichsregierung eingesetzte Generalstaatskommissar Gustav Ritter v. Kahr, sich in Anwesenheit der gesamten konservativen Politprominenz Bayerns gegen die Berliner Regierung aussprach. Weber und die Masse stimmten Kahr zu, der das Ende des passiven Widerstands gegen die französische Ruhrbesetzung verhindern wollte, und der deshalb in Bayern den Ausnahmezustand verhängt und die bayerischen Einheiten der Reichswehr unter seinen Befehl gestellt hatte. Nach dem Vorgehen der Reichswehr gegen die »Bolschewisten« in Thüringen und Sachsen hatte jedoch ein ursprünglich von Kahr und seinen bayrischen Amtskollegen ebenfalls ins Kalkül gefaßter »Marsch auf Berlin« nur noch wenig Sinn. Hitler war im Vorfeld durch Gerüchte alarmiert worden, er werde von den Konservativen nicht mehr als Verhandlungspartner im Hinblick auf

einen gewaltsamen Umsturz in Deutschland akzeptiert. Er entschloß sich daraufhin, an diesem Abend loszuschlagen.

Kahr hatte eine halbe Stunde gesprochen, da wurde es am Saaleingang plötzlich laut. Der durch die abnehmende Putschbereitschaft der Konservativen unter Zugzwang gestellte Hitler stürmte in Begleitung einiger SA-Männer herein und drängte sich durch die Menge in Richtung Rednerpodium. Zehn Meter davor blieb er stehen, zog eine Pistole, schoß eine Kugel in die Saaldecke und erklärte, immer wieder unterbrochen von Gebrüll und der Glocke des Versammlungsleiters, der Saal sei umstellt und die nationale Revolution gegen die »Berliner Judenregierung« und die »Novemberverbrecher« habe begonnen.[4]

Die Regierungen in Berlin und Bayern erklärte er für abgesetzt. Als neuen Reichskanzler kürte er sich selbst, Ludendorff sollte Reichspräsident und Führer einer neu zu bildenden Nationalarmee werden, den Kommandeur der 7. Reichswehrdivision General Otto v. Lossow beförderte Hitler zum Reichswehrminister, den Chef der Bayerischen Staatspolizei, Oberst Hans Ritter v. Seißer zum Reichspolizeiminister. Sein Vorredner Kahr sollte bayrischer Landespräsident werden, der Oberlandesgerichtsrat Ernst Pöhner Ministerpräsident und der Leiter der Politischen Polizei in München, Pöhners Gehilfe Wilhelm Frick Polizeipräsident von München. Gemeinsam mit dem siegessicheren Hitler verließen Kahr, Seißer und Lossow den Saal, nach einer halben Stunde kehrten sie zurück und hatten scheinbar eingelenkt.

Reichswehrhauptmann Röhm, ein weiterer Förderer rechtsextremer Verbände, besetzte währenddessen mit 400 Mann der »Reichskriegsflagge« das bayerische Kriegsministerium, die Fahne trug bei dieser Gelegenheit der spätere Reichsführer-SS Heinrich Himmler (damals noch Landwirtschaftsstudent und Mitglied des rechtsextremen »Artamanen-Bunds«). Gleichzeitig zerstörte der »Stoßtrupp Adolf Hitler«, die Vorgängerorganisation der späteren SS, unter Führung von Josef Berchtold Redaktion und Druckerei der sozialdemokratischen Zeitung *Münchener Post*.

Während des Putsches am 9. November 1923 verhaften Freikorps-Söldner linke Abgeordnete des Münchner Stadtrats, ein Vorgeschmack auf die Vorgehensweise 1933.

Doch über Nacht wurde klar: Die bayerische Regierung unter Ministerpräsident Eugen v. Knilling und Staatskommissar v. Kahr, aber auch Seißer und v. Lossow hatten sich gegen die Putschisten entschieden. Dennoch wollte Hitler nicht aufgeben, er versuchte jetzt, den Umsturz im Straßenkampf zu erzwingen: Viertausend Mann hörten auf sein Kommando, darunter die Münchner SA, der »Stoßtrupp Hitler«, die »Reichskriegsflagge« und der »Bund Oberland«. Am Morgen des 9. November stand auch der ehemalige Feldmarschall Erich Ludendorff in den Reihen der Putschisten, die vom Bürgerbräukeller auf der anderen Isarseite aus Richtung Stadtmitte zogen, auf der Ludwigsbrücke den Fluß überquerten, vorn die Flagge, dahinter Ludendorff, Hitler, Göring.

»Schießt nicht!« riefen die Männer den Polizisten auf der Brücke zu, die den Auftrag hatten, den Zug aufzuhalten. Hitler komme, Ludendorff auch, und »Deutsche schießen nicht auf Deutsche, Kameraden!« Die Polizisten schossen nicht, und der Zug marschierte weiter, die Zweibrückenstraße hinunter zum Isartor, durchs Tal zum Marienplatz, von dort die Residenzstraße hinauf Richtung Norden zur Feldherrnhalle. Hier standen weitere Einheiten von Polizei und Reichswehr, schwer bewaffnet. Hitlers Begleiter sangen das Deutschlandlied, den Arm erhoben, riefen erneut, Hitler und Ludendorff seien hier, da fiel ein Schuß. Diesem Schuß folgten viele Schüsse, und als die Gewehre schwiegen, lagen vierzehn Mann am Boden, zwei weitere starben bei der von Ernst Röhm angeführten Besetzung des Wehrbereichskommandos an der Ecke Schönfeldstraße Ludwigstraße.

Auf der Fahne, die Heinrich Trambauer getragen hatte, verblutete der von einem Bauchschuß getroffene Andreas Bauriedl, daneben lagen Lorenz Ritter von Stransky und Anton Hechenberger, ebenfalls tödlich getroffen. Trambauer selbst, nur leicht verletzt, rappelte sich auf, raffte die Fahne zusammen und flüchtete in den Laden eines Frisörs in der Theatiner Straße 30. So jedenfalls erzählten es später Parteipropagandisten. Erst zwei Jahre später, in

Soldaten des »Stoßtrupps Adolf Hitler« fahren am 9. November 1923 auf den Marienplatz, wo Julius Streicher vergeblich versuchte, die Menge aufzuwiegeln. Wenige Stunden später ist der Putsch zusammengebrochen, 16 Hitler-Anhänger starben bei den Schußwechseln mit Polizei und Reichswehr. Sie wurden später die »Märtyrer« der Bewegung.

Weimar, sei die Fahne wieder aufgetaucht. Die Teilnehmer des Parteitags vom 4. Juli 1926 bewunderten die Reliquie, auf der die Namen der drei Märtyrer von der 6. Kompanie Rossbach mit silbernem Faden eingestickt waren. Sie gehörte nun zum zentralen Bestandteil der NS-Propaganda und hieß fortan »Blutfahne«.[5] Ob diese Geschichte wirklich stimmt, ist bis heute unbewiesen. Einer anderen, profaneren Darstellung zufolge, beschlagnahmte die Polizei die Fahne unmittelbar nach dem Schußwechsel und gab sie erst 1925 wieder an die NSDAP heraus.

Zwei Tage nach dem dilettantischen Putschversuch Hitlers, am 11. November 1923, verbot das Münchner Volksgericht die NSDAP, die damals bereits fast 60 000 Mitglieder zählte, verbot ihre Zeitung, den *Völkischen Beobachter*, und beschlag-

nahmte das Parteivermögen. Auch die anderen beteiligten Organisationen, die SA, »Reichskriegsflagge« und »Bund Oberland« löste das Gericht auf. Adolf Hitler kam am selben Tag in Untersuchungshaft.

Hitler mußte sich wegen des bevorstehenden Prozesses keine allzu großen Sorgen machen. Der bayrische Justizminister Franz Gürtner, der sich umgehend für die Wiederzulassung der NSDAP einsetzte und die Nationalsozialisten »Fleisch von unserem Fleische« nannte, ignorierte einfach die Verfassungsbestimmungen, die eigentlich ein Verfahren vor dem Staatsgerichtshof in Leipzig verlangt hätten. In München konnte Hitler eine günstigere Strafe erwarten, war doch die gesamte Justiz »heimattreu« und rechtskonservativ gestimmt. Der »seinen« Nationalsozialisten so gewogene Gürtner

Die Angeklagten des Prozesses gegen die Putschisten: in der Mitte Ludendorff, rechts daneben Hitler und Röhm, ganz rechts der spätere Gauleiter Wagner.

Hitler war 1924 im Zuchthaus Landsberg inhaftiert, allerdings unter angenehmsten Bedingungen, u. a. hatte er Zeit, seinem Sekretär Heß die Hetzschrift »Mein Kampf« zu diktieren.

sollte 1932 Reichsjustizminister werden, 1933 der NSDAP beitreten und bis zu seinem Tode 1941 Reichsjustizminister bleiben.

Im Hochverratsprozeß gegen Hitler verhängte Richter Georg Neithardt – der auch schon den Eisner-Mörder Graf Arco vor der Todesstrafe bewahrt hatte – bei seinem Urteilsspruch am 1. April 1924 eine milde Strafe von nur fünf Jahren Festungshaft. Die Nationalsozialisten im Gerichtssaal jubelten.

Hitler war im Zuchthaus Landsberg am Lech komfortabel untergebracht. Der Direktor der Anstalt hatte ihm im Gefangenentrakt einen eigenen Wohnbereich abtrennen lassen, wo Hitler sich ungestört mit seinen zahlreichen Besuchern treffen konnte. Dort diktierte er auch seinem engsten Anhänger Rudolf Heß die ersten Kapitel der entstehenden weltanschaulichen Hetzschrift »Mein Kampf«. Währenddessen, am 1. Juni 1924, gab der Bayerische Kriegerbund zum fünfzigjährigen Bestehen auf dem Königsplatz einen Beweis für seine »lange Tradition der alten Armee, ihrer Vaterlandsliebe und Kameradschaft«. Auch die »große Kolonial-Gedenkfeier« der Deutschen Kolonialgesellschaft und der Kriegerschaft Deutscher Kolonialtruppen am 7. Juni verpaßte der noch in Landsberg einsitzende Hitler, als am Königsplatz die »ungeheure Bedeutung der kolonialen Frage für das ganze deutsche Volk« herausgestellt wurde, eine

Frage, die »Allgemeingut des deutschen Volkes werden soll«. Und selbst am 19. Juli durfte er noch nicht mitfeiern, als mehrere Organisationen die tausendjährige Zugehörigkeit des Rheinlands zum Deutschen Reich bejubelten und 2000 Studenten an der Spitze des Fackelzugs von der Akademiestraße zum Königsplatz marschierten.[6]

Aber kurz vor Weihnachten 1924 kam der verurteilte Terrorist und Möchtegern-Putschist auf Bewährung frei und konnte schon am 25. Februar 1925 die Wiedergeburt der NSDAP feiern. Die durch den gescheiterten Putschversuch in der ganzen Republik bekannt gewordene Partei war an diesem Tag offiziell wieder zugelassen worden und dehnte sich nun rasch über München hinaus aus.

Als die Münchner Studenten am 6. November 1927 auf dem Königsplatz den achtzigsten Geburtstag Hindenburgs feierten, war der Standort für politische Kundgebungen längst erprobt. Verschiedene Stadtplaner unternahmen in diesen Jahren weitere Versuche, den Platz so umzugestalten, daß er sich als Aufmarschfläche besser eignete. Der größte Makel bisher war, daß die Umfassungen der Rasenflächen vor jeder Demonstration beseitigt werden mußten und das Gras danach meist zertreten war. Die Pflasterung des Platzes lag also nahe, aber die

Traditionalisten in München – und sie waren noch ausschlaggebend – achteten darauf, daß das Ensemble unangetastet blieb.

Weitere Umbaupläne:
»Ein Forum für die guten Geister«

Im Jahr 1919 war der »Rat der Bildenden Künstler« Münchens durch ein Bauvorhaben am Königsplatz alarmiert. »Durch dieses Bauvorhaben würde das Stadtbild in der Nähe der Propyläen (…) auf das Allerempfindlichste beeinträchtigt«, warnte der Rat das Innenministerium. »Wir bitten die maßgebenden Stellen, dieser Bauvornahme die Genehmigung versagen zu wollen.«

Worum ging es? Die Eigentümer des den *Propyläen* im Westen der Brienner Straße am nächsten gelegenen Hauses mit der alten Hausnummer 19 hatten ihr Gebäude um ein Stockwerk erhöhen und mit einem kuppelartigen Dach versehen wollen.[7] In den folgenden Jahren stritten Nachbarn und Behörden mit allen Mitteln über diesen Umbau, und noch 1926 wünschte die Lokalbaukommission, die Detailbearbeitung der Fassade möge endlich »in die Hand eines anerkannt tüchtigen Architekten gelegt« werden. Ludwigs Königsplatz sollte unangetastet bleiben, auch in seiner Wirkung, und die sollte durch Veränderungen der umliegenden Gebäude nicht beeinträchtigt werden. Einig waren sich in den zwanziger Jahren alle Münchner Museumsdirektoren. Sie wünschten mehr Ausstellungsmöglichkeiten für die zeitgenössische Kunst. Dies sollte durch die Erweiterung des Ziebland-Gebäudes (an der südlichen Platzgrenze), das seit 1919 als »Neue Staatsgalerie« firmierte, ermöglicht werden. Dafür konnte nach ihrer Meinung sogar das Erscheinungsbild des Platzes verändert werden: Sie plädierten für die Errichtung seitlicher Flügelbauten, wie sie Jäger vorgeschlagen hatte. Der Königsplatz sollte ringsum mit niedrigen Arkaden geschlossen werden. Auch das rückwärts anstoßende Klostergebäude von St. Bonifaz wollten sie einbeziehen.

Dagegen wandte sich am 27. August 1928 in einem Interview mit den *Münchner Neuesten Nachrichten* ein Mann, der den Königsplatz noch hatte entstehen sehen: der Nestor der Münchner Künstlerschaft und ehemalige Akademiedirektor Ferdinand Freiherr v. Miller. Er betonte, »daß mir nie etwas bekannt geworden ist von Projekten, die auf irgendeinen Anbau zum Kunstausstellungsgebäude [Ziebland-Bau] abgezielt hätten. Hätte Klenze solche Vorschläge gemacht, so würde, glaube ich, der König ihnen sicher nicht zugestimmt haben, denn der Monarch war viel weitschauender als sein großer Baumeister.«[8]

Die Unversehrtheit des Platzes schien den Bewahrern auch deshalb bedroht, weil die evangelische Kirchengemeinde ein direkt am Platz gelegenes Anwesen gekauft hatte und dort Bürogebäude errichten wollte. »Daß das Maffeische Anwesen Arcisstraße 13 schon jetzt in andere Hände übergegangen ist und verbaut werden soll, ist so ziemlich der schwerste Schlag, der die bauliche Weiterentwicklung der Staatsgalerie treffen konnte«, beklagte sich der Direktor in einem Brief ans Kultusministerium. Ein organischer Ausbau hätte sowohl eine

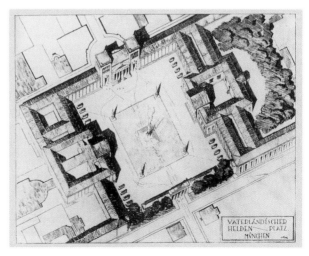

Otho Orlando Kurz wollte den Königsplatz 1924 zum »vaterländischen Heldenplatz« umbauen. An der Ostseite (unten) sollten die Namen aller Gefallenen Münchens zu lesen sein, auf dem Platz selbst wollte Kurz 16 Sarkophage für die »Märtyrer des Vaterlandes« wie Schlageter aufstellen.

Erweiterung zur Luisen- wie zur Arcisstraße verlangt. Beim daneben gelegenen »Hochhaus« Arcisstraße 11 sei »nun einmal dieser Fehler gemacht« worden, er dürfe nun aber nicht noch gesteigert werden. Der Neubau rücke »fast in den Platz herein. Ein dreigeschossiges Gebäude mit Fenstern gegen den Platz würde in der Zeit, wo die Bäume entlaubt sind, den Charakter des Platzes in der allerschwersten Weise schädigen.«[9]

Die Bayerische Volkspartei richtete eine schriftliche Anfrage an die Staatsregierung, publizistisch begleitet von allen relevanten Münchner Zeitungen. »Der Freund des alten München, der vom Glaspalast zum Königsplatz kommt, wird mit Bedauern beobachten, daß das dem Königsplatz unmittelbar benachbarte Anwesen Arcisstraße 13, das alte, kleine, aber feine Wallersteinpalais, nunmehr abgebrochen wird«, schrieb die Münchner Zeitung am 22. Juni 1928. »Mit noch viel größerem Bedauern, ja Schrecken wird er erfahren, daß an Stelle des abgebrochenen historischen Schlößchens ein Neubau von großen Ausmaßen treten soll, bestimmt, der ev-luth. Landeskirche als Verwaltungsgebäude zu dienen. Das neue Gebäude soll eine Tiefe von 65 Metern erreichen, soll an Höhe den Seiten des Kunstausstellungsgebäudes gleich werden und mit zirka 60 Fenstern aus einem Abstand von nur 7 Metern in den Königsplatz hinüberblicken, wobei es nur in den Sommermonaten durch das Laub der am Königsplatz bestehenden Bäume ein wenig verdeckt bleibt.« Gerade die evangelische Landeskirche, mahnte das Blatt am 30. Juni, sei zu »Pietät gegen den Begründer des Königsplatzes« verpflichtet, gegen die eine Veränderung des Platzes verstoße, denn der König »war es, der die erste protestantische Kirche in München genehmigt hat«.

Am 13. Juli lud der protestantische Bauherr die Presse zur Baustellenbesichtigung, und Architekt Oswald Bieber, Ehrenmitglied der Berliner Akademie der bildenden Künste, erläuterte seine Pläne. Der Neubau berühre die Erweiterung der staatlichen Galerien nicht, versprach er, für eine Verlängerung vor dem kirchlichen Verwaltungsgebäude sei ausreichend Platz. Gleichzeitig erklärte er, an der Vergrößerung der Staatsgalerie führe kein Weg vorbei, die Gesimshöhe des Neubaus verlaufe deshalb in gleicher Höhe wie die der Staatsgalerie und des Benediktinerklosters. Um den Neubau vor Blicken vom Königsplatz zu verdecken, sollten Flügelbauten sowohl im Süden als auch im Norden den Platz abschließen, in Ost und West sollten das Mauern beziehungsweise Arkaden oder Baumreihen leisten. Bieber erinnerte daran, daß Jägers Modell in der Architekturausstellung gezeigt und in der Fachpresse veröffentlicht worden sei.

»Auch die Vertreter der Presse selbst konnten sich dieser Ansicht nicht entziehen«, kommentierte tags darauf die *München-Augsburger Abendzeitung*. »Und es ist wohl nun zu hoffen, daß keine weiteren Erschwerungen versucht werden.« Die *Münchner Zeitung* sah nun eine »bescheidene Art des Neubaus, der, von Bäumen verhüllt, reichlich weit hinter der Front der Staatsgalerie zurückliegt« und »den harmonischen Eindruck des Königsplatzes nicht stört«. Nicht einmal der *Völkische Beobachter* fand noch Grund zu Kritik.

Miller dagegen wollte der evangelischen Landeskirchengemeinde zwar »ein würdiges Verwaltungsgebäude im Herzen der Stadt gönnen«, empfahl jedoch eine andere Lösung: »Warum hat man dazu nicht beispielsweise das Barlow-Palais genommen, das mit einem kleinen Anbau nach rückwärts sicher allen Ansprüchen genügen würde? Wenn dieses Palais zu haben wäre, fände ich das für eine ausgezeichnete Lösung. Es muß eine solche Lösung gefunden werden. Der bereits erlegte Kaufpreis könnte der Landeskirche aus Staats- oder städtischen Mitteln vergütet werden.«[10]

Was den Königsplatz anging, diskutierte Oswald Bieber außerdem einen Plan, der damals zahlreiche Stadtplaner umtrieb und dem auch Theodor Fischer, Architekt und Mitglied im Baukunstausschuß, in einem Gutachten zugestimmt hatte: Skizzen zeigten, so Bieber, daß schon Klenze an eine vollständige architektonische Umbauung gedacht

Hermann Soergel wollte 1925 den Platz im Osten (rechts) durch eine Kopie der Propyläen schließen und die Platzfläche mit großen Steinquadern pflastern. Die ringsum laufende Kolonnade sollte zusammen mit der Absenkung der Platzmitte einen »erhabenen Eindruck« vermitteln. Sein Plan war wohl eine direkte Anregung für die späteren Umbaumaßnahmen von Hitler und Troost.

hatte. »Man stelle sich die Wirkung des Platzes – auch als Versammlungsraum – vor mit seinen geschlossenen Wänden und den *Propyläen* als Abschluß – diese dann wirklich ihre Funktion als Torbau erfüllend. Man denke sich ferner dazu den Platz mit Plattenbelag und Pflasterung, wie in Italien so viele unvergleichlich schöne Plätze, und man wird mir zustimmen müssen, daß dem fremden Besucher hier Eindrücke vermittelt werden können, die ihm unvergeßlich sein werden.«

Anfang September 1928 erhielt die evangelische Landeskirche die endgültige Baugenehmigung. An Umbaumaßnahmen der Museen oder des Platzes sei dagegen wegen der Finanzlage gegenwärtig nicht zu denken, antwortete das Innenministerium auf eine Anfrage des Landtagsabgeordneten der Bayerischen Volkspartei und Münchner Oberbürgermeisters Karl Scharnagl.

Doch das Thema gärte weiter: Am 12. Februar 1929 machten die *Münchner Neuesten Nachrichten* der Öffentlichkeit einen Vorschlag aus dem Jahr 1925 bekannt. Die Redaktion bemerkte im Vorspann: »Der Münchner Architekt Hermann Soergel gibt im folgenden eine Idee, die, wie er selbst weiß, fürs erste kaum verwirklicht werden kann. Dies hindert nicht, daß die Idee in der Hauptsache richtig ist und richtig bleiben wird.« Soergels sozialpolitische Diagnose lautete: »Alles zerfällt; statt Einheit herrscht Vielheit, statt Konzentration Isolation, statt Synthese Zersplitterung, statt Typenbildung Individualitätssucht.« Dagegen wollte er etwas setzen, »was sich wiederholt schon ästhetisch bewährt« habe, was »Ewigkeitswerte in sich trägt«. Soergel dachte an einen Ort, wo gigantische Feiern die Vereinzelung überwinden helfen könnten.

Jede Stadt, schrieb Soergel, solle »einen würdigen Stadtraum unter freiem Himmel haben, ein Forum, wo sich ihre guten Geister bei gemeinsamen Feiern und Kundgebungen nicht nur versammeln, sondern auch sammeln können. Der architektonische Rahmen dieser Plätze ist von größter raumpsychologischer Bedeutung für das, was jeder einzelne bei solchen Feiern erlebt, denkt, spricht und davon im Gedächtnis behält. So ist es vor allem wichtig, daß der Raum wie eine große einheitliche Schale alle gleichmäßig aufnimmt, daß er sie alle zusammenfaßt zu einem gemeinsamen Erleben, daß er die Menschen auch in ihrer Gesamtmasse zur Geltung bringt.« Der »herrliche Max-Josephplatz« sei für politische Massenversammlungen zu klein. Für spätere Zeiten, wenn Zersplitterung und Individualitätssucht überwunden seien und monumental-künstlerische Ideen wieder umgesetzt werden könnten, so wünschte Soergel, solle der Königsplatz umgestaltet werden: ein zweites *Propyläen*-Tor im Osten müsse dann her, eine feste Umschließung des Platzes statt der Baumkulissen, und Plattenpflaster statt Wiesenflächen. Die Mitte könnte dann weiter abgesenkt werden, damit eine Art gigantisches Amphitheater entstehe.

Gegen all diese Pläne hatte der Architekt Manfred Bühlmann in derselben Zeitung schon ein Jahr zuvor polemisiert. Es habe »kaum einen namhaften Architekten der Stadt gegeben, der nicht durch Umbauungsvorschläge diese vielleicht schönste Schöpfung Ludwig I. zerstören wollte. (...) Früher, als sich die Anlage weit vor der Stadt befand, mag es noch manchem entgangen sein, daß der Hauptreiz dieses Platzes in seiner edlen Ausgeglichenheit und freien Weite liegt. Wer aber in der heutigen Großstadt diese Landschaft zu einem geplasterten [sic!] Hof umwandeln will, sündigt schon gegen ein Grundgebot der Stadtpolitik: immer wieder neue Schaffung freier Plätze und Grünflächen, aber keine Zerstörung vorhandener durch Überbauung. (...) Kein Zweifel, daß der vollständig ausgebaute Königsplatz ein Bild von großartiger architektonischer Wirkung geben könnte. (...) Der Wille des königl. Bauherrn hat hier aber etwas ganz anderes gewollt, vielleicht auch gegen die Vorschläge seines genialen Architekten. Hier sprach der gemütvolle, deutsche Mensch das entscheidende Wort. (...) Der Königsplatz in seiner heutigen Gestalt verkörpert klar die vollständig ausgeführte Idee seines Schöpfers.« Der Platz sei viel zu klein, um alle Museumsnöte zu heilen, der Berliner Fehler, alle Museen an

einem Ort zu versammeln, dürfe nicht wiederholt werden. »Man begrabe unglückliche Ideen!« empfahl der Architekt. »Sonst macht man den Königsplatz sehr rasch zum Platz der Republik«.[11]

Der Königsplatz als »Platz der Republik« war für Münchens rückwärtsgewandte Monarchisten eine niederschmetternde Vorstellung. Doch die Sorge war unnötig, die Geister, die Soergel gerufen hatte, veränderten den Platz nicht zum Ruhm der Demokratie. Das nahegelegene Barlowpalais, 1828 im Stil des Biedermeier gebaut, gehörte bald einem anderen, ebenso demokratie- wie kirchen- und monarchiefeindlichen Eigentümer. Seine Partei, die NSDAP, verlagerte mit dem Erwerb des Palais ihre Schaltzentrale an den Rand des Königsplatzes, und Hitler sollte ihn bald für sich und seine Ziele nutzen.

Vorspiel zur Umgestaltung: Der Kampf um ein Caféhaus

Falls Gerhard Freiherr v. Pölnitz die Geschichte von Bayerns letzter Kurfürstin kannte, muß er sie verflucht haben. Wäre Bayern 130 Jahre zuvor österreichisch geworden, die Pläne der Erbengemeinschaft des Papierfabrikbesitzer Georg Steib (Pölnitz' Ehefrau Hedwig, seine Schwiegermutter Rosa Steib sowie deren Schwester Helene Reif) wären sicherlich längst wahr geworden – falls es den Königsplatz dann überhaupt gegeben hätte. Jedenfalls hätten Österreicher seinem Plan zum Bau eines »feinen Caféhauses« zwischen seinem Anwesen an der Ecke Brienner / Arcisstraße und dem Palais Barlow niemals derartige Hindernisse in den Weg gelegt. Schon gar nicht in diesen schlechten Zeiten, in denen, wie Pölnitz am 28. März 1930 an die Oberste Baubehörde im Innenministerium schrieb, »jede Möglichkeit ausgenutzt werden muß, um auch die Grundstücke in guten Lagen wenigstens rentabel zu verwerten«.

Sein Schwiegervater hatte in der Inflationszeit Pläne auf Eis legen müssen, dort Büros zu bauen, und nun legte die Lokalbaukommission dem

Schwiegersohn bei seinem Caféhaus-Projekt derartige Steine in den Weg. Die Behörde hatte entschieden, der geplante Neubau neben seinem 1832 von Joseph Höchl für den Akademieprofessor Julius Schnorr v. Carolsfeld gebauten Haus müßte so weit zurückgestellt werden, »daß die eigenartige Stellung der Eckgebäude von Haus No. 44 und Haus No. 16 zu beiden Seiten der Brienner Strasse« nicht beeinträchtigt würde. »Zum Schutze des guten Straßenbildes zwischen dem Königs- und Karolinenplatze« müsse »in einer Form gebaut werden, die dem Charakter der Umgebung entspricht«.

Die Gewerbepolizei hatte darüber hinaus einen Zugang von der Straße her gefordert, Pölnitz' Architekt Erwin Böck zwischen den beiden Anwesen einen einstöckigen Flügelbau geplant, aber die Lokalbaukommission lehnte den Vorschlag mit der Begründung ab, er würde wegen der für den Königsplatz wichtigen Stellung der beiden Eckhäuser an der Arcisstraße »architektonisch sehr störend wirken«. Auch die Bäume müßten erhalten bleiben. Pölnitz argumentierte, um diese Bäume sei es »nicht schade, denn sie sind schon sehr alt«. Grundsätzlich wolle er in keiner Weise schädigend auf Münchens Schönheiten einwirken, aber anderswo in der Stadt würden doch ebenfalls »wunderschöne Anlagen, die aus der gleichalten Zeit stammen, einfach baulichen Zwecken zum Opfer fallen«. Er verlangte in seiner Eigenschaft als Immobilienverwalter für die Erbengemeinschaft »das gleiche Recht und wenigstens in soweit die freie Verfügung über ihr Eigentum, daß schwere Schädigungen nicht entstehen«. Und wirtschaftliche Nachteile drohten in der Tat. Pölnitz hatte nämlich bereits einen Käufer für das Teilgrundstück samt Café gefunden. Unterschreiben wollte der Investor jedoch erst, »wenn feststeht, in welcher Weise eine Verbauung des Platzes möglich ist«, wie Pölnitz am 25. April 1929 – gewissermaßen am Vorabend der Weltwirtschaftskrise – das Innenministerium unterrichtete. Er drängte zur Eile, und Oberregierungsrat Friedrich Gablonsky unterstützte ihn: »Bei der jetzigen wirtschaftlichen Lage wird man sich darauf gefaßt machen müs-

sen«, beurteilte er im Mai die Lage, »daß auch noch andere Anwesen in diesem Teile der Brienner Straße, die z.Zt. noch Wohnzwecken dienen, mit der Zeit geschäftlichen Zwecken zugeführt werden und damit den Charakter der Straße verändern. (…) Der derzeitige Charakter der Brienner Straße an dieser Stelle wird sich aber wohl nur dann auf die Dauer erhalten lassen, wenn diese Objekte in öffentlichen Besitz übergehen«.[12]

Gablonsky sollte Recht behalten, er richtete sich rechtzeitig auf andere Zeiten ein. Auch Pölnitz war am Ende froh, sein Familienerbe doch noch zu einem guten Preis verkaufen zu können. Bis es soweit war, hatte er jedoch eine Menge Ärger.

Das »Braune Haus«: Brandstifter im Biedermeier-Palais

Ärger bereitete ein anderes Immobilienprojekt auch Joseph Goebbels. »Er zeigt mir voll Begeisterung die Pläne der neuen Gesch. St., ein ganzes Haus in München, wie ein Regierungsgebäude«, notierte er noch ganz neutral am 24. Mai 1930 nach einem Gespräch mit Hitler in sein Tagebuch. »Er ist für den Plan, ein 700000 Mk. Projekt, Feuer und Flamme.« Knapp ein Jahr später, am 26. Februar 1931 heißt es jedoch schon mit leicht veränderter Stimmungslage angesichts der anhaltenden wirtschaftlichen Misere und der knapper werdenden Mittel in der Parteikasse: »Chef: Sein ganzes Denken: das Parteiheim. Jetzt in dieser Zeit. Gefällt mir nicht. (…) Das verdammte Parteiheim!« Und am 28. März 1931 schon fast panisch: »Das Parteihaus bricht uns noch einmal den Hals.« Goebbels hatte angesichts der finanziellen Entwicklung der Partei Sorgen, daß diese Investition deren Kräfte übersteigen werde.[13]

Bis 1927 hatte die NSDAP in München selbst nur 1600 Mitglieder gehabt und bei keiner Wahl mehr als sieben Prozent erhalten. In den folgenden drei Jahren errangen die Nationalsozialisten bei 16 von 30 Reichs- und Landtagswahlen viele Mandate. Erst

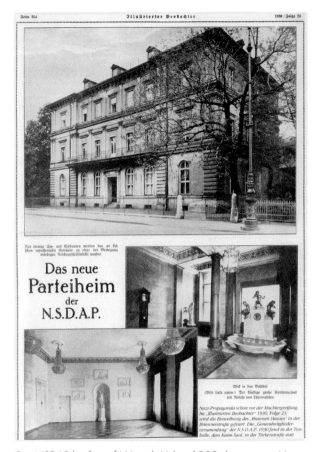

Die NSDAP kaufte auf Wunsch Hitlers 1930 das wenige Meter vom Königsplatz entfernt gelegene Palais Barlow in der Brienner Straße, das als »Braunes Haus« künftig Parteizentrale war. Die Umbaumaßnahmen leitete Hitlers Leibarchitekt Troost. Hatten die immensen Kosten Parteigänger wie Goebbels zunächst irritiert, so sorgten erneute Spenden aus der Industrie bald für Beruhigung.

mit der weltweiten Wirtschaftskrise ab Oktober 1929 und der nun folgenden, stetig steigenden Zahl von Arbeitslosen jedoch liefen die Menschen der NSDAP in Massen zu, inzwischen mehr noch im Reich als in München. Doch die dadurch enorm steigenden Einnahmen an Mitgliedsbeiträgen reichten zusammen mit den Spenden von Banken und Industrie nicht aus, um die von Hitler immer stärker strapazierte Parteikasse gefüllt zu halten. Allein der Sold für die schnell wachsenden SA- und SS-Verbände verschlang jeden Monat Millionen von Reichsmark. Goebbels Sorgen waren also durchaus berechtigt.

In der Stadt, in der Hitler sein Hauptquartier aufgeschlagen hatte, errang er von 1930 an im Ver-

gleich zu Wahlen im Reich nur noch unterdurchschnittliche Wahlergebnisse. Der US-Historiker David Clay Large spottete deshalb in seinem Buch »Hitlers München« rückblickend: »Der ›Nazi-Papst‹ schien nicht in der Lage zu sein, seinen ›Vatikan‹ zu beherrschen.«[14]

Im restlichen Deutschland jedoch wuchs die »Bewegung« immens, und die bisherige Parteizentrale in der Münchner Schellingstraße wurde zu klein. Vielleicht war es der Hinweis des alten Miller, der Hitler 1928 auf das Barlowpalais am Königsplatz aufmerksam machte, jedenfalls dauerte es weniger als zwei Jahre, bis die Rentierswitwe Elise Barlow ihr vornehmes Wohnhaus, 1828 erbaut von Jean-Baptiste Métivier, im Mai 1930 an die NSDAP verkaufte. Bald hieß es nur noch das »Braune Haus«. Adolf Hitler hatte den Kauf gegen heftigen Widerstand seiner Partei durchgesetzt. Auf den beiden ersten Seiten des *Völkischen Beobachters* begründete er am 21. Februar 1931 wortreich die Investition, sie sei »ein Symbol unseres Wollens und Kämpfens, ein Wahrzeichen der nationalsozialistischen Befreiungsbewegung«. Die alte Geschäftsstelle war viel zu klein geworden, die Partei zählte inzwischen 430 000 Mitglieder, jedes trug per Umlage mit zwei Reichsmark zur Finanzierung des neuen Hauptquartiers bei. Seinem Aufruf zu Spenden und Darlehen von mindestens 500 Reichsmark im selben Blatt folgten zahlreiche Sympathisanten. Die Namen von Thyssen, Flick und anderen durfte der Empfänger jedoch auf deren Wunsch (noch) nicht erwähnen. Aber Hitler versicherte seinen Anhängern, daß für den Erwerb und den anschließend geplanten Umbau ausreichende Parteimittel bereitstünden. Für die künstlerische Verschönerung des Gebäudes sollten Spenden verwendet werden und Eintrittsgeld, das bei Veranstaltungen eingenommen werde, während derer Hitler spreche. Parteigenossen, SA- und SS-Angehörige hatten zu solchen Veranstaltungen kostenlos Zutritt, Nichtmitglieder mußten fünf Reichsmark bezahlen.

Das Parteiheim bedrohte also nicht mehr die Solvenz der Partei, wie es viele Parteimitglieder und selbst Goebbels befürchtet hatten. Es trug statt dessen nun wie von Hitler beabsichtigt zum steigenden Ansehen der Partei bei, vor allem bei denen, die durch diese Investition Arbeit gefunden hatten: »Endlich wurden ja auch am Baue in erster Linie fast ausschließlich nur nationalsozialistische Arbeiter und, soweit irgend möglich und vorhanden, auch nationalsozialistische Geschäfte berücksichtigt«, schrieb Hitler. »Die meisten Arbeiten sind überhaupt nur von Nationalsozialisten gemacht worden!«

Viel wichtiger aber war ihm das politische Signal: »Was aber die Bewegung braucht, ist ein Heim, das genau so Tradition werden muß, wie der Sitz der Bewegung Tradition geworden ist. (…) Die natio-

nalsozialistische Bewegung ist eine machtpolitische Erscheinung (…) Das Ziel ihres Kampfes und Ringens ist so unermeßlich groß, daß sich auch rein äußerlich ihre überragende Bedeutung jedermann klar zeigen muß. (…) Das neue Haus unserer Bewegung soll als Dokument unserer Gesinnung, wenn auch im kleinsten Umfange, ein Spiegelbild unseres künstlerischen Wollens sein und in kleinstem Maße auch Künstlern eine bescheidene Möglichkeit für ihr Schaffen geben.«[15]

Hitler war hochzufrieden, nun an dieser vornehmen Adresse zu residieren, und die Parteipresse schrieb: »Auf dem Dache des neuen Heimes, an einem der schönsten Plätze Münchens, flattert unser Symbol zur Freude unserer Anhänger und zur Wut unserer Gegner.« Die bürgerliche Presse dagegen spottete über die »Nazi-Bonzen« und das »Palais Größenwahn«, der *Vorwärts* meinte: »Hitler spielt Bayernkönig«. Diesen »Herrschaften« wollte Hitler »nun zeigen, daß wir mehr Kultur besitzen als unsere Kritiker. Sie sollen nur die Geschäftsstellen dieser Parteien mit Millionenvermögen vergleichen mit unserem neuen Hause, und mögen dann selbst urteilen.«

Die NSDAP hatte nun tatsächlich an einem der repräsentativsten Plätze Münchens Fuß gefaßt, und das vornehme Gebäude machte in der Tat auf jene

Adolf Hitler an seinem Schreibtisch im »Braunen Haus« (1930).

Kreise Eindruck, die zwar schon mit der Partei sympathisierten, denen sie aber noch zu gewalttätig und proletarisch war.

Nach den Stationen Sterneckerbräu, Corneliusstraße 12, Thierschstraße 15 und dem Rückgebäude der Schellingstraße 50 hatte Hitler nun einen »Besitz in der würdigsten Lage der Stadt München, ein geräumiges, altes Palazzo, das nunmehr schon über hundert Jahre steht«, für die im Hinterzimmer einer Kneipe gegründete Partei ein immenser Fortschritt. Besonders wichtig war Hitler, daß es »ein großes, mit Bäumen besetztes, weit in die Tiefe gehendes Grundstück« war, »das jede Vergrößerung im weitesten Umfange zuläßt«.

Offenbar dachten Hitler und sein Baumeister Paul Ludwig Troost (1878–1934) zu diesem Zeitpunkt schon weiter.

Hitler bezog 1929 eine feudale 9-Zimmer-Wohnung am Münchner Prinzregentenplatz. Paul Ludwig Troost, der spätere »Erste Architekt des Führers«, richtete sie ein (Aufnahme 2005).

Paul Ludwig Troost:
»Der Erste Baumeister des Führers«

Nur vier Jahre arbeitete Paul Ludwig Troost für Hitler. Angefangen hatte er als Innenarchitekt, und dabei einen »deutschen Stil« entwickelt. Bekannt wurde er, als er vor dem Ersten Weltkrieg die Luxusdampfer des Norddeutschen Lloyd ausstattete. Bayern-König Ludwig III. hatte Troost 1917 den Professorentitel verliehen. Die »Columbus« und die »München« übernahmen die Briten nach der deutschen Niederlage als Reparationsleistung, sie fuhren von 1919 an unter den Namen »Homeric« und »Ohio« über die Weltmeere. Im August 1930 lernte Adolf Hitler den von ihm schon länger bewunderten Architekten endlich kennen, der zunächst Hitlers frischbezogene Neun-Zimmer-Wohnung am Prinzregentenplatz einrichten sollte. Elsa Bruckmann, Ehefrau des Münchner Verlegers Hugo Bruckmann, hatte die beiden in ihrem Haus am Karolinenplatz zusammengebracht. Wenig später, im Herbst 1930, erhielt Troost, der seit 1929 dem von der NSDAP gegründeten »Kampfbund Deutscher Kultur« angehörte und am 1. August 1930 Parteigenosse Nummer 291704 geworden war, den zusätzlichen Auftrag, das Palais Barlow jetzt zum Parteihaus der NSDAP umzubauen.

Der Architekt erfüllte mit seinen Umbaumaßnahmen die Vorstellungen Hitlers: Der Konferenzraum des nunmehrigen »Braunen Hauses« mit seinen Opferschalen-Wandleuchten glich nach der Neugestaltung durch Troost einer Gruft. Neben dem Eingang wachten zwei Hoheitsadler, darüber prangten die Worte: »Deutschland erwache«. Die großen Gesellschaftsräume des Palais verkleinerte Troost zu Büroräumen, auch das Dachgeschoß baute er nutzbar um. Die zahllosen, von Hitler beliebig vermehrten Parteidienststellen brauchten jeden verfügbaren Platz, den die unantastbaren Außenmauern im Innern hergaben. Waren die Büroräume eher klein, so gerieten die Repräsentationsräume, allen voran das »Arbeitszimmer« Hitlers, übertrieben groß. Denn schon Troost entwick-

Den neuen Eingangsbereich des »Braunen Hauses« hatte ebenfalls Architekt Troost entworfen. Hitlers Fotograf Hoffmann veröffentlichte hierzu eine Serie von »Zigarettenbildchen«.

Hitler beim Verlassen des »Braunen Hauses«, in den letzten Monaten vor der »Machtergreifung« immer mit Trenchcoat und Hundepeitsche.

elte das später von Albert Speer in der »Neuen Reichskanzlei« maximierte Prinzip des hohlen Pathos und der überwiegend repräsentativen, wenig funktionalen Raumaufteilung.

Wer die neuen, mit Hakenkreuzmuster versehenen Bronzeeingangstüren des Palais Barlow aufstieß, betrat im Erdgeschoß die große »Fahnenhalle« mit den ältesten Fahnen der Partei und den Standarten der alten Freikorps, über denen eine Bronzebüste Bismarcks thronte. Links der »Fahnenhalle« saß der »Reichsschatzmeister«, rechts vom Eingang das »Oberste Parteigericht«. Ging man die breite Treppe hinauf, stand man im Vorraum der ersten Etage einer Büste des 1923 gestorbenen Publizisten und Parteiförderers Dietrich Eckart gegenüber. Eckart

war in den Anfangsjahren ein wichtiger Mentor Hitlers gewesen, der ihm die entscheidenden gesellschaftlichen Kontakte in das rechtsgerichtete Großbürgertum verschafft hatte, an seiner Seite 1920 zum Kapp-Putsch nach Berlin geflogen war, und ihm den künftigen »Führer-Feriensitz« Obersalzberg bei Berchtesgaden gezeigt hatte.

An der Rückseite des Vorraums hatten Hitler und Troost zwei Bronzetafeln mit den Namen der beim »Hitlerputsch« erschossenen Parteigenossen anbringen lassen. Die große Doppeltür führte in den »Senatorensaal«, den Versammlungsraum für die regionalen Leiter der Partei, neu gestaltet durch Wände in Palisander und Nußbaum, eine Kassettendecke mit Hakenkreuzvariationen und rote Ledersessel.

Im »Braunen Haus« erinnerten zwei Bronzetafeln an die »Gefallenen« vom 9. November 1923 und eine Büste an den Par-
teimitbegründer Dietrich Eckart.

Vom »Senatorensaal« ging es ins sogenannte
Arbeitszimmer des »Führers«, das einen Großteil
der Fläche der ersten Etage einnahm. Ein runder
Konferenztisch in der Mitte, in der Ecke Hitlers
Schreibtisch, ein Bücherschrank, ein Schlachtenge-
mälde des Angriffs von Hitlers Regiment »List« in
Flandern im August 1914 (es stammte von einem
Kunstmaler namens Reich), eine Mussolini-Büste
und ein Bild Friedrichs des Großen. Hitler hegte eine
besondere Vorliebe für den preußischen Kriegsher-
ren, ohne daß deshalb preußische Pflichterfüllung,
Zuverlässigkeit und Pünktlichkeit zu Hitlers Tugen-
den geworden wären, wie Auslandspressechef Ernst
Hanfstaengl in seiner Autobiographie anmerkte.[16]
Hitler nutzte dieses überdimensionierte »Arbeitszimmer« nur selten, ließ sich aber um so lieber dort
von seinem Freund und Förderer Heinrich Hoff-

mann in »bedeutenden Posen« fotografieren. Im
ersten Stockwerk residierten auch die »Oberste SA-
Führung«, der »Reichsgeschäftsführer« der Partei
und der bisherige Privatsekretär des »Führers«,
Rudolf Heß, der bald in die oberste Machtriege aufsteigen sollte. Der Sitzungssaal im Mittelraum der
zweiten Etage war geschmückt mit einem Ölge-
mälde Hitlers und zwei Bildern deutscher Land-
schaften. In dieser Etage saßen darüberhinaus der
»Reichsrevisor«, die »Rechtsabteilung«, die »Kanz-
lei des Führers« und die »Reichspressestelle«.
Darüber amtierten der »Reichsführer SS«, das »Par-
teizentralarchiv« und zeitweise Teile der »Reichspressestelle«. Im Keller waren die Poststelle und
eine kleine Druckerei untergebracht sowie eine
Kantine mit »Dietrich-Eckart-Stüberl«, wo Hitler
häufig aß.

Albert Speer schilderte nach seiner Entlassung
aus der alliierten Kriegsgefangenschaft 1966 in seinen »Erinnerungen«, wie Hitler Troost verehrte.
Der »Führer« hatte Speer gegenüber angeblich
geäußert: »Bei Troost lernte ich erst, was Architektur ist. Als ich etwas Geld hatte, kaufte ich mir ein
Möbelstück nach dem anderen von ihm, sah mir
seine Bauten, die Einrichtung der ›Europa‹ an, und
war jenem Schicksal immer dankbar, das mir in
Gestalt von Frau Bruckmann begegnete und mir
diesen Meister zuführte. Als die Partei größere

Die »Fahnenhalle« mit den ältesten NS-Fahnen und Standarten.
Zentraler Bestandteil der »politischen Religion« des Nationalsozialismus waren Fahnenumzüge und Aufmärsche.

Mittel besaß, gab ich ihm den Auftrag, das Braune Haus umzubauen und einzurichten. (…) Was für Schwierigkeiten habe ich gehabt deswegen! Diese Spießbürger in der Partei fanden es zu verschwenderisch. Und was habe ich bei diesem Umbau nicht alles vom Professor gelernt!«[17]

In der dem »Braunen Haus« gegenüberliegenden päpstlichen Nuntiatur störte man sich bald am lauten Gesang der zahlreichen NS-Parteiabordnungen, die bei ihren Besuchen Münchens ebenso wie zahllose andere Touristen aus dem In- und Ausland das Parteihauptquartier besichtigen wollten. Das Mißfallen war jedoch nicht grundsätzlich, sah der Vatikan doch bekanntlich eine neue, diktatorische deutsche Macht, wie Hitler sie für die Kurie repräsentierte, durchaus mit Wohlgefallen.

Der Vatikan war es auch, der mit dem »Konkordat«, also der Grundsatzvereinbarung über die Zusammenarbeit zwischen den beiden Mächten, aber auch der Rolle der katholischen Kirche im »Dritten Reich«, den ersten außenpolitischen Vertrag mit dem »Dritten Reich« nach der Machtübernahme 1933 abschloß und damit dessen außenpolitische Isolierung durchbrach.

Aber das war noch Zukunftsmusik. Eine »Machtergreifung« der NSDAP schienen vielen noch ausgeschlossen. Auch die geplante grundlegende Umgestaltung Münchens war bis zu diesem Zeitpunkt

Das »Braune Haus« machte aus der vormals ruhigen Gegend eine laute. Hier eine der damals fast täglichen Straßenschlachten zwischen SA und ihren »weltanschaulichen Feinden« (1930).

noch streng geheim: Niemand ahnte, daß Troost im Stillen Pläne schmiedete, die künftig nicht nur die Maxvorstadt, verändern würden.

Der Geist der Zeit: »Einer der unruhigsten Punkte der Stadt«

Josef Spacil wartete am 3. Juli 1931 vergebens auf sein Mittagessen. Wie jeden Tag hatte seine Mutter zu Hause gekocht, das Essen sorgfältig verpackt, in eine Tasche gesteckt und war dann aufgebrochen Richtung Königsplatz beziehungsweise zum »Braunen Haus«. Als die bayerische Staatsregierung am 13. April 1931 die SA verboten und im »Braunen Haus« eine Razzia veranstaltet hatte, durfte seine Mutter ihren Josef noch versorgen. Aber dieses Mal war die Brienner Straße zwischen Königsplatz und Karolinenplatz abgesperrt, und der Polizeioffizier ließ sich nicht erweichen.

Der von der NSDAP beauftragte Anwalt Walter Luetgebrune beschwerte sich bei Polizeipräsident Julius Koch über diese Maßnahme, die aus seiner Sicht jeder Rechtsgültigkeit entbehrte. »Sie kann nur aufgefaßt werden als eine Zwangsmaßnahme zur Durchführung der zahlreichen verschiedenartigen polizeilichen Uniformverbote gegen Angehörige der NSDAP.« Paragraph 8 der Notverordnung, die aufgrund des Artikels 48 Absatz 2 der Reichsverfassung erlassen worden sei, lasse »Entziehung von Nahrung und andere körperliche Mißhandlungen« nicht zu.[18]

Auch der *Völkische Beobachter* empörte sich in diesen Tagen über den »Vernichtungskampf gegen die N.S.D.A.P.«, »Neue Terrorerlasse gegen die nat.soz. Bewegung in München und Kassel« und den »Polizei-Überfall auf das ›Braune Haus‹«. Untertitel: »Zu was die Polizei in Bayern da ist: Mit dem Überfallkommando gegen einen Wachposten«.

Auch Adolf Hitler persönlich sandte an diesem 4. Juli 1931 ein erbostes Telegramm an die Münchner Polizeidirektion: »Erheben gegen Verfügung der Polizeidirektion München, durch die Betreten des Braunen Hauses soeben allgemein verboten wurde, Beschwerde und protestieren auf das Entschiedenste gegen diese ungeheuerliche, rechtlich niemals zu haltende Maßnahme.« Am 1. Juli 1931 hatte der bayerische Landtag verfügt: »Das Tragen einheitlicher Kleidung oder Abzeichen von politischen Vereinigungen ist für Wach- und Ehrenposten aller Art verboten.« Zwei Tage später, kurz nach acht Uhr, trat ein Polizist an den uniformierten NS-Posten vor dem »Braunen Haus« heran und fragte, ob er die Anordnung nicht kenne. Der *Völkische Beobachter* machte aus dem Posten einen unerschrockenen Helden: Er habe geantwortet, seine Lektüre sei nur der VB, und der sei noch nicht erschienen.

Eine Stunde später sei eine Gruppe Kriminalbeamte eingetroffen, jedoch ohne formelle Verfügung, auf der die Reichsleitung der Partei bestand. Inzwischen habe sich eine Menschenmenge angesammelt. Bald sei ein »Überfallkommando herangesaust« und habe die Leute vertrieben. Gegen vier Uhr sei der Posten ohne vorherige Ankündigung verhaftet worden, »unter Pfuirufen der zahlreich vor dem Braunen Haus sich befindlichen Menge«.

Insgesamt 29 Uniformierte nahm die Polizei mit zur Ettstraße, verbot das Betreten des Parteihauses und sicherte es mit Maschinengewehren. Parteimitglieder nutzten den Zulauf von Schaulustigen, um Aufnahmeformulare zu verteilen, Sprechchöre zu skandieren und NS-Lieder zu singen. Als schließlich Menschen aus der Menge einen Polizisten niederschlugen, trieben die Beamten die Versammlung auseinander und sperrten die Brienner Straße zwischen Königsplatz und Karolinenplatz. So kam es, daß Josef Spacils Mutter ihrem Sohn das Essen nicht bringen konnte.

Der *Völkische Beobachter* berichtete weiter ausführlich über den »Kriegszug des Polizeipräsidenten Koch gegen das Braune Haus«, und Hitler gab folgende Erklärung ab: »Parteigenossen, laßt euch durch gar nichts provozieren! An unserer Gesetzlichkeit wird der Gegner am Ende trotz allem zerschellen!« Von Gesetzlichkeit konnte bei den meisten NSDAP-Umtrieben nicht gesprochen werden, und die Richter hätten die vorhandenen Gesetze nur anwenden müssen, um das Schlimmste zu verhindern. Aber die Justiz und andere einflußreiche Kreise waren nach wie vor ebenso republikfeindlich wie rechtskonservativ eingestellt. Und so erließ der Schnellrichter 1931 gegen die NS-Täter »leider nicht die Strafen, die man nach Sachlage hätte erwarten dürfen«, wie ein Berichterstatter der Polizei gegenüber Innenminister Karl Stützel bedauerte.

Das »Braune Haus« unweit des Königsplatzes wurde durch diese und andere NS-Aktionen reichsweit bekannt. Für Parteimitglieder war es längst eine Art Wallfahrtstätte. Pölnitz und andere Nachbarn klagten über starken Parteien- und Kraftfahrzeugverkehr bis tief in die Nacht, Schlägereien, Singen, Schreien. Ihre Angst war, daß ihr Immobilienbesitz bei dieser Nachbarschaft rasch an Wert verliere. Vertreter und Besucher der Nuntiatur mußten immer wieder Schmährufe von NSDAP-Mitgliedern erdulden.

Und nun wünschte Adolf Hitler auch noch eine Erweiterung seines Partei-Hauptquartiers. Er wollte, so ging das Gerücht im Sommer 1931, im Park des Anwesens einen Neubau errichten, eine »Reichsführerschule« oder SA-Ausbildungsstätte. Damit konnte Pölnitz nicht nur das Café abschreiben, sondern sein ganzes Haus. »Mit aller Kraft und Energie« legte er Einspruch gegen diese weitere Entwertung seines Palais ein. Durch den Zweckbau werde der Charakter der ganzen Gegend verändert. »Die früher ruhige und verhältnismäßig wenig begangene Gegend ist heute einer der unruhigsten Punkte der Stadt geworden«, klagte Pölnitz und kündigte Entschädigungsansprüche an. »Ich bin heute schon außerstande, mein Anwesen zu vermieten, da niemand in nächster Nähe des braunen Hauses sein will wegen der stets dort vorherrschenden Unruhe.«

Im Juli 1931 hoben Bauarbeiter bereits die Grube für den Neubau aus, erst Pölnitz' Einspruch vom 27. Juli brachte vorübergehenden Stillstand. Die

Hitler 1932 im Münchner Atelier seines Architekten Paul Ludwig Troost (links), der für den »Führer« auch das »Haus der Deutschen Kunst« sowie die Neubauten am Königsplatz entwarf.

Polizeiabteilung des Innenministeriums stimmte Pölnitz zu, Regierungsrat Frank meinte am 4. August 1931, »daß der Erwerb des Anwesens durch diese Partei vom polizeilichen Standpunkt aus zu bedauern ist. Schon der gewöhnliche Betrieb des Anwesens bringt eine Unruhe mit sich, die zu der vornehmen Ruhe, die früher in dieser Gegend herrschte, in schreiendem Gegensatz steht.« Die NSDAP gestalte dieses Haus zu einem »parteipolitischen Machtbollwerk« um, »das seine Spitze gegen den Staat richtete und vor wenigen Wochen sogar den offenen Kampf mit der Staatsautorität aufnahm«. Frank sprach sich gegen den Erweiterungsbau aus, weil dieser eine »gewaltige Förderung« der NSDAP wäre, aber auch wegen der »Behelligungen, die sich durch die Bauführung in dem sonst so ruhigen Viertel für die Nachbarschaft, insbesondere die Nuntiatur ergeben würde«.

Offenbar wurden Hitler diese Einschätzungen der Behörden bald zugetragen. Persönlich wandte er sich am 7. August 1931 in einem Brief an Innenminister Karl Stützel. Er zitierte Paragraph 83, Absatz 2 der Münchener Bauordnung, nach dem für Neubauten unter anderem in der Brienner Straße und Fassadenänderungen in der Nähe von »Privatbesitzungen des Königs (…) die Allerhöchste Genehmigung vorbehalten« war, die das Innenministerium erteilen mußte. Hitler führte aus, der Sinn dieser Bauordnung liege in der »Existenz des Königtums an sich und der mit dieser Erscheinung verbundenen Rückwirkung auf einen bestimmten Ausschnitt des kulturellen Lebens«. Die »Verherrlichung des Königtums durch die Kunst« habe mitgeholfen, »der Autorität der monarchischen Institution eine Kraft zu schenken, die als Repräsentation nach außen, unterwürfige Bewunderung nach innen in Erscheinung trat«. Der innere Zweck der Bauordnung sei »mit der Beseitigung der monarchischen Institution« nicht mehr gegeben. Alles ändere sich, der wachsende Verkehr erzwinge Änderungen, und es sei unmöglich, »irgendeinen Teil einer Stadt im Wesen einer vergangenen Zeit erhalten zu können. Allmählich wird der Geist einer Zeit so allgemein sein, daß sich ihm nichts auf die Dauer entziehen kann.«

Das treffe auch auf die Brienner Straße zu; viele ehemalige Palais seien inzwischen in Geschäftshäuser umgewandelt worden, so habe Oswald Bieber für die evangelische Landeskirche eine alte Villa durch einen Neubau ersetzt und zusätzlich dafür plädiert, den Königsplatz allseitig zu umbauen (s. o.).

Den Klagen der Nuntiatur über den wachsenden Autoverkehr könne abgeholfen werden, versprach Hitler, weil die Erweiterung auch Parkmöglichkeiten im Hof vorsehe. »Ich darf weiter noch darauf hinweisen, daß erst seit den Tagen der Interpellation im Landtag und der daraufhin erfolgten Polizei-Aktionen das Braune Haus in den Gesichtskreis der allgemeinen öffentlichen Aufmerksamkeit gerückt wurde. Ja, darüber hinaus, diesen Polizeiaktionen habe ich es zu verdanken, daß die Kenntnis des Braunen Hauses so ziemlich der ganzen Welt vermittelt wurde. Es ist nicht verwunderlich, daß seit diesem Tage zahlreiche Ausländer neugierig ein Objekt bestaunen, dessen bescheidene Existenz der Anlaß zur Verschwendung so umfangreicher Machtmittel einer wirklich nicht bedrohten Staats-Autorität wurde.« Bei der Prüfung durch den

Staatsminister, so Hitler, erwarte er Objektivität, entscheidend sei das Bauprojekt, nicht die Person des Gesuchstellers.

Stützel gab nach, allerdings dürfe das Rückgebäude die Höhe der bestehenden nicht überschreiten und müsse ästhetisch den Erfordernissen des Vorhofs des Königsplatzes entsprechen. Troost reichte wenige Tage später umgearbeitete Baupläne ein. Stützel genehmigte den Neubau, wenn auf ein Obergeschoß verzichtet und die vereinbarte Hauptgesims- und Firsthöhe eingehalten, die Dachung gegen Brienner Straße und Karolinenplatz dunkel gehalten, und die provisorische Barackenanlage abgerissen werde, um Abstellraum für Fahrräder und Kraftwagen zu schaffen. Außerdem müsse der Zweck des Baus erklärt werden, um den Einspruch Pölnitz' zu würdigen.

Am 4. September bestätigte die Partei, sie wolle keinesfalls die bisher in der Schwanthalerstraße untergebrachte »Reichsführerschule« ins »Braune Haus« verlegen. Die Auflagen würden »selbstverständlich restlos beachtet«. Dennoch zog sich das weitere Genehmigungsverfahren weiter hin. Im Oktober 1931 beklagte sich der Geschäftsführer der Münchner Bauinnung, Feichtmaier, beim Innenminister, daß die Bauarbeiten am Neubau im Garten des »Braunen Hauses« nunmehr seit Juli ruhten.

Der bayrische »Kriegerbund« trifft sich am 15. Mai 1938 auf dem Königsplatz, um dem Regime seine Reverenz zu erweisen.

Seit Beginn der Weltwirtschaftskrise im Oktober 1929 rangen die Münchner Handwerksbetriebe, so wie fast alle Industrie- und Gewerbebetriebe, um ihre Existenz. Umso weniger einsichtig war es für sie, daß diese Baustelle, für die zahlreiche Aufträge bereits erteilt worden waren, seit Monaten stillstand. Feichtmaier forderte, daß der »Nachbarprotest« endlich »verbeschieden« werde, denn die betroffenen Baufirmen »und die bei ihnen tätigen Arbeiter und Angestellten warten (…) sehnlichst darauf, daß die Bauarbeiten weitergeführt werden können«.[19]

1932 verkaufte Pölnitz schließlich sein Haus für eine halbe Million Reichsmark an die NSDAP. Die »Reichsführerschule«, gegen die Pölnitz seinen Einspruch gerichtet hatte, zog vorübergehend ausgerechnet in sein Haus. In einem einstöckigen Neubau im Hof kam zunächst die »Hilfskasse der NSDAP« unter, Mitte 1933 zog der Stab von Hitlers Stellvertreter Heß ein. Hitler selbst war bereits bei ganz anderen Plänen, schon seit Februar 1932 erschien ihm das »Braune Haus« zu klein. Der ewige Platzmangel sollte jetzt grundsätzlich behoben werden. Josef Goebbels notierte in sein Tagebuch: »Der Führer beschäftigt sich in seinen Mußestunden mit Bauplänen für ein neues Parteihaus.« Und im März 1932: »Bei Professor Troost im Atelier. Er hat den Neubau unseres kommenden Parteihauses entworfen. Er ist von einer klassischen Linienklarheit. Darüber stehen die Ideen des Führers.«

Nach der Machtübernahme Hitlers Anfang 1933 in Berlin gingen auch in München die Dinge schneller. Die gegenüber dem »Braunen Haus« in der Brienner Straße gelegene diplomatische Vertretung des Vatikans, die Nuntiatur, die der Nuntiaturbauverein erst 1927 für 90 Jahre von der Staatsregierung gemietet und auf eigene Kosten – für 186958,92 RM – umgebaut hatte, ging wenig später ins Eigentum der nunmehrigen »Staatspartei« NSDAP über. Bald sollte die Vertretung des Papstes, die Erzbischof Eugenio Pacelli, der spätere Papst Pius XII., 1917 übernommen hatte, ganz aus München verschwinden.

Als Reichskanzler kann Hitler im März 1933 erstmals in einer großen Demonstration der Toten des zehn Jahre zuvor gescheiterten Putsches gedenken lassen. Die Feier für die »Märtyrer« findet an der historischen Stelle vor der Feldherrnhalle statt.

Als Kardinalstaatssekretär unterzeichnete Pacelli am 20. Juli 1933 mit Franz v. Papen das Reichskonkordat, das dem Klerus einen Verzicht auf politische Betätigung des Klerus auferlegte, aber die materielle und institutionelle Stellung der katholischen Kirche im Deutschen Reich sicherte. Damit war die außenpolitische Isolation des »Dritten Reiches« durchbrochen, Hitler sonnte sich im Glanze seines ersten Erfolges auf diplomatischem Parkett. Die katholische Kirche konnte sich nicht lange an dem so erreichten Burgfrieden erfreuen. Am 17. November 1933 kündigte NSDAP-Reichsschatzmeister Franz Xaver Schwarz erstmals an, daß die Nuntiatur künftig anderswo untergebracht werden müsse, weil ein Teil des Grundstücks für Neubauten der Partei benötigt werde. Am 10. April 1934, dem Tag, an dem die NSDAP das Gebäude erwarb, benannte der NS-Ministerpräsident Ludwig Siebert den neuen Standort der Nuntiatur: Kaulbachstraße 1. Doch schon am 16. Mai verlangte Reichsaußenminister v. Neurath vom Ministerpräsidenten, »daß die bayerische Regierung dem Nuntius in freundschaftlicher Form zu erkennen gibt, daß sie die diplomatische Mission des Nuntius zum gleichen Zeitpunkt, zu dem die Aufhebung der Bayerischen Gesandtschaft erfolgt, also mit Ablauf dieses Monats (31. Mai 1934) als beendet betrachtet«.[20] Damit ging die 150jährige Geschichte der päpstlichen Nuntiatur in Bayern zu Ende. Eine diplomatische Vertretung des Vatikan war nach der »Gleichschaltung« der Länder nur noch in Berlin erwünscht.

Zu diesem Zeitpunkt war eine Menge geschehen in München und Deutschland, und längst hielt die braune »Bewegung« auch die Maxvorstadt fest im Griff.

Die zweite Reichstagswahl des Jahres am 12. November 1933 stellten die Nationalsozialisten unter den schon damals absurden Slogan »Mit Hitler gegen den Rüstungswahnsinn der Welt«, hier aufgenommen in der Münchner Rosenstraße beim Durchmarsch einer SA-Gruppe.

Hitlers München

Die nationalsozialistische »Hauptstadt der Bewegung«

Am 30. Januar 1933 ernannte Reichspräsident Paul v. Hindenburg, wie zwischen Reichswehr, Industrie und den Konservativen abgesprochen, den »Führer« der NSDAP zum Reichskanzler: Adolf Hitler. In Berlin marschierte die SA durchs Brandenburger Tor zur Reichskanzlei, wo der neue Regierungschef, am Fenster stehend, die Ovationen der Bevölkerung entgegennahm. Auch in München versammelten sich die SA-Trupps. Auf dem Königsplatz rief Gauleiter Adolf Wagner der siegestrunkenen Menge zu: »Jetzt kann Adolf Hitler endlich mit der Arbeit beginnen.«

Und Hitler begann. Seine lange angekündigten Pläne zur gewaltsamen Umgestaltung Deutschlands verwirklichte er nun, unterstützt nicht nur von seinen beiden Kabinettsmitgliedern Hermann Göring und Wilhelm Frick, die die Aufgabe übernahmen, Justiz, Militär und Polizei »gleichzuschalten«. Am 27. Februar 1933 legte der Holländer Marinus van der Lubbe im Reichstag Feuer. Erstaunlicherweise brannte daraufhin das gesamte Gebäude nieder. Gerüchte, daß die Nationalsozialisten selbst mit Hand angelegt hatten, sind bis heute nicht verstummt. Hitler nutzte die ihm willkommene Gelegenheit, und ließ am 28. Februar im Kabinett die »Verordnung zum Schutz von Volk und Staat« beschließen. Diese »Reichstagsbrandverordnung« setzte im Handstreich die verfassungsmäßigen Grundrechte außer Kraft, die Polizei im Verein mit der SA verhafteten und mißhandelten Tausende von Regimegegnern.

Die anschließenden Neuwahlen vom 5. März 1933 sollten laut Hitler eine Volksabstimmung über seine Kanzlerschaft und den neuen Kurs in Deutschland werden. Doch die Deutschen verweigerten dem »Führer« die absolute Mehrheit. Auch in Bayern wählten nur für ihn enttäuschende 43,1 Prozent die NSDAP. Reichsweit sah es nicht anders aus. Hitler blieb zu seinem großen Ärger weiter auf seine rechtskonservativen Koalitionspartner angewiesen, mit denen er aber in den nächsten Wochen fertig zu werden plante. Das gelang ihm auch, ganz Deutschland geriet nun unter die diktatorische Terrorherrschaft der alleinregierenden Nationalsozialisten.

Bayern hatte sich zumindest gewehrt. Vier Tage lang widerstand die demokratisch gewählte Regierung Bayerns den gewalttätigen Demonstrationen und Übergriffen der SA. Dann kapitulierte die Landesregierung und die SA stürmte Landtag und Regierungsgebäude. Die NSDAP übernahm nun auch in der »Hauptstadt der Bewegung« die Regierungsgewalt.

Am 9. März trat Ministerpräsident Heinrich Held (Bayerische Volkspartei), seit 1924 im Amt, unter Protest zurück. Er flüchtete in die Schweiz. Der neue NS-Reichsinnenminister Wilhelm Frick setzte als »Reichskommissar von Bayern« den alten NS-Kumpan Franz Ritter v. Epp ein. Epp seinerseits ernannte den NS-Parteigenossen Adolf Wagner zum kommissarischen bayerischen Innenminister und damit zum Chef der Polizei, deren Münchner

Die per Staatsstreich ins Amt gelangte neue NS-Landesregierung Bayerns, die am 9. März die Macht im Freistaat übernahm: sitzend von links Ludwig Siebert (Finanzen), Franz Ritter v. Epp (Ministerpräsident), Adolf Wagner (Inneres) und Hans Schemm (Kultus), stehend von links Heinrich Himmler (Leiter der Polizeidirektion München), Ernst Röhm (Staatskommissar zur besonderen Verwendung), Hans Frank (Justiz), Hermann Esser (Staatskommissar zur besonderen Verwendung), und Georg Luber (Landwirtschaft).

Direktion der langsam aus dem Schatten der SA heraustretende Chef der SS, Heinrich Himmler, übernahm. Noch am selben Tag wehte die Hakenkreuzfahne über dem Turm des Rathauses, das der NSDAP-Stadtrat Karl Fiehler jedoch erst am 20. März übernahm.

Einen Tag später, am 10. März 1933, bewaffneten sich die Posten vor dem »Braunen Haus« mit Gewehren, auf den Straßen um den Königsplatz patrouillierte die SA, bewaffnet mit Gummiknüppeln und Pistolen. Nach der gewaltsamen Machtübernahme an der Isar fürchteten die Nationalsozialisten hier wie im restlichen Deutschland die von ihnen so oft drohend geschilderten mutmaßlichen Gegenmaßnahmen von linker Seite. Doch nichts tat sich, der Bürgerkrieg, den Hitler so oft als Schreckgespenst an die Wand gemalt hatte, blieb aus.

Unterdessen wartete Hitlers München gespannt auf den zum gesamtdeutschen »Führer« aufgestiegenen NSDAP-Vorsitzenden. Zwei Tage später schwebte sein Flugzeug auf dem Rollfeld im Münchner Stadtteil Oberwiesenfeld ein, 150 000 Anhänger jubelten ihm zu. »Ich habe das Gefühl«, sagte er, »daß in diesen Tagen Bayern selbst sich eingegliedert hat in die große Front der erwachenden deutschen Nation.« Dann fuhr er in die Stadt und legte an der Feldherrnhalle, die bald zum NS-Wallfahrtsort werden sollte, einen Kranz nieder. Anschließend traf er sich mit seiner bayerischen Entourage im »Braunen Haus«, wo er entschied, wer die weiteren wichtigen Posten in der bayerischen Politik übernehmen sollte.

Einen Tag später stürmten SA- und SS-Männer die Wohnungen bekannter Antifaschisten, quer durch das gesamte restliche Parteienspektrum von der KPD bis zur Bayerischen Volkspartei nahmen sie Hunderte in »Schutzhaft«. Bayerns vormaliger Innenminister Karl Stützel lag im Bett, als die SS in sein Haus eindrang, um »alte Rechnungen« zu begleichen. Weil der vehemente NS-Gegner sich weigerte mitzugehen, zwangen sie ihn in Nachthemd und Socken mitzukommen. Die meisten Opfer schafften die SA-Horden ins »Braune Haus« oder andere Folterkeller, in denen die SA-Schergen sie prügelten und mißhandelten.

Mit dem »Ermächtigungsgesetz« im Rücken, das Hitler diktatorische Macht verschaffte, verbot die neue Regierung in den folgenden Wochen alle Parteien mit Ausnahme der NSDAP. Politische Gegner landeten in den mittlerweile eingerichteten Konzentrationslagern wie Dachau, wo sie, der Justiz entzogen, der Willkür von SA, SS und Heydrichs

Partei-Sicherheitsdienst ausgeliefert waren. Am Abend des 31. März versammelten sich Zehntausende auf dem Königsplatz, um, so die NS-Propaganda, »in einer gewaltigen Riesenkundgebung gegen die verwerflichen und unerhörten, aller Wahrheit widersprechenden jüdischen Greuelnachrichten und Boykottmaßnahmen im Auslande zu protestieren«. Von der Theresienwiese kommend, angeführt von SA- und SS-Kapellen und Fackelträgern, wälzten sich mehrere Marschzüge zum Versammlungsplatz. Die Fahnenträger der Partei sammelten sich auf der Freitreppe der »Neuen Staatsgalerie« (Ziebland-Bau) auf der Südseite des Königsplatzes. An der Brienner Straße, auf der Seite des »Braunen Hauses«, hatten NS-Parteigenossen ein Schriftband gespannt: »Volksgenossen! Kämpft mit uns gegen die jüdische Greuel-Boykott-Hetze! Stiftet für den Kampffonds!«

Am 1. April 1933 beziehen auch in München SA-Posten vor Geschäften jüdischer Besitzer Stellung. Die Firmenschilder jüdischer Rechtsanwälte am Karlsplatz erhalten Aufkleber mit dem Wort »Jude!«. Noch scheinen die Bewohner des Hauses das Spektakel nicht allzu ernst zu nehmen, der Blick des Mannes rechts wirkt amüsiert-ungläubig.

Goebbels hatte für den nächsten Tag, den 1. April 1933, zum »Abwehr-Boykott« gegen jüdische Geschäfte aufgerufen. Der stellvertretende Münchner Gauleiter Otto Nippold verkündete stolz schon an diesem Abend, daß in München vor großen jüdischen Geschäften bereits Posten aufgezogen seien, die »die Besucher vor dem Betreten der Geschäfte warnten«, am morgigen Samstag sollten um zehn Uhr insgesamt 600 jüdische Geschäfte besetzt werden. »Zur gleichen Stunde werden SA-Leute die Wohnungen aller jüdischen Rechtsanwälte und Ärzte mit Plakaten kennzeichnen, auf dem [sic!] das Wort ›Jude‹ leuchtet. Für die deutschen Geschäfte, Anwälte und Ärzte hingegen wurden Plakate geschaffen mit dem Aufdruck ›Deutsches Geschäft‹, ›Deutscher Anwalt‹, ›Deutscher Arzt‹, die von allen benützt werden sollen.« Dann richtete der fränkische Gauleiter Julius Streicher, in Personalunion auch Herausgeber des Hetzblatts *Der Stürmer*, »den Adolf Hitler an die Spitze des Abwehrkampfes gesetzt hat, (…) zündende Worte« ans Publikum.[1]

Im März 1933 richtete die SA in Dachau eines der ersten KZ in Deutschland ein. Dort waren die willkürlich Verhafteten, der Justiz entzogen, den Grausamkeiten von SA, SS und Heydrichs Partei-Sicherheitsdienst ausgeliefert.

Bücher brennen: »Dem deutschen Wesen die Gasse freigegeben«

Angesichts der großen, reichsweiten Feiern zum 1. Mai, dem traditionellen Feiertag der Gewerkschaften, den Hitler nun zum »deutschen Feiertag« erklärt hatte, wähnten sich die Gewerkschaften für einige Stunden wieder etwas sicherer vor Verfolgung. Ihre Führung hatte ihren Mitgliedern sogar die Teilnahme an diesen NS-Veranstaltungen empfohlen, als Geste guten Willens. Doch zeigte sich schon am nächsten Tag, daß sie damit im Irrtum waren. Am 2. Mai 1933 besetzten die Nazis auch in München das Gewerkschaftshaus. Reichsweit verboten sie die Arbeiterorganisationen und beschlagnahmten ihre Bankguthaben und Betriebe.

Am 10. Mai nahmen auch die Münchner Studenten die »nationale Erhebung« zum Anlaß, eine »Reinigung« der Bibliotheken von »Schmutz- und Schundliteratur« vorzunehmen. Um 22.30 Uhr brach ein Fackelzug vom Siegestor auf, »ein wundervolles nächtliches Schauspiel«. Auf dem Königsplatz angekommen hielt der »Älteste« der Studentenschaft, Kurt Ellersiek, eine »von vaterländischem Geiste getragene Ansprache«. Dann brannte der Scheiterhaufen, bestehend aus jenen Büchern der örtlichen Bibliotheken, die Ellersiek als »artfremde, bolschewistische und jüdische Schundliteratur« bezeichnete. Er meinte damit die Werke von Lion Feuchtwanger, Sigmund Freud, Karl Kautsky, Alfred Kerr, Heinrich Mann, Karl Marx, Carl v. Ossietzky, Erich Maria Remarque, Kurt Tucholsky, Theodor Wolff, Arnold Zweig und vielen anderen. Von Berlin aus begleitete Propagandaminister Joseph Goebbels, ein »Dr. phil.«, per Radio die Studenten: »Meine Kommilitonen! Deutsche Männer und Frauen! Das Zeitalter eines überspitzten jüdischen Intellektualismus ist nun zu Ende, und der Durchbruch der deutschen Revolution hat auch dem deutschen Wesen wieder die Gasse freigegeben. (…) Ihr tut gut daran, um diese mitternächtliche Stunde den Ungeist der Vergangenheit den

Am 10. Mai 1933 versammeln sich viele der Münchner Studenten in der Universitätsaula. Sie beschlagnahmten wie in Berlin und anderswo »artfremde Schundliteratur« und verbrannten die Bücher anschließend auf dem Königsplatz.

Flammen anzuvertrauen.« Das taten sie dann auch auf dem Königsplatz: »In einem feierlichen Verbrennungsakt wurde ein Stapel volkszersetzender Bücher und Zeitschriften in Brand gesetzt«, berichteten die lokalen Zeitungen. »Während die Flammen zum Himmel loderten, gab der gemeinsame Gesang der Lieder ›Der Gott der Eisen wachsen ließ‹, ›Deutschland, Deutschland über alles‹, ›Die Fahne hoch‹ der Kundgebung einen würdigen Ausklang«.[2]

Die Nationalsozialisten nutzten den Königsplatz auch weiterhin als Forum. Am 29. Juni 1933, an »Deutschlands nationalem Trauertag«, protestierten dort angeblich 200000 Münchener gegen den Versailler Vertrag[3]. Am 8. November 1933, zehn Jahre nach Hitlers Schuß in die Decke des Hofbräu-

kellers, schlossen sich die ehemaligen »Freikorps« auf dem Königsplatz offiziell und öffentlich der SA an: Die Einheiten – nach ihren jeweiligen Anführern bzw. ihrer Heimatregion »Heydebreck«, »Kühme«, »Lautenbacher«, »Pfeffer«, »Rossbach«, »Oberland« etc. genannt – sowie das »Sturmregiment Heinz«, dem Leo Schlageter angehört hatte, übergaben ihre Fahnen der »Obersten SA-Führung« (OSAF).

Per »Präsidialverfügung« war der Verlauf der Veranstaltung genau festgelegt worden: »Die Fahnenabordnungen (etwa 100 Mann) sammeln ab 10.30 Uhr in der Leibregimentsstraße und marschieren in Viererkolonnen um 11.00 Uhr durch Hofgartenstraße, Odeonsplatz, Brienner Straße zum Königsplatz, wo sie vor der Glyptothek mit Front zum Kunstausstellungsgelände Aufstellung nehmen.

Ein Sturmbann SA. stellt sich mit den nicht eingeteilten Angehörigen der Freikorps ab 10.00 Uhr auf dem Marsplatz auf, und marschiert um 10.30 Uhr durch Pappenheim-, Nymphenburger-, Brienner Straße zum Königsplatz (südl. Fußgängerdurchbruch). Die SA. nimmt auf der Fahrbahn mit Front zur Glyptothek Aufstellung, die Freikorps-Angehörigen bilden nach Maßgabe der beiliegenden Skizze 1 Spalier.«[4]

Vor der *Glyptothek* bildeten »Freikorps«-Mitglieder in ihren alten Uniformen ein Rechteck, Fahnenabordnungen und SA-Musikzug standen sich gegenüber. Schlag zwölf Uhr fuhren »SA-Stabschef« Ernst Röhm und der bayerische NS-Statthalter Franz Ritter v. Epp vom »Braunen Haus« kommend mit dem Wagen vor. »Stillgestanden!« brüllte SA-Obergruppenführer Kurt Kühme. »Die Fahnen hoch!« Die SA-Kapelle spielte den »Präsentiermarsch«, dann gingen Röhm, Epp, Innenminister Adolf Wagner und Polizeipräsident und SA-Obergruppenführer August Schneidhuber die SA- und Fahnenabordnungen ab. Schließlich richtete Röhm, den kaum ein Jahr später das Todesurteil des »Führers« treffen sollte, markige Worte an die Aufmarschierten: »Soldaten! Kameraden! Auf Anregung

Die von Anfang an mit der NSDAP verbündeten bayrischen »Freikorps« übergeben am 8. November 1933 ihre Fahnen an den neuen Dienstherrn, den »Obersten SA-Führer« Ernst Röhm. Die Propagandaveranstaltung findet auf dem noch ungepflasterten Königsplatz statt.

der Führer der deutschen Freikorps habe ich diese Führer und Abordnungen mit ihren ruhmreichen Fahnen auf einem historischen deutschen Boden versammelt, um ihre Fahnenzeichen der Obhut der braunen Armee zu übergeben.« Die weitere Abfolge der Veranstaltung folgte dem bald feststehenden Ritual: Deutschlandlied, »Horst-Wessel-Lied«, Fahnenübergabe. Unter den Klängen des Badenweiler Marschs fuhren Röhm und Epp zurück zum »Braunen Haus«, die SA-Leute trugen die Fahnen zu Fuß hinüber.[5]

In den folgenden Stunden erhielten die Münchner erstmals einen Eindruck davon, wie die Nationalsozialisten künftig ihren »Heldentag« zu feiern gedachten. Die Umgebung des Bürgerbräukellers war von 500 Mann SS abgeriegelt:

»Um 20.05 Uhr treffen in Omnibussen und Personenkraftwagen die ältesten Parteigenossen vom Sternecker aus hier ein«, lautete der Befehl. Im Sterneckerbräu, Adresse: Tal 54, hatten der Eisen-

bahnschlosser Anton Drexler und der Journalist Karl Harrer 1919 die DAP gegründet, aus der wenig später die NSDAP hervorging.

»Um 20.35 Uhr fährt der Führer durch Tal, Zweibrückenstraße, Rosenheimerstraße hier ein.« Im Bürgerbräukeller feierte Hitler dann mit jenen alten Kameraden Wiedersehen, mit denen er zehn Jahre zuvor so kläglich gescheitert war. Von denen, die damals »gefallen« waren, sagte er nun, ihr Blut sei »das heilige Wasser des Dritten Reiches«.

Fortan waren der 8. und 9. November die Tage, an denen man beim Bier von Heldentaten sprach und auch den anderen zeigen wollte, wer gesiegt hatte. Das weitere Programm sah vor: »21.30 Uhr Abmarsch der Angehörigen der Reichskriegsflagge mit einem Sturm der Wachtruppe Dachau als Fackelträger durch die Brienner Str., Hofgartenstr., Prinzregentenstr. zum Korpshaus ›Palatia‹. Von da aus durch die Liebigstraße, Schönfeldstr., Ludwigstr., Brienner Str. zum Königsplatz. Die übrigen

Teilnehmer marschieren unmittelbar zur Feier der Landespolizei auf dem Königsplatz.« Den Fackelzug zum Zapfenstreich der Landespolizei durch ein kilometerlanges Spalier von Fackeln führten SA-Stabschef Röhm, SS-Reichsführer Himmler und die »alten Kämpfer« an, ihnen folgten die Landespolizei und die Studenten. Kurz vor Mitternacht standen rund zehntausend Mann auf dem Königsplatz und hörten den »Gauleiter des Gründungsgaues«, Adolf Wagner, vom »einigen deutschen Volk« schwadronieren, dann versicherte Göring: »Wir sind dem Führer damals vor zehn Jahren blind gefolgt und werden ihm auch in Zukunft blind folgen, weil wir das Vertrauen zu ihm haben.« Es folgten »Horst-Wessel-Lied« und Böllerschüsse, dann war Schluß – für diesen Tag.

Am nächsten Tag, dem Jahrestag des Marschs auf die Feldherrnhalle, trafen sich der »Führer« und seine Spießgesellen vom »Stoßtrupp Hitler« im Kasino des »Braunen Hauses«. »Immer wieder erschienen Abordnungen der ›alten Kämpfer‹ aus den verschiedenen Gauen, um dem Führer Geschenke zu überbringen und sich bei ihm zu melden«, berichtete der *Völkische Beobachter* anderntags.

Oben im »Senatorensaal« übergab der neue Münchner Oberbürgermeister Karl Fiehler – 38 Jahre alt, ein hagerer Predigersohn aus Braunschweig, alter Parteigenosse, Verwaltungsbeamter, Brillenträger und Zigarrenraucher, Partei-Mitgliedsnummer 37, seit 1924 Mitglied des Münchner Stadtrats und zuletzt Vorsitzender der Fraktion der NSDAP – Hitler den Ehrenbürgerbrief der Stadt München, gefertigt aus Ebenholz, mit Elfenbeinintarsien und Messingbeschlägen.

Den weiteren Beschluß des Stadtrats, die Briener Straße zwischen Odeonsplatz und Königsplatz in Adolf-Hitler-Straße umzubenennen, hatte Hitler sofort abgelehnt. Nur in Solln, wo er alljährlich die »Hitlermutti« Hoffmann besuchte, die ihm im Weltkrieg Pakete geschickt hatte, benannten sie die Diefenbachstraße ohne Widerspruch des »Führers« in Adolf-Hitler-Allee um.

Hitler ging es in Bezug auf München nicht mehr um die Umbenennung einer einzelnen Straße. Der Königsplatz, der bisher dem bayerischen Staat und der Stadt München gemeinsam gehörte, stand ebenso wie das restliche Stadtgebiet zu seiner Disposition. Hitler hatte jetzt auch hier freie Bahn für seine schon Jahre zuvor ausgebrüteten megalomanischen Umbaupläne, wie sie auch Berlin und Nürnberg treffen sollten.

Das »Parteiheim« war an diesem Tag festlich herausgeputzt worden: »Vom Balkon des Braunen Hauses weht eine riesige Hakenkreuzfahne«, berichtete der *Völkische Beobachter*, »im Hause selbst im Vestibül des 1. Stocks mitten zwischen Blumengebinden und Kränzen ist ein Altar aufgestellt, auf dem das Bild der am 9. November 1923 gefallenen Kämpfer steht. Dahinter befindet sich ein auf die Spitze gestelltes Hakenkreuz mit Lichtern, das dem Ganzen eine besonders feierliche Note verleiht. Links und rechts vom Altar steht eine Ehrenwache der SS«.[6]

Das »Braune Haus« glich an diesem 9. November 1933 einem Ameisenhaufen. Zehn Jahre nach der Niederlage von 1923 sollte an diesem Tag der »historische Marsch« wiederholt werden, der Marsch zur Feldherrnhalle. Am Morgen holten Abordnungen der verschiedenen Gruppen ihre Fahnen ab, um sie durch Münchens Straßen zu tragen. Vor dem »Braunen Haus« wartete eine große Menschenmenge, die dem »Führer« zujubelte, als er das Hauptquartier der Partei verließ, um zum Bürgerbräukeller zu fahren.

Zehn nach zwölf marschierten die »alten Kämpfer« wieder: Mit der »Blutfahne« und Hitler an der Spitze bewegte sich der Zug über Rosenheimer Straße, Zweibrückenstraße, Isartor (mittlerer Bogen), Tal, Rathaustor (südlicher Bogen), Marienplatz, Weinstraße, Theatinerstraße, Perusastraße, Max-Josephs-Platz (westliche Fahrbahn) und Residenzstraße zur Feldherrnhalle. Den angrenzenden Odeonsplatz hatten HJ und SS abgesperrt, 195 Feldzeichen und die »Standarte Adolf Hitler« ragten über den Köpfen gen Himmel.

Die Alten Kameraden beim jährlichen Spektakel, dem »historischen Marsch« zur Feldherrnhalle, hier am 9. November 1936. Jeder der Pylonen trug eine Pechpfanne, aus der schmutziger Rauch waberte, sowie eine Aufschrift mit dem Namen eines »Gefallenen«.

Das Programm sah vor: »Beim Eintreffen des Führers an der Feldherrnhalle (Mahnmalseite) wird im Hofgarten ein Böllerschuß gelöst, der von in allen Stadtteilen aufgestellten Böllern weitergegeben wird. Auf diese Böllerschüsse tritt eine Trauerruhe für die Dauer von 1 Minute mit vollkommener Verkehrs- und Arbeitsruhe im ganzen Stadtgebiet ein. (…) Hierauf nimmt der Führer den Vorbeimarsch des Zuges ab. (…) Bei Eintreffen des Zuges Salutschüsse und Trommelwirbel. Beim Vorbeimarsch des Zuges spielt keine Musik, sondern es wird getrommelt.«

Anschließend erhielt Hitler eine weitere Ehrenbürgerurkunde, diesmal die des Landes Bayern, richtete von den Stufen der Feldherrnhalle herab einige Worte ans versammelte Volk, und »weihte« somit das Mahnmal für die »Blutzeugen«. Danach stieg er in einen Wagen und fuhr die Ludwigstraße hinauf, vorbei an den dort aufgestellten Verbänden und durch den mittleren Bogen des Siegestors hindurch. Währenddessen sammelten sich am und im Botanischen Garten um 13.30 Uhr die Bürgermeister der ebenfalls »gleichgeschalteten« bayerischen Gemeinden, die um 14.15 Uhr über Lenbachplatz, Barer Straße, Karolinenplatz und Brienner Straße zum Königsplatz marschierten. Sie stellten sich auf die beiden westlichen Rasenflächen und ließen sich um 15 Uhr von Innenminister Adolf Wagner von den *Propyläen* aus auf Adolf Hitler vereidigen.[7]

Während dieser Feierlichkeiten, die seine Niederlage von 1923 doch noch in einen Sieg verwandelten, muß Hitler darüber nachgedacht haben, wie er dieses historische Datum künftig in seinem Sinn noch angemessener, pompöser, eindrucksvoller begehen könne. Den Grundstein für das »Haus der Deutschen Kunst« am Südende des Englischen Gartens hatte er bereits am 15. Oktober 1933 gelegt. Damit war ein erstes großes NS-Neubauvorhaben in der »Hauptstadt der Bewegung« auf dem Weg. Nun reifte in ihm eine zusätzliche Idee, in deren Mittelpunkt der alte Königsplatz stand: ein neuer Königsplatz. Doch noch war es nicht soweit. Der

Hitler legt am 15. März 1933 in München den Grundstein für das »Haus der Deutschen Kunst«. Als er die symbolischen Hammerschläge vollziehen will, bricht der Griff ab (unten). Der wütende Hitler vermutet Sabotage.

alte sah noch, wie Rudolf Heß während der Gautage am 25. Februar 1934 die NS-Amtswalter vereidigte und dem abschließenden Schlußmusikvortrag »Volk ans Gewehr!« und Badenweiler Marsch lauschte. Auf dem alten Königsplatz trauerte eine Menschenmenge auch um den Mann, auf den die Demokraten 1932 ihre letzten, falschen Hoffnungen gesetzt hatten. Doch der Abschied vom greisen Generalfeldmarschall läutete auch das Ende des alten Königsplatzes ein.

Paul v. Hindenburg war am Vormittag des 2. August 1934 im Alter von 89 Jahren gestorben, und noch am selben Tag vereidigte Generalleutnant Wilhelm Adam auf dem Königsplatz eine bayerische Abordnung der Wehrmacht auf Hitler: »Wer wäre würdiger, wer wäre größer, um an die Spitze des Reiches zu treten, als Adolf Hitler!«, sagte Adam. Die neue Eidesformel lautete: »Ich schwöre bei Gott diesen heiligen Eid, daß ich dem Führer des Deutschen Reiches und Volkes, Adolf Hitler, dem Oberbefehlshaber der Wehrmacht, unbedingten Gehorsam leisten und als tapferer Soldat bereit sein will, jederzeit für diesen Eid mein Leben einzusetzen.«

Hitler hatte am Tag zuvor ein Gesetz erlassen, das für diesen Fall vorsah, daß das Amt des Reichskanzlers und des Reichspräsidenten zusammengelegt würden. Nun war das ersehnte Ereignis eingetreten, und Hitler endgültig der alleinige Herrscher Deutschlands. Im Reichstag saßen nur noch NSDAP-Abgeordnete, und auch sonst gab es niemanden mehr im »Dritten Reich«, der Hitler hätte aufhalten können.

Die letzten großen Kundgebungen auf dem alten Königsplatz fanden nun statt, der nach dem Willen seines ursprünglichen Schöpfers nie ein Demonstrationsort hätte werden sollen. Die Menschen, die Parteien, die Verbände hatten ihn gegen den Willen König Ludwigs I. dazu gemacht.

Logistisch war der Platz bisher in keiner Weise auf diese Menschenmengen eingerichtet. Weil der Hausmeister der Staatsgalerie sich weigerte, bei Großveranstaltungen seine Toiletten zur Verfügung

zu stellen, erhielten die Büsche rund um die *Glyptothek* eine ungesunde Menge »Naturdünger«. Es fehlte in dieser noblen Gegend an Wirtshäusern, um die Menge der Feiernden aufzunehmen. Photographen, Kameraleuten und Hörfunkreportern, die die verkündeten Botschaften weitertragen sollten, mangelte es an geeigneter Infrastruktur (Stromanschlüssen, Stellplätzen für die Übertragungswagen etc.). Der unebene Boden und die Absenkung der Brienner Straße waren Stolperfallen, und die Einfassungen der Rasenstücke mußten immer noch bei jeder Demonstration abmontiert werden.

Doch Hitler hatte längst Pläne abgesegnet, die dem abhelfen sollten. Erstes Zeichen künftiger Veränderungen waren die beiden großen Baustellen, die wenig später am östlichen Rand des Platzes entstanden.

Der neue Königsplatz:
Unter dem Marschtritt der SA- und SS-Kolonnen

Wann immer der »Führer« nach München kam, besuchte er zuerst das Atelier seines Lieblingsarchitekten Paul Ludwig Troost. Ungeduldig fragte er sich schon auf der Zugfahrt, was der Professor, der bereits an den Plänen zum »Haus der deutschen Kunst« arbeitete, sich wohl Neues für den Königsplatz ausgedacht habe. Im Hinterhof der Theresienstraße 148 angekommen, stürmte er die Treppen hinauf und überfiel den »Meister« mit seiner Neugier: »Ich kann es gar nicht abwarten, Herr Professor! Zeigen Sie, was gibt es Neues?«

Nachdem die Pläne besichtigt waren, kam die Frau Professor, Gerhardine Troost, genannt Gerdy, geborene Andresen, mit Farbmustern für die Stoffe und Wände des »Führerbaus«. Erst nach Stunden verabschiedete sich Hitler, um gegen halb drei Uhr zum Mittagessen in die »Osteria Bavaria« in der Schellingstraße zu gehen, wo Adolf Wagner, Heinrich Hoffmann, Reichspressechef Otto Dietrich und andere warteten, denen er begeistert von den architektonischen Neuigkeiten des Vormittags berich-

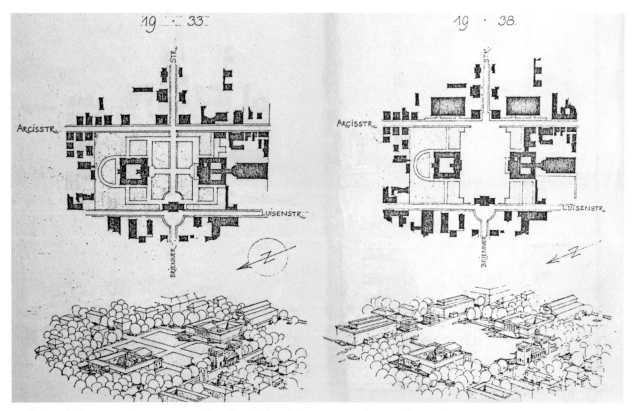

So (links) sah der Königsplatz 1933 aus (die Glyptothek ist links). 1938 (rechts), standen an der Ostseite des Platzes (oben) der »Führer-« und der »Verwaltungsbau der NSDAP« sowie zwei »Ehrentempel«, in denen Hitler die »Märtyrer« von 1923 aufbahren ließ.

tete. Sogar Goebbels ließ sich anstecken und notierte am 27. Januar 1935 in seinem Tagebuch: »Bei Troosts. Pläne Braunes Haus und Königsplatz. Monumental.«

Am 15. Oktober 1933, dem Tag des feierlichen ersten Spatenstichs am »Haus der Deutschen Kunst«, hatte der *Völkische Beobachter* erstmals über die Umbaupläne für den Königsplatz berichtet: Troost kündigte in dem Beitrag an, »der Platz wird mit Steinplatten belegt werden, und die Grünflächen und Bäume sollen als stilistisch nicht gerechtfertigte romantische Zugaben wegfallen«. Entlang der Arcisstraße sah die Troostsche Planung zwei Parteibauten vor, einen »Führerbau« und ein Haus für die Parteiverwaltung. Die Bagger schaufelten zu dieser Zeit bereits die beiden Baugruben aus. Baubeginn war Februar 1934, die endgültigen Bau-

pläne legte die Partei jedoch erst im April vor, die Genehmigung erteilten die Behörden im Mai 1934.

Paul Ludwig Troost erlebte den Umbau des Königsplatzes, die Krönung seines Lebenswerks nicht mehr. Mit 56 Jahren erlitt er am 21. Januar 1934 einen Schlaganfall und starb an einer anschließenden Lungenentzündung. Er war in wenigen Jahren als Mitglied des Baukunstausschusses zum ästhetischen Oberaufseher aller NS-Bauvorhaben geworden, und da Hitler ihm nicht nur den Bau des »Hauses der Deutschen Kunst«, sondern auch die Planung der neuen nationalsozialistischen »Großen Deutschen Kunstausstellung« in der Neuen Pinakothek anvertraut hatte, auch zum obersten Kunstwächter.

Als Hitlers »kongenialer Architekt« und »Hitlers genialer Baumeister«, wie er in der Propaganda genannt wurde, war er längst eine Institution . »Ich

Eine Luftaufnahme des Königsplatzes aus dem Frühsommer 1934 zeigt: Die Bauarbeiten am »Führerbau« (oberhalb der Glyptothek) haben bereits begonnen, die Häuser südlich der Brienner Straße (rechts, künftiger »Verwaltungsbau«) stehen noch.

bin die Auferstehung und das Leben«, sprach nun ein evangelisch-reformierter Pfarrer an seinem Grab. »In dieser Zeit- und Weltenwende hatte Paul Ludwig Troost früh den Blick, der in die Tiefe geht, er sah mehr als den Aufstieg einer Partei, er sah eine Umwälzung der Werte, ein neues Lebensgefühl kommen. Sein ›Haus der Deutschen Kunst‹ wird vollendet das steinerne Symbol der deutschen Erneuerung sein.«

In einem Nachruf schrieb Alexander Heilmeyer in den *Münchner Neuesten Nachrichten*: »Wie Ludwig I. im Baumeister Klenze, so sah der Führer in Troost den Gestalter und Verwirklicher seiner baulichen Pläne für die Weiterführung der großen Münchner Bauaufgaben.« Jedes Jahr zur Eröffnung der »Großen Deutschen Kunstausstellung« legte Hitler an Troosts Grab einen Kranz nieder, seine Bauten nannte er nie anders als »Werke edelster germanischer Tektonik«.

Gerdy Troost, damals 29 Jahre alt, führte die Projekte ihres Manns gemeinsam mit dessen Büroleiter Leonhard Gall fort. Gall sollte in den nächsten Jahren noch bis zum Vizepräsidenten der »Reichskammer der bildenden Künste« aufsteigen. Im März 1934 konnten die Münchner in einem Ausstellungsgebäude im Alten Botanischen Garten an der Elisenstraße erstmals die Pläne und großen Modelle für den Königsplatz und die beiden Parteibauten bestaunen. Paul Ludwig Troosts nachgelassenes Werk werde nun »steinerne Tat«, schrieb Georg Jacob Wolf in der *Münchner Zeitung* und rühmte die »Baugesinnung des Führers, die der des genialen Bayernkönigs ähnlich ist«.[8]

Die *Deutsche Bauzeitung*, herausgegeben vom Berliner Architekten und Städtplaner Martin Mächler, verkaufte ihren Lesern die beiden Verwaltungsbauten als gelungenen »räumlichen Abschluß des

Königsplatzes gegen Osten. (...) An Stelle der Grünflächen tritt ein einheitlicher Belag mit Steinplatten. Die eigentliche Platzfläche wird außerdem
durch eine Einrampung in ihrer geschlossenen
Form betont. Während sich der Bau der *Glyptothek*
und des Kunstausstellungsgebäudes mit ihren Bau-
massen ungefähr das architektonische Gleichge-
wicht halten, bilden die *Propyläen* als Mittelstück an
der Westseite und zugleich als Blickpunkt den
Abschluß der großen Achse, die in der Richtung
der Brienner Straße verläuft. Hierzu fehlte bis jetzt
das künstlerische Gegengewicht an der Ostseite, da
der Obelisk auf dem Karolinenplatz dieser Anfor-
derung nicht genügte. Der Königsplatz in seiner
forumähnlichen Gestalt bedurfte eines anderen
Abschlußes auf der Ostseite.«

Doch dieser Abschluß werde nun erreicht, und
der Königsplatz werde bald »symbolhaft dem
nationalsozialistischen Grundgedanken Ausdruck
verleihen. Er soll – in Stein – Geist von seinem Geiste sein. So wird der klassische Platz im Sinne vor-
nehmster baukünstlerischer Überlieferung, im
Sinne des Münchner Königs Ludwig I., und doch
zugleich auch im Sinne einer neuen großen Zeit
eine würdige Vollendung finden«.[9]

Auch Hans Kiener sah 1934 in den *Münchner
Neuesten Nachrichten* »städtebaulich die wichtige
Aufgabe, den Königsplatz gegen Osten zu schließen«[10], Hugo Schnell lobte ebenfalls, wie vom
Regime gewünscht, »den östlichen Abschluß, der
bisher fehlte«. Der Platz spreche nun »die eherne
Sprache unserer Zeit. Wir kennen nicht mehr die
Verträumtheit des Münchens von 1850, die künstlerische Wärme friedlicher Atmosphäre, unser Jahrhundert ruft nach dem Mann und dem Helden, der
meisternden Faust. Der Königliche Platz ist in einer
Gesinnung ernster und strenger geworden, er atmet
den Geist des festen Schrittes der Legionen der SA
und SS. (...) Unser Jahrhundert steht im Zeichen
der Politik, alles ergreifenden Totalitätswillens,
bewußter Ernsthaftigkeit. Diese Struktur erhielt der
Königliche Platz zu München. Platz und Architektur ist Ausdruck dieser Gesinnung geworden.«

Vertreibung am Königsplatz:
»Die alten Leute müssen hinaus«

In der Nachbarschaft des angeblich unvollendet
gebliebenen Platzes hatten früher viele Künstler,
Sammler und Großbürger gelebt. Man traf sich privat, im Lenbach-Haus oder in der Schackgalerie in
der Brienner Straße. Aber in den vergangenen Jahren hatte sich das vormals bürgerliche Viertel stark
verändert: Manchen hatte die Wirtschaftskrise
finanziell geschwächt und zum Verkauf seines Hauses gezwungen, andere waren vor den neuen
Machthabern geflüchtet. Die meisten Grundstücke
am Königsplatz gehörten inzwischen der NSDAP,
mehrere Altbauten an der Arcisstraße waren abgerissen worden, nördlich und südlich der Brienner
Straße wuchsen statt ihrer die Neubauten der
NSDAP.

Zu den prominentesten Anrainern hatten Alfred
und Hedwig Pringsheim gezählt, er Mathematik-
professor und Mitglied der Bayerischen Akademie,
sie Frauenrechtlerin und Tochter des Herausgebers
des Berliner *Kladderadatsch*, Ernst Dohm. Ihre Tochter Katia heiratete 1905 Thomas Mann, mit dem sie
Anfang 1933 auf Vortragsreise war, als die Nationalsozialisten die Macht übernahmen. Sohn Klaus
konnte seine Eltern nur mit Mühe von einer Rückkehr abhalten. Für seinen Vater war bereits ein
»Schutzhaftbefehl« ausgestellt worden. Thomas
Manns Schwiegervater Pringsheim war vermö-
gend, vor allem mit dem Bau von Schmalspurbah-
nen hatte er vor dem Ersten Weltkrieg viel Geld
verdient. An der Arcisstraße hatte er sich ein pracht-
volles Anwesen bauen lassen. Tochter Katia war für
den anfangs nicht gerade mit Geld gesegneten
Schriftsteller Mann eine lukrative Partie gewesen,
die ihm künftig ein sorgenfreies Dasein ermög-
lichte.

Dann kamen der Krieg, die Inflation und der Verlust der Kriegsanleihen. Das war jedoch nicht der
Grund, weshalb die Pringsheims aus ihrem Neo-
Renaissance-Bau in der Arcisstraße 12 in eine Eta-
genwohnung zunächst am Maximiliansplatz 7,

Prächtige Bürgerhäuser mussten den Hitler-Bauten in der Arcis-straße weichen, darunter das Haus der Familie Pringsheim. Be-rühmt war der Fries des Malers Hans Thoma im Musikzimmer.

Schwiegersohn Thomas Mann war ein Bewunderer dieser Bil-der. Die Nazis ließen beim Hausabbruch den Fries bergen und stellten ihn in der Stuttgarter Staatsgalerie aus.

dann in die Widenmayerstraße 35 und schließlich nach Zürich umgezogen waren. Der Grund war: Die NSDAP hatte bald nach der Machtübernahme das »jüdische« Pringsheim-Palais beschlagnahmt. Thomas Mann notierte dazu am 24. Juni 1933 in sei-nem Tagebuch: »Neue Nachrichten über das Schick-sal des Hauses in der Arcisstraße, dessen Enteig-nung mit oder ohne Entgelt bevorsteht. Die alten Leute müssen hinaus, damit das Haus, das sie 40 Jahre bewohnten, einem weiteren der ver-schwenderischen Parteipaläste Platz mache, aus denen dieses ganze Viertel in Kurzem bestehen soll. Das Restchen Zukunft der beiden Greise dunkel und ungewiß, ebenso das der Sammlung und Kunstwerke. Man scheint an Übersiedlung ins Aus-land zu denken u [sic] zwar dorthin, wo wir uns niederlassen.«

Auch das Nachbarhaus Arcisstraße 14, 1889/90 gebaut von dem jüdischen Kommerzienrat Moritz Guggenheimer und dessen Bruder, Bankier Eduard Guggenheimer, übernahm die NS-Parteiverwal-tung von den Pringsheims, denen es gehörte. 700 000 Reichsmark soll die Abfindung schließlich betragen haben.[11]

Als die Parteileitung unter Heß und Bormann die Häuser abreißen ließ, bargen sie aus dem Musikzimmer des Pringsheim-Palais' den Fries von

Hans Thoma, den einst auch Thomas Mann bewun-dert hatte, und stellten ihn als »Leihgabe aus Mün-chener Privatbesitz« in der Stuttgarter Staatsgalerie aus.[12]

Das nächste Haus an der Straßenecke zur Brienner Straße 16, das Karl v. Fischer 1810 erbaut und auch bewohnt hatte, hatte Moritz v. Hohenlohe-Schil-lingsfürst erst im Dezember 1931 an die Woh-nungsbaugesellschaft Monachia mbH verkauft, die es bis April 1933 für 60 000 Mark zu drei Etagen-wohnungen umbaute, weil ein Haus mit 21 Zim-mern, Küche und drei Klosetts nicht mehr zu ver-mieten war. Es hatte einmal Chlodwig Fürst Hohenlohe gehört, 1867 bis 1870 bayerischer Mini-sterpräsident und 1894 bis 1900 ein weiterer Nach-folger Bismarcks als Reichskanzler. Nun fiel auch dieses Haus an die NSDAP, sie ließ es im Januar 1934 abreißen.[13]

Auf der anderen Seite der Brienner Straße war Pölnitz' Haus bereits im vorigen November ver-schwunden. Die Arcisstraße 20, in den zwanziger Jahren des vorherigen Jahrhunderts von Karl v. Fischer entworfen, hatte die Schaffhauser Fides AG schon im März 1932 an die NSDAP verkauft, das Nachbarhaus, Arcisstraße 22, veräußerten der

Privatgelehrte Alfred Hussell sowie Adele und Sophie Hussell, Töchter des Malers Otto Hussell. Der Besitzer der Arcisstraße 24, der Kunsthändler Otto Alfons Böhler, verkaufte ebenfalls an die NSDAP, der noch im Haus wohnende Mieter, der Maler Ludwig Putz, mußte überstürzt eine neue Bleibe suchen. Denn wenig später rückte schon die Abbruchfirma Schiedermaier an.

Der damalige NSDAP-Stadtrat Hans Zöberlein schrieb 1934: »Eine Reihe unansehnlicher alter Baulichkeiten, die wirklich nicht dazu beitrugen, dem Platz nach Osten den erforderlichen monumentalen Abschluß zu geben, wurde abgebrochen. An ihrer Stelle entstehen bereits im Rohbau die schönen, bewunderungswürdigen und zugleich größten Profanbauten der Stadt, die beiden Verwaltungsgebäude der NSDAP«.[14] Daß Glanzstücke der Münchner Stadtbaugeschichte abgerissen worden waren,

störte den NS-Kulturbeauftragten nicht. Der *Völkische Beobachter* berichtete am 5. September 1933 unter dem Titel »Arbeit und Brot« über die anlaufenden Bauarbeiten. Bei der Lokalbaukommission waren zu diesem Zeitpunkt aber noch keine Baupläne für das Vorhaben eingegangen. Der Aufforderung, die Arbeiten umgehend einzustellen, widersetzten sich die NS-Bürokraten. Erst im Oktober 1933 legten sie die notwendigen Pläne vor.[15] Im Februar 1934 erteilten die Behörden dann die vollständige Baugenehmigung.

Der »Führer« baute mit oder ohne Zustimmung der Behörden zwischen Gabelsberger- und Karlstraße entlang der Arcisstraße zwei monumentale, dreigeschossige, äußerlich identische Bauten, jeder 85 Meter lang, 45 Meter tief und 23 Meter hoch, verbunden durch einen 105 Meter langen Tunnel. Der einzige Schmuck von »Führerbau« (nördlich der

Hitler machte den Traum der »nationalen« Architekten früherer Jahrzehnte wahr: Im Sommer 1935 verlegen Bauarbeiter tausende der knapp einen Quadratmeter großen Granitplatten. So wurde der Königsplatz zu einem Aufmarschplatz.

Brienner Straße) und »Verwaltungsbau« (südlich der Brienner Straße) waren in der Höhe des zweiten Obergeschosses zwei riesige Bronzeadler, die ein lorbeerbekränztes Hakenkreuz in ihren Fängen hielten, alles gestaltet vom Bildhauer und Parteigenossen Kurt Schmidt-Ehmen (1901–1968).

Weshalb der Königsplatz die Nazis betörte, erläuterte Wolf Tegethoff, Direktor des heute im ehemaligen Verwaltungsbau untergebrachten Zentralinstituts für Kunstgeschichte, 1995 so: »Unmittelbar nach der Machtübernahme, in einer Phase also, da die totale Gleichschaltung der öffentlichen Meinung noch keineswegs als gesichert gelten konnte, bot der klassizistische Rahmen des Königsplatzes einen idealen Standort für die Selbstinszenierung einer Partei, der in den führenden Kreisen der

Bevölkerung noch weithin der Ruch des Kleinbürgerlich-Proletarischen anhaftete. (...) Wenig vermochte den Makel des ›noch nicht ganz Salonfähigen‹ besser zu tilgen als die gezielte Einbeziehung der Platzbebauung Ludwigs I. (...) Hitler suchte in dieser traditionsbeschwörenden Entscheidung gezielt den Anschluß an eine Epoche, die in den Augen vieler Zeitgenossen die Projektionsbühne für das Ideal eines glücklicheren, einstmals ›in neuem Griechentum‹ sich sonnenden Lebens bildete. ›Führerbau‹ und ›Verwaltungsbau‹ rahmen gleichsam den Rückblick auf die großen Leistungen der Vergangenheit, denen vorgeblich erst das ›Dritte Reich‹ wieder zu wahrer Geltung verholfen hatte, indem es die bürgerliche Vereinnahmung durch die Randbebauung des 19. Jahrhunderts tilgte«.[16]

Der neue Königsplatz: An der Ostseite, zum Karolinenplatz (oben) hin, sind die den Platz abschließenden Bäume verschwunden, die mit Granitplatten belegte Fläche bildet nun den Vorplatz für die »Ehrentempel« und die beiden Parteibauten.

Parteibauten: »Alle arbeiten am Bau des heiligen Deutschen Reiches«

Am 28. August 1935 trafen sich die Chefs der Baufirmen mit dem Bauleiter der NSDAP, Architekt Josef Heldmann, und Bauführer Anton Bauer zur Rohbauabnahme im »Führerbau«. Anfang November 1935 feierten sie zusammen mit Adolf Hitler und den Arbeitern Richtfest. »Der Führer dankt den Arbeitern«, titelte der *Völkische Beobachter*.[17]

Umgekehrt dankten auch die Bauarbeiter Adolf Hitler. Er hatte ihnen mit diesen Bauten Arbeit verschafft, und an diesem Tag bekamen die Beschäftigten der Baufirma Hochtief AG, des Statikbüros von Hermann Kloß und des Bauunternehmens Leonhard Moll, das unter anderem den Löschwasserbehälter am »Führerbau« errichtete, ihr »Richtfestgeld«. Insgesamt 420 Reichsmark stellte beispielsweise die Firma Moll in Rechnung, je fünf Mark für jedes »Gefolgschaftsmitglied«, das während der Bauzeit auf seiner Baustelle mehr als 14 Tage beschäftigt war: von Schönwetter, Mathias (Oberbauführer) bis Huber, Andreas (Tagelöhner).[18]

Nach Reden von Gauleiter Adolf Wagner, Reichsschatzmeister Franz Xaver Schwarz, einem Bauarbeiter und dem Richtspruch eines Poliers gingen alle hinüber zum Löwenbräukeller, um gemeinsam mit dem Bauherrn zu Mittag zu essen. Jeder Arbeiter erhielt ein Bild des »Führers« mit eigenhändiger Unterschrift im Silberrahmen. »Es ist wunderbar, was wir hier schaffen«, lobte Hitler. »Politiker, Handwerker und Baumeister, alle an einem einzigen Werk tätig. Lernen wir aus dem heutigen Bau: Ein Auftraggeber, ein Bauherr, ein Plan, ein Wille. Alle arbeiten gemeinsam an dem großen Werk, am Bau des heiligen Deutschen Reiches.«

Auf dem Weg zum Löwenbräukeller überquerten die Arbeiter den Königsplatz, der mittlerweile ein ganz anderes Gesicht erhalten hatte. Oberbürgermeister Fiehler hatte in einem Memorandum Oberbaudirektor Beblo, Stadtkämmerer Pfeiffer und Oberbaurat Meitinger bereits im November 1934 mitgeteilt, daß Hitler München künftig als

Der Bildhauer Kurt Schmidt-Ehmen war zwischen 1933 und 1945 für alle Hakenkreuz-Embleme an wichtigen öffentlichen Bauwerken zuständig, so am Münchner Königsplatz, an der Neuen Reichskanzlei (Berlin) und in Nürnberg.

Kunststadt gestalten wolle. »Als besonders vordringlich habe ich dabei entsprechend dem Wunsche des Führers bezeichnet: Die Fertigstellung des Königsplatzes (…) bis Sommer 1935.«[19] Diese Vorgabe war auch eingehalten worden. Um das Ziel zu erreichen, hatten während der Umgestaltungsarbeiten zeitweise nahezu alle in München und Umgebung verfügbaren Steinmetze an der Pflasterung gearbeitet.

Als die Bauarbeiter im November 1935 während des Richtfests vom »Führerbau« zum Löwenbräukeller marschierten, war der Platz tatsächlich fast

RICHTFEST in der HAUPTSTADT DER BEWEGUNG

Unter dem mächtigen bändergeschmückten Richtbaum
vor dem Führerhaus.

Ein Polier spricht den herkömmlichen Richtspruch.

Der 3. November stand im Zeichen des Richtfestes der
monumentalen Führerbauten in München, die zugleich Denkmal
und Offenbarung, Sinnbild und Wegweiser sind. Max Ehlert

GÖRINGS SAARBESUCH

Ministerpräsident Hermann Göring
und Gauleiter Bürckel (links) vor
der Einfahrt in die Grube „Reden"
im Saarland.

Presse-Illustration Hoffmann

Die Einweihung der Ludwigsbrücke.

Nach seiner Rede schritt der Führer, gefolgt von den
Repräsentanten der Bewegung, des Staates und der
Wehrmacht zur Brücke, trennte das rote Band, das zwei
Jungvolkpimpfe hielten, und weihte damit die Ludwigs-
brücke ein. Hanns Hubmann

Die Presse, hier die *Berliner Illustrirte Zeitung* vom 7. November 1935, berichtete ausführlich über die neuen Bauten
am Königsplatz. Oben der Polier beim Richtspruch.

Die Innenräume der NS-Bauten am Königsplatz sind in jenem Stil gehalten, der – von Troost entwickelt – für das gesamte »Dritte Reich« hindurch prägend bleiben sollte: Antikisierende Architekturformen in pathetischem Kleinbürgerstil. An der Wandelhalle des »Führerbaus« (links oben) erkennt man, wie sehr Albert Speer sich etwa in der Neuen Reichskanzlei (Marmorgalerie) an Troost orientierte.

fertig: Die Stadtgärtnerei hatte Klenzes Grünanlagen beseitigt, das Stadtbauamt den ganzen Platz mit 21 545 quadratischen Granitplatten gepflastert, jede 99 mal 99 Zentimeter groß, zwei Drittel fünf Zentimeter, ein Drittel zehn Zentimeter dick.[20] Den Generalauftrag hatte die Vereinigte Fichtelgebirgs-, Granit-, Syenit- und Marmorwerke AG (»Grasyma«) aus Wunsiedel übernommen, 16 Steinbrüche im Fichtelgebirge, Schwarzwald und Odenwald lieferten das Rohmaterial. Gesamtkosten: 894 345 RM (umgerechnet rund 11 Millionen Euro). Das Betonfundament, auf dem die Platten ruhten, hatte die auch bei den beiden NS-Verwaltungsbauten umfangreich tätige Baufirma Leonhard Moll erstellt, die »Ausführung der Straßenunterbau- und Betonierungsarbeiten einschl. Übergang Arcisstr.« kostete allein 202 466,25 RM, die Entwässerungsarbeiten und das »Erstellen von 22 Straßenabläufen samt Anschlußleitungen« sowie das »Verlegen des Einstiegsschachts a. d. Propyläen« knapp 10 000 RM.[21] Alles in allem kostete der Umbau des Platzes schließlich zwei Millionen RM (umgerech-

net 25 Millionen Euro). Eine Million bezahlte die Stadt München, die dafür ein »günstiges Darlehen« von der NSDAP bekam, je eine halbe der Staat und die Partei.

Die Bäume, die den Königsplatz bisher gesäumt hatten, waren alle gefällt worden, eine niedrige Umfassungsmauer aus Muschelkalk verband die beiden im Rohbau stehenden Gebäude an der Ostseite zu einem Ensemble. An der Arcisstraße überragten zwei Fahnenmaste aus Stahl von mehr als 32 Metern Höhe sogar die Dächer der beiden einander gegenüberliegenden NS-Bauten. Von den Spitzen blickte jeweils ein Adler mit ausgebreiteten Schwingen, auf dem lorbeerumkränzten Hakenkreuz sitzend, auf die anderen Gebäude der Umgebung herab. Die beiden Fahnenmasten waren eine riesenhafte Vergrößerung der von Kurt Schmid-Ehmen in Kupfer gestalteten Standartenform, wie sie ausgewählte »Parteigenossen« bei NS-Feierlichkeiten trugen und die Hitler einst als Parteizeichen selbst entworfen hatte.

Nachts beleuchteten den Platz achtzehn von Troost entworfene, zweiarmige Kandelaber aus Gußeisen, die auf Granitsockeln standen. Bei Veranstaltungen dagegen tauchte eine Flutlichtanlage Platz und Gebäude in mystisches Licht. Der Nachfolger Troosts als Leibarchitekt Hitlers, Albert Speer, wußte um die Bedeutung der Ästhetik Troosts für den architektonischen Geschmack Hitlers – er kopierte dessen Formensprache etwa bei den Kandelabern an der Ost-West-Achse in Berlin, das Troostsche Leitmotiv des »kannelierten Pfeilers« (eines Pfeilers, dessen Seitenflächen halbrunde senkrechte Eintiefungen aufwiesen) tauchte daher auch an Speer-Bauwerken wie dem »Deutschen Pavillon« in Paris oder der »Neuen Reichskanzlei« in Berlin auf. Letztendlich ging die gesamte Formensprache der von Speer geplanten Gebäude für die neue Welthauptstadt »Germania« in Berlin auf Troost zurück.

Der Umbau des Königsplatzes war jedoch mit der Pflasterung und den entstehenden Parteigebäuden noch nicht vollständig. Zwischen den bei-

Achtzehn dieser von Troost entworfenen Kandelaber beleuchteten nachts den Königsplatz. Speer nahm sie als Vorbild für seine Beleuchtungskörper an der Berliner Ost-West-Achse.

Blick von den Propyläen auf die »Ehrentempel« und den »Führerbau« (links) sowie den »Verwaltungsbau« (rechts), die den Platz nach Osten abgrenzen. Hinter dem linken »Ehrentempel« steht das »Braune Haus« (ca. 1936).

den Parteibauten, dies- und jenseits der Brienner Straße, waren nach Entwürfen Troosts zwei tempelartige Bauten errichtet worden. Beide standen auf einem 21 Meter breiten, quadratischen Sockel aus unterfränkischem Muschelkalk. Zwanzig »kannelierte« Pfeiler, 7 Meter hoch, aus Auerkalkstein, trugen eine in der Mitte offene Decke aus Eisen und Beton, mit Ornamenten aus geätztem Glasmosaik an ihrer Unterseite.

Die Baugenehmigung dieser »Ehrentempel« begründete Fritz Gablonsky, seit 1934 bei der Obersten Baubehörde im Innenministerium Leiter des dort eingerichteten Entwurfsbüros für die Umbaupläne Hitlers, am 31. Januar 1935 folgendermaßen: »Die Ehrentempel bilden architektonisch und städtebaulich einen Teil der Neugestaltung der Ostseite des Königsplatzes und sind als Platzabschluß in den Raum zwischen dem Führerbau und dem Verwaltungsbau architektonisch und städtebaulich notwendig«.[22]

Die beiden Parteibauten und die beiden »Ehrentempel« an der Ostseite des mittlerweile komplett gepflasterten Platzes veränderten dessen Aussehen und architektonische Wirkung grundlegend. Die drei Bauten aus monarchistischer Zeit (*Glyptothek, Propyläen* und Ziebland-Bau) schrumpften zu Kulissen. Der Platz war in der Mitte auch nicht mehr abgesenkt, sondern eben aufgefüllt. Der ursprünglich den Künsten gewidmete Königsplatz war zu einem Appellhof degradiert, zum Sammelplatz für künftige Feiern an den »Ehrentempeln«, den »Altären« der »politischen Religion« des Nationalsozialismus.

Der Königsplatz, so verstanden es die Nationalsozialisten, war damit neu entstanden: »Jede große Zeit offenbart sich künftigen Geschlechtern in ihren Werken«, schwelgte der *Völkische Beobachter* in diesen Novembertagen. Der Königsplatz sei »zu einem gewaltigen Forum der Bewegung geworden«. Hier erhöben sich »die beiden Heiligtümer der Bewe-

Am 8. November 1935 werden die exhumierten Überreste der 16 »Märtyrer« des Putschversuchs von 1923 nach München gebracht und in der Feldherrnhalle aufgebahrt.

Die Grundidee hatte Joseph Goebbels angeblich 1933 aus Italien mitgebracht: Als er die faschistische Revolutionsausstellung in Rom besuchte, sah er die pompöse Inszenierung der Totenehrung, die *Appelli dei martiri*. Dort fand er zahlreiche Anregungen zum nationalsozialistischen »Gedenktag für die Blutzeugen der Bewegung«[25].

Ehrentempel:
»Das deutsche Volk ist auferstanden«

Jetzt war er unsterblich, »auferstanden in der Freiheit des Dritten Reiches«, wie Alfred Rosenberg es an diesem 9. November 1935 im *Völkischen Beobachter* formulierte: Kurt Neubauer, gestorben genau zwölf Jahre zuvor als einer von sechzehn »Freiheitskämpfern«. Kugeln der die Republik noch verteidigenden Reichswehr hatten sie neben der Feldherrnhalle getroffen. Neubauer & Co. waren für die NS-Propaganda »Helden der Bewegung«.

»Nun lagen sie tot rund um den Führer, den eine weise Vorsehung uns erhalten und damit Deutschland«, schrieb Josef Berchtold, Leutnant a. D., der einst die SS aufgebaut hatte, in der aktuellen Ausgabe des *Völkischen Beobachters*. »Und aus dem Opfertod stieg auf und wuchs für uns zu unend-

gung, die beiden Ehrentempel (...). Unter offenem Himmel werden hier die 16 toten Helden in eisernen, von Prof. Heinlein gestalteten Sarkophagen ruhen. Ein nach innen freischwebender Deckenkranz läßt die offene Säulenhalle, zu der einige Stufen hinaufführen, feierlich weit erscheinen. Hier werden am Tag der Überführung der Toten zum erstenmal auf hohen Pylonen, die Bildhauer Goedl geschaffen hat, in weiten Pechpfannen die heiligen Feuer brennen«.[23]

München stand ein ganz besonderes Spektakel bevor: die Inszenierung einer pseudoreligiösen Erweckungsveranstaltung. Schon lange vor 1933 hatten Deutsche nach einem Glauben jenseits des christlichen gesucht, die Wurzeln reichten ins 19. Jahrhundert zurück, als völkische und antisemitische Kreise eine »deutschen Religion« etablieren wollten. Es hatte mit dem »Deutschbund« des Journalisten Friedrich Lange begonnen und setzte sich fort mit den »Nordungen« und der »Nordischen Glaubensgemeinschaft« bis hin zum »Tannenbergbund« von Erich und Mathilde Ludendorff in den zwanziger Jahren.[24] Diese verbreiteten Sehnsüchte nichtchristlicher Deutschgläubigen befriedigte der perfektionierte NS-Kult, der am 9. November 1935 mit einer schaurigen Inszenierung auf dem Königsplatz startete.

Am nächsten Tag, dem 9. November 1935, laden Soldaten die Särge mit den »Märtyrern« auf Lafetten der Reichswehr, um sie zu den »Ehrentempeln« am Königsplatz zu bringen.

Julius Streicher führt am 9. November 1935 die »Alten Kämpfer« an, die hinter der »Blutfahne« den damaligen Weg abschreiten und dann weiter zum Königsplatz marschieren.

licher Größe die Verpflichtung. So wurde diese Stunde des Todes an der Feldherrnhalle die Geburtsstunde des werdenden Reiches (…). Wenn beim Appell wir die Namen der Toten einst riefen und ein kleines Häufchen Nationalsozialisten mit ›Hier!‹ antwortete, dann schreit nun ein ganzes Volk für die Toten des 9. November 1923 und die Gemordeten der Kampfzeiten: ›Hier!‹ Denn das deutsche Volk ist auferstanden und mit ihm unsere Taten.«

Diener war Kurt Neubauer gewesen, gerade 24 Jahre alt, Angehöriger des »Freikorps Rossbach«. Ludendorff hatte ihm auf dem Sollner Waldfriedhof neben seiner eigenen künftigen Grabstelle ein Denkmal setzen lassen mit der Aufschrift: »Zu Ehren von Kurt Neubauer, gefallen an meiner Seite am 9. November 1923 zwischen Feldherrnhalle und Residenz in München. Er kannte nichts Höheres als sein Vaterland! Ludendorff.« Seine höchste Ehrung erfuhr Neubauer jedoch erst an diesem 9. November 1935, zwölf Jahre nach seinem Tod, auf dem Königsplatz in München.

Bisher hatten Neubauers noch lebende Gesinnungsgenossen dafür gesorgt, daß die Gräber der im November 1923 »gefallenen Helden der Bewegung« zu Allerheiligen mit Lorbeerkranz, Hakenkreuzschleife und Schleife in den Stadtfarben

geschmückt wurden. Sogar an Wilhelm Ehrlichs Grab in Gralow bei Landsberg an der Warte hatte der neue NS-Oberbürgermeister Münchens, Karl Fiehler, 1934 einen Kranz niederlegen lassen.

Dieses Jahr aber war alles anders. Zwei Tage zuvor hatten sie die sterblichen Überreste von Neubauer aus Solln geholt; Bauriedl, Körner und Pfordten vom Nordfriedhof, Alfahrt, Casella, Faust, Laforce, v. Pape, Scheubner und Stransky vom Waldfriedhof, Hechenberger, Kuhn und Wolf vom Ostfriedhof, die beiden Särge mit den Überresten von Ehrlich und Rickmers, die aus Gralow/Warthegau und Vortlage/Westfalen angekommen waren, geleitete ein »SA-Ehrensturm« vom Münchner Hauptbahnhof bis in den Königssaal der Residenz.

In der Nacht vor den Feierlichkeiten, zur Geisterstunde, brachten sie die Särge der sechzehn Toten in die Feldherrnhalle und sangen das »Horst-Wessel-Lied«. Wenig später kam Hitler und verharrte kurz vor jedem Sarg. Bis zum Morgen standen anschließend sechzehn Hitlerjungen Wache, vor jedem Sarg einer. Der *Völkische Beobachter* nannte es tags darauf eine »heroische Symphonie (...). Uns sind Altar die Stufen der Feldherrnhalle.«

Am nächsten Morgen weckten 16 Böllerschüsse die letzten noch schlafenden Münchner. Die »alten

Am Königsplatz warten Hitler & Co. am 9. November 1935 auf die Lafetten mit den Särgen der »Märtyrer«, in der zweiten Reihe außen Heinrich Himmler, der bald allmächtige Chef der SS.

Kämpfer« sammelten sich am und im Bürgerbräu-keller, nachdem der »Reichsführer-SS« Heinrich Himmler im Hof des Bayerischen Kriegsministeriums einen Kranz niedergelegt hatte, am Gedenkstein (Aufschrift: »Durch Euer Blut lebt Deutschland!«) für die beiden dort »Gefallenen«: Theodor Casella, der schon 1919/1920 mit dem »Freikorps Epp« gegen die »Roten« in München und im Ruhrgebiet gekämpft hatte, und Martin Faust vom »Horst-Wessel-Sturm«.

»Und so wie es für mich feststand«, hatte Adolf Hitler wenige Stunden zuvor bei seiner Gedenkrede im Bürgerbräukeller erklärt, »wenn mir das Schicksal einmal die Macht übergeben wird, dann diese Kameraden aus ihren Friedhöfen herauszuholen und sie zu vereinen und der Nation für immer zu zeigen, und wie mir dieser Entschluß immer vor Augen stand, so habe ich ihn nun erfüllt. Und ich glaube, es gibt keine Helden, die größer geehrt werden als unsere alten Kameraden von damals (...). Nachdem sie aber dieses Reich nicht mehr erleben und nicht sehen durften, werden wir dafür sorgen, daß dieses Reich sie ewig sehen wird.« Dann »grüßte« der »Führer« die Fahne, und Hermann Göring kommandierte: »Zug der Alten Kämpfer, stillgestanden! Zug der Alten Kämpfer, im Gleichschritt marsch!« Und die versammelten »Helden« setzten sich in Bewegung, die Marschroute von 1923 noch einmal abzuschreiten.

An der Spitze des Schweigemarschs ging, anders als 1923, Julius Streicher. Ihm folgten drei SA-Männer mit der »Blutfahne«, der Reliquie, die Heinrich Trambauer laut NS-Propaganda zwölf Jahre zuvor gerettet hatte: die angeblich vom Blut eines Putschisten durchtränkte Hakenkreuzfahne, das »heilige Tuch«, so die Parteizeitung. Adolf Hitler hatte damit inzwischen Hunderte neue Fahnen und Standarten »geweiht«, indem er die Duplikate mit dem Original berührte, was eine mystische Übertragung der Ehrwürdigkeit der Reliquie auf die neuen Fahnen und Abzeichen bewirken sollte. Es folgten die »Alten Kämpfer«, der »Führer« in der Mitte der

ersten Reihe, dahinter »Blutordensträger«, SA, SS, Hitlerjungen, NSKK und zum Schluß ein weiterer »SS-Sturm«.[26]

Am Wegrand standen Zehntausende, in der ersten Reihe Einheiten der SA. Spielmannszüge schlugen ihre Trommeln in dumpfem Takt, aus den Lautsprechern dröhnte das »Horst-Wessel-Lied«, dunkler Rauch waberte aus 400 entlang der Wegstrecke aufgestellten Feuerpylonen, die in goldenen Lettern die Namen der »Gefallenen der Bewegung« trugen. Daneben standen die Fahnenabordnungen der Gaue. Immer wenn Adolf Hitler einen Pylon passierte, schallte aus Lautsprechern der Name des darauf verewigten »Märtyrers«.

»Und ihr habt doch gesiegt«, hatte der Schriftleiter des *Völkischen Beobachters* an diesem Tag fett als Überschrift drucken lassen. Nun, 1935, war die Aktion von 1923 kein »Mißerfolg« mehr, als den Ernst Röhm in derselben Zeitung noch zwei Jahre zuvor das Ereignis beurteilt hatte. An der Feldherrnhalle erinnerte bereits seit November 1933 ein von Kurt Schmid-Ehmen entworfenes Bronzerelief an die »Gefallenen«; es hatte 12 000 RM gekostet (umgerechnet 150 000 Euro), der Bronzeguß in den Erzgießereien J. Brandstetter, Prießmann Bauer & Co. allein 9500 RM. In großen Lettern konnte jeder Passant als einen von sechzehn Namen lesen: Kurt Neubauer.

Schlag 12 Uhr, die Marschkolonne war noch unterwegs, fuhren gleichzeitig Lafetten durch den Hof vor die Residenz, die Reichswehr-Eskorte legte unter Trommelwirbel jeden einzelnen Sarg darauf und fuhr sie ein paar Meter zu einem festgelegten Platz am Odeonsplatz. Hier warteten alle auf die Ankunft des »Führers« und der »Alten Kämpfer« sowie des restlichen Umzugs.

Was dann kam, hatte das »Amt für den 8. und 9. November 1923« des SS-Brigadeführers Christian Weber, das im Wittelsbacher Palais residierte, minutiös geplant:

»Beim Eintreffen des Führers vor dem Mahnmal künden 16 Salutschüsse an, daß vor 12 Jahren sech-

Je acht Särge lagen in jedem der beiden »Ehrentempel«, rund um die Uhr von zwei »Ehrenposten« der SS bewacht. Für die »Bewegung« waren die »Märtyrer« nun »auferstanden«. Die gleichgeschalteten Zeitungen schrieben: »Und ihr habt doch gesiegt!«

zehn Männer ihr Leben für Deutschland geopfert haben. Beim ersten Schuß, der in dem Augenblick abgeschossen wird, in dem der Führer das Mahnmal erreicht hat, hält der Führer sowie der Zug, der mit Abstand von 15 m hinter dem Führer marschiert, an. Während des Salutschießens spielt das Reichssymphonieorchester in einem Saal der Residenz eine Strophe ›Ich hatt' einen Kameraden‹. Das Lied wird auf den Odeonsplatz und die Zufahrtstraßen übertragen.«

Vom Ort des Todes ging es zum Ort der »Auferstehung«: »Nach Abschießen des 16. Salutschusses setzt sich der Zug wieder in Bewegung und marschiert durch die Brienner Straße–Karolinenplatz zu den Ehrentempeln. Das Spalier von der Feldherrnhalle bis zu den Ehrentempeln bilden sämtli-

che SA-Führer einschließlich NSKK bis zum Brigadeführer einschließlich, sämtliche SS-Brigadeführer, sämtliche SS-Oberführer und die Amtschefs der 3 Hauptämter, sämtliche Hoheitsträger der Partei bis zum Kreisleiter abwärts, sämtliche Arbeitsdienstführer bis zum Gauarbeitsführer und dessen Stellvertreter einschließlich, sämtliche HJ-Führer bis zum Oberbannführer einschließlich, sämtliche BDM-Führerinnen bis zur Gauführerin einschließlich. (…) Der Weg von der Feldherrnhalle bis zu den Ehrentempeln soll versinnbildlichen den Sieg und die Auferstehung der Gefallenen vom 9.11.1923 im Jahre der Freiheit.

Musikzüge, die am Odeonsplatz und in der Brienner Straße Aufstellung genommen haben, spielen während des Vorbeimarsches ein Musik-

Hitler wollte, daß die Sarkophage unter freiem Himmel stehen und nicht in einer Gruft: »Wie sie damals mit offener Brust marschiert sind, so sollen sie jetzt in Wind und Wetter und Sturm und Regen liegen.«

Die Brienner Straße war zwischen Karolinenplatz (oben) und Königsplatz zur »Via Triumphalis« der NSDAP geworden.

Nächtliche Impression mit südlichem »Ehrentempel« und »Verwaltungsbau«.

Alljährlich wurde die Zeremonie am 9. November wiederholt. Frische Kränze auf den Sarkophagen, und Hitler, der vor jedem »Märtyrer« einen Augenblick verharrt.

stück, das die Freude über die Auferstehung vermitteln soll (ev. Deutschlandlied – Festlegung mit Pg. Adam).

Auf dem Königsplatz sind sämtliche Feldzeichen und Fahnen der Bewegung und die Fahnen der Wehrmacht entsprechend aufgestellt und zwar so, daß der Platz voll zur Geltung kommt; sonstigen Schmuck erhält der Königsplatz nicht. Der Zug trifft vor den Ehrentempeln folgendermaßen ein:

In der Höhe des Braunen Hauses fahren die ankommenden Lafetten an die linke und rechte Straßenseite, sodaß je 8 Lafetten auf einer Straßenseite Aufstellung nehmen. Der Zug der alten Kämpfer marschiert durch die Mitte der Brienner Straße zum Königsplatz. Am Königsplatz teilt sich der Zug nach rechts und links und nimmt Aufstellung vor den Ehrentempeln, (und vor dem dort aufgestellten Podium für die Särge) mit Front zu diesen.

Der Führer nimmt Aufstellung vor den Hinterbliebenen in der Mitte der Straße. (Der Führer begrüßt die Hinterbliebenen, während die alten Kämpfer sich zu beiden Seiten aufstellen). Wenn die Aufstellung beendet ist, setzen sich auf ein Zeichen hin die Lafetten in Richtung Königsplatz in Bewegung.

Im Augenblick der Ankunft der ersten Lafette am Königsplatz fällt ein Schuß, auf den hin sich die

Fahnen der Bewegung und der Wehrmacht senken. Die Lafetten biegen rechts und links in die ehemalige Arcisstraße ab, fahren hinter dem dort aufgestellten Podium an. Bereitstehende alte Kämpfer setzen die Särge der Gefallenen auf dieses Podium. Die Lafetten selbst fahren sofort in Richtung Schwabing und Stadt durch die Arcisstraße ab. Wenn der letzte Sarg so auf dem Podium aufgesetzt ist, wird wiederum durch einen Schuß das Zeichen gegeben, auf das hin sich die Fahnen wieder heben.

Im gleichen Augenblick gehen die 2 großen Hakenkreuzstandarten auf dem Königsplatz hoch. Die Hitlerjungen stehen bei der beabsichtigten Aufstellung in der Brienner Straße zwischen den Ehrentempeln vor dem Führer.

Es beginnt die eigentliche Auferstehungs-Feier. Ein Sprecher ruft: ›Letzter Appell! Andreas Bauriedl!‹, worauf die aufgestellten in die Partei zu übernehmenden Hitlerjungen Antwort geben: ›Hier!‹.[27] Daraufhin wird der Sarg von Andreas Bauriedl von alten Kämpfern aufgenommen und feierlich in den Ehrentempel getragen. Dort wird er in den Sarkophag eingesetzt, der Deckel des Sarkophags wird geschlossen. Während dieser Beisetzung wird das Horst-Wessel-Lied gespielt. Im Augenblick, in dem der Sarkophag geschlossen ist, wird ein Ehrensalut von drei Schüssen abgegeben. Dies wiederholt sich sechzehn Mal.

Die Särge sind beigesetzt. Die Gefallenen des 9. November 1923 sind auferstanden und haben zwischen den Führerhäusern Wache bezogen. Trommelwirbel, so wie wenn die Wache aufzieht, setzt ein. Der Führer geht zu dem ersten Ehrentempel und verweilt kurz an den Särgen, geht sodann zu dem zweiten Ehrentempel, verweilt dort kurz an den Sarkophagen und verläßt dann durch die Mitte des Königsplatzes die Weihestunde und fährt an der Luisenstraße ab.

In dem Augenblick, in dem der Führer durch die Mitte des Platzes geht, bricht der Trommelwirbel ab und setzt das Deutschlandlied ein. Unter den Klängen des Deutschlandliedes geht der Führer durch die auf dem Königsplatz aufgestellten Fahnen der

Bewegung und der Wehrmacht ab. Anschließend marschieren durch die auf dem Königsplatz noch stehenden Fahnen die alten Kämpfer ab.« [28]

Den Badenweiler Marsch hörte der »Führer«, der ins »Braune Haus« fuhr, schon nicht mehr. Durch die *Propyläen* marschierten im Stechschritt die Männer der »SS-Standarte Deutschland« auf den Platz, und wenig später stand die erste Wache, vor jedem »Tempel«-Eingang zwei Mann. Hinter ihnen, wenige Stufen tiefer, lagen sie nun, die auferstandenen Märtyrer, in den Sarkophagen von Professor Heinlein, gegossen in den Schwäbischen Hüttenwerken zu Wasseralfingen in Württemberg. In den folgenden Jahren sollten unzählige Menschen an einem dieser Sarkophage den Hoheitsadler samt Hakenkreuz betrachten, die Aufschrift: »Der letzte Appell« lesen und den Namen von Kurt Neubauer, darunter das Wort »Hier«. Neben ihm standen sieben weitere Sarkophage (in jedem »Ehrentempel« insgesamt acht).

In den Ecken des Sockels, fünf Stufen und einenhalb Meter höher, brannte in vier gußeisernen Pechpfannen ein ewiges Feuer. Von hier oben durfte das Volk auf die Helden blicken. Niemand würde sie mehr dem Vergessen überantworten wie die verhaßten Demokraten es getan hatten, jetzt waren

Tourismus als Arbeitsbeschaffungsmaßnahme: Auf der Mütze des »Cicerones« steht: »Fremdenrundgang«. Natürlich durfte der neue Königsplatz bei keiner Stadtbesichtigung fehlen.

die »Helden« unsterblich. Die NS-Veranstaltungskonzeptionisten hatten den Anlaß für eine parteieigene, »braune« Auferstehungsfeier gefunden.

München wirbt:
»Das Nationalheiligtum des deutschen Volkes«

Endlich hatte Hitler, was er immer vermißt hatte: »Sogenannte nationale Behörden verweigerten den toten Helden ein gemeinsames Grab«, stand im Vorwort zahlreicher Ausgaben von »Mein Kampf«. Während jedoch Odeonsplatz und Feldherrnhalle, wo die »Parteimärtyrer« gestorben waren, zu klein gewesen wären für einen Gedenk- und Versammlungsplatz, einen zentralen Ort, einen Kult- oder Wallfahrtsort des Nationalsozialismus, erschien der Königsplatz dafür wie geschaffen. Für alle, die seine »Religion« noch nicht verstanden hatten, hatte Hitler im Bürgerbräukeller den Sinn der »Ehrentempel« erläutert: »Und deshalb habe ich sie in keine Gruft gelegt, in kein Gewölbe verbannt, nein, so wie sie damals mit offener Brust marschiert sind, so sollen sie jetzt in Wind und Wetter und Sturm und Regen, in Schnee und Eis und in der Sonne liegen, unterm Himmel liegen. (...) Wenn wir diesen Tag Jahr für Jahr gefeiert haben – in der Zeit der Ver-

Die »Hauptstadt der Bewegung« nutzt die »Ehrentempel« künftig für ihre Werbemaßnahmen: Jeder müsse »das neue Nationalheiligtum des deutschen Volkes« gesehen haben.

Die beiden Fahnenmasten links und rechts der Ehrentempel (Bildhintergrund) waren knapp vierzig Meter hoch.

Der »Führerbau« war wie sein Pendant, der »Verwaltungsbau«, 85 Meter lang und 45 Meter breit bei einer Höhe von 15 Metern.

Das »Braune Haus« (Bildmitte) wirkte im Verhältnis zu den Neubauten geradezu klein und bescheiden.

Im »Verwaltungsbau« lagerte auch die Mitgliederkartei der zuletzt rund zehn Millionen »Parteigenossen« umfassenden NSDAP.

folgung nicht immer in der gleichen Form – und wenn wir entschlossen sind, ihn für alle Zukunft zu einem Feiertag für die deutsche Nation zu erheben, so geschieht dies nicht deshalb, weil damals sechzehn Männer gestorben sind. Es sterben täglich Tausende, und Kriege verbrauchen in Stunden viel mehr. Es geschieht deshalb, weil diese sechzehn Männer mit einem wahrhaft gläubigen Herzen einen Tod erlitten, der mithalf, das deutsche Volk wieder aufzurichten.«

Der Historikerin Sabine Behrenbeck zufolge zerfiel die »nationalsozialistische Prozession« in zwei streng voneinander zu unterscheidende Teile: den »Opfermarsch« zur Feldherrnhalle, und den »Siegesmarsch« zum Königsplatz. »Zwischen ›Karfreitag‹ und ›Ostern‹ der Nationalsozialisten lagen nicht drei Tage, sondern zehn Jahre«.[29]

Hitler hatte mit der pompösen Zeremonie auch innerhalb der Partei gesiegt. Beiseite gefegt waren die aus Hitlers Sicht kleinlichen Einwände Alfred Rosenbergs, an der Feldherrnhalle seien nicht zweimal acht, sondern 16 Mann gefallen. Die Entscheidung Hitlers, zwei separate Ehrenbauten errichten zu lassen, gehorchte der Symmetrie. Der ganze Königsplatz war nun nicht mehr auf die beiden älteren Seitenbauten im Norden und Süden ausgerichtet, sondern eindeutig auf die NS-Neubauten auf der Ostseite, auf die beiden Parteibauten, und vor allem auf diese zweimal acht Männer, auf die »Ewige Wache«, die in den beiden offenen Pfeilerhallen Wind und Wetter ausgesetzt und Tag und Nacht »verbunden mit dem Weltall« waren, wie Hitler es verstand, mit dem Ort der Götter.

Und mit ihnen verbunden war die Jugend. 1200 Hitlerjungen und 600 Hitlermädel nahm die Partei am Nachmittag unmittelbar nach der Feier auf. Der *Völkische Beobachter* gab am Tag nach der Zeremonie die Wirkung des Ereignisses in propagandistischer Tonlage wieder: »Das Volk hat diesen Tag verstanden. Was vor 12 Jahren zaghafter und verzweifelter Jubel war, ist heute gläubige, tiefe Gewissheit geworden. Stumme, stolze Freude, die stärker ist als

trauernde Erinnerung, gibt dem Tag das Gesicht.« Es dauerte nicht lange, da warb auch der »Fremdenverkehrsverband München und Südbayern« mit den »Ehrentempeln«: Sie seien nunmehr »das Nationalheiligtum des deutschen Volkes«.

Die Nationalsozialisten hatten es geschafft. Noch 1932 hatte Theodor Heuss notiert, der »Hitler-Putsch« habe »den Zug einer Groteske, ist im besten Fall ein Melodram, das die Zeitgenossen ausgepfiffen haben. Daß der Fortgang des Stückes am anderen Morgen junge Menschen in den Straßen Münchens sterben sah, erhebt das Unternehmen noch nicht zur Tragödie«.[30] Nun deuteten NS-Propagandisten die politische Niederlage zum Bestandteil einer übergeordneten »Heilsgeschichte« um. »Das Hitlersche Passionsspiel unterscheidet sich nicht vom kirchlichen: Es will zum Glauben führen, ihn bewahren und vertiefen«, analysierte der Pädagoge Hans-Jochen Gamm 1962. »Die Teilnehmer des Putschmarsches trugen den ›Blutorden‹, ein von Hitler gestiftetes Ehrenzeichen, das die alte Garde für immer von den gewöhnlichen Sterblichen abhob. Wer an jenem Marsch beteiligt gewesen war, hatte sozusagen das Gethsemane und Golgatha der ›Bewegung‹ mit durchlitten.«[31]

Nur für kurze Zeit hieß die Galeriestraße 1935 »Trooststraße«: Hitler schien die Straße zu unbedeutend, er befahl, die Umbenennung sofort rückgängig zu machen.

Am 20. April 1936 finden auf dem nächtlichen Königsplatz die alljährliche Vereidigung von 12 000 »Amtswaltern« der NSDAP statt. Zu diesem Zweck ist an den Propyläen ein großes leuchtendes Hakenkreuz angebracht worden, unter dem die Worte stehen: »Mit Adolf Hitler für Deutschland«.

Die »Hohepriester« von Staat und Partei führten das Volk und die Märtyrer auf dem Königsplatz zusammen, der »Agora« des Nationalsozialismus. Aus den Toten waren die Begründer des »tausendjährigen, des ewigen Reichs« geworden, das nach den Wort des NS-Barden Hanns Johst zum »Himmelreich« werden sollte, in dem die Deutschen Erlösung finden. Hier am Königsplatz ließ Hitler alljährlich die »nationalsozialistische Heilsgeschichte« (Klaus Vondung) erzählen, die Auferstehungs- und Erlösungsgeschichte der neuen politischen Staatsreligion. Im Ritual, in der Wiederholung des Marschs, in der Prozession, wurde das Heilsereignis gegenwärtig gehalten. Die »Blutfahne«, nur zu diesem Anlaß zweimal jährlich aus ihrem Schrein im »Führerbau« hervorgeholt, wurde zur Reliquie, zu einem »heiligen Symbol«, und jeder, der auf diese Devotionalie schwor, versprach Gehorsam, Treue und Opferbereitschaft bis in den Tod.

Davon schrieben auch die »Schriftleiter« in den NS-Bau- und Kunstzeitschriften, die am Königs-

platz Griechentum und Preußentum vereinigt sahen und den »Atem des Lebens und der Pflichterfüllung bis zum Tode« zu verspüren meinten.

Wer auf dieser *Acropolis Germaniae* [32] stand, der sollte erkennen, wie klein und nichtig er war. Dieser Platz war für Massen gestaltet, in denen der Einzelne aufging. Ludwigs Königsplatz bildete damit die Kulisse des großen NS-Parteitheaters: »Die monumental-klassizistische Form ist Vehikel einer offen zur Schau getragenen ideologischen Botschaft«, konstatierte in den neunziger Jahren Wolf Tegethoff. »Der nationalsozialistische Staat baut klassizistisch, weil nur dieser Stil seinem Weltbild einer totalitär gelenkten und hierarchisch gegliederten Volksgemeinschaft Ausdruck verleihen kann«. [33]

Wann immer Partei und Staat die Untertanen auf sich einschwören wollten, benutzten sie die Aura des »heiligen Platzes«, den der NS-Oberbürgermeister Münchens, Karl Fiehler, am liebsten in »Königlicher Platz« umtaufen wollte. Weil der

»Führer« ihn jedoch schon einmal zurückgepfiffen hatte, als er die Galeriestraße in Trooststraße umgetauft hatte, ließ Fiehler diesmal durch den bei Hitler wohlgelittenen Büroleiter Troosts, Leonhard Gall, ventilieren, ob Hitler einverstanden sei. Gall teilte dem Oberbürgermeister zu dessen Enttäuschung am 23. November 1935 kurz und bündig mit: »Der Führer ist der Ansicht, daß der Platz nicht umbenannt werden, also weiterhin Königsplatz heißen soll«.[34] Doch der parteiliche Volksmund entschied anders: viele Münchner, Parteimitglieder und andere, nannten das Areal von Stund an »Königlicher Platz«.

Dort vereidigte am 20. April 1936, dem Geburtstag Hitlers, Rudolf Heß die neuen »Politischen Leiter«. Alle deutschen Radiosender übertrugen die Zeremonie. Mehr als 11 000 Männer in »Großem Dienstanzug« (Uniform ohne Mantel) oder Marschanzug setzten sich nach dem Startbefehl um 19.20 Uhr in vier Kolonnen in Bewegung, sternförmig auf den Königsplatz zu. Der um das Wohl seiner Männer besorgte Gauorganisationsleiter Franz Reichinger hatte angesichts der noch frischen Temperaturen verfügt: »Die Männer sind anzuhalten, unter der Dienstbluse warme Unterkleidung zu tragen.«

Am Königsplatz empfingen sie eine knappe Stunde später tausend fackeltragende Hitlerjungen, die zu vereidigenden Frauen saßen bereits auf Stühlen, Tausende »Walter« und »Warte« von angeschlossenen Organisationen und die angestellten Schriftleiter der parteiamtlichen Zeitungen warteten im dunklen Anzug auf dem Königsplatz. Steife Hüte, Zylinder, Stöcke und Regenschirme hatte der Aufmarschstabführer von der »SA-Gruppe Hochland«, »strengstens verboten«, auf dem Königsplatz zu rauchen ebenfalls.

Um 20.30 Uhr sprach Gauleiter Wagner, dann leitete Rudolf Heß die Vereidigungszeremonie. Die Schwurfinger von mehr als 24 000 Menschen reckten sich dem Himmel entgegen: »Ich schwöre Adolf Hitler unerschütterliche Treue. Ich schwöre ihm und den Führern, die er mir bestimmt, unbedingten Gehorsam.« Zum Abschluß sangen alle die NS-Partei-Hymne, das »Horst-Wessel-Lied« mit dem Text: »Die Fahne hoch! Die Reihen fest geschlossen! SA marschiert mit ruhig festem Schritt!«[35]

NS-Architektur:
»Hineinragen in die Jahrtausende der Zukunft«

September 1937. Die ersten großen Wehrmachtsmanöver nach Aufrüstung und Vergrößerung von Heer, Kriegsmarine und Luftwaffe waren vorüber. Hitler hatte der Welt zu verstehen gegeben, daß die »Schmach der Wehrlosigkeit« vorüber war, daß das »Soldatenvolk« dabei war, seine Armee auf die Stärke des ehemaligen Kaiserreichs zu bringen, versehen mit den modernsten Waffensystemen ihrer Zeit. Diesen Triumph sollte ein großes Fest unterstreichen, bei dem alle Welt sehen sollte: Die Deutschen stehen hinter Adolf Hitler. Auch diese Demonstration fand am Königsplatz statt. Neben Hitler stand während der Feierlichkeiten der italienische Diktator Benito Mussolini. Der »Duce«, seit 1922 in Italien an der Macht, war nach 1933 trotz anfänglichen Streits wegen Südtirol Hitlers enger Verbündeter geworden. Hitler zeigte seinem italienischen Amtskollegen stolz seine beiden Neubauten am Königsplatz. Den neuen Verwaltungsbau an der Arcisstraße südlich der Brienner Straße hatte er bereits im Februar 1937 an Reichsschatzmeister Franz Xaver Schwarz übergeben, emsig verwalteten darin Schwarz' Bürokraten die Partei und ihre zuletzt knapp zehn Millionen Mitglieder. Hinter dem Gebäude versorgte ein eigenes Heizkraftwerk mit fünf Hochdruck-Teilkammerkesseln über ein isoliertes Rohrsystem, in dem die Temperatur über eine Strecke von 750 Metern nur drei Grad verlor, die Gebäude des gesamten »Parteiviertels« mit Wärme.

Zum »Parteiviertel« war die Umgebung des Königsplatzes längst geworden: An der Karlstraße zwischen Barer und Arcisstraße hatte die NSDAP schon 1934 einen ganzen Häuserblock erworben,

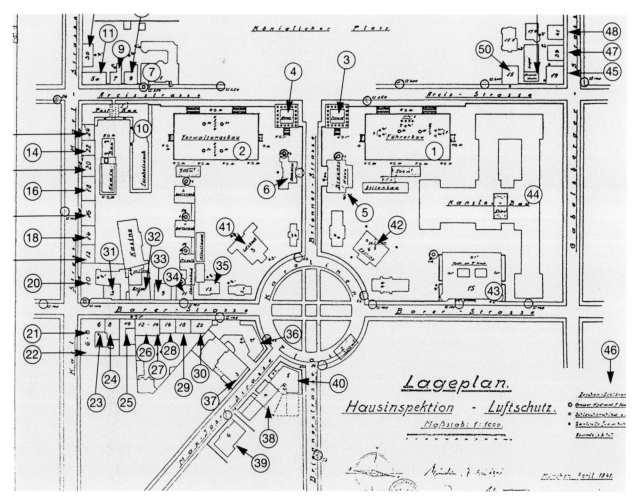

Rund um den Königsplatz war im Laufe der dreißiger Jahre ein ganzes NSDAP-Stadtviertel entstanden. Die Zentralen der wichtigsten Organisationen der Partei saßen hier, auch wenn alle natürlich zusätzlich über Außenstellen am Regierungssitz in Berlin verfügten.

der inzwischen eine Reihe von Verwaltungsämtern der Partei barg. Darunter waren die »Reichsleitung SS« in der Karlstraße 10, wo Heinrich Himmler und sein Adlatus Karl Wolff (genannt »Wölffchen«) saßen, die erste Kammer des »Obersten Parteigerichts« daneben in Nummer 12, die Reichspressestelle in Nummer 18 und die »Reichspropagandaleitung« ein Haus weiter.

In der Brienner Straße 43, von Januar 1934 an in den beiden ehemaligen Hotels »Marienbad« und »Union« in der Barer Straße 11 und 7, hatte sich die »Oberste SA-Führung« eingenistet, in der Brienner Straße 41, einem 1902 für Bankier Klopfer erbauten

Gebäude, das »Nationalsozialistische Kraftfahrerkorps«. Am Karolinenplatz hatte das »Reichsrevisionsamt« das von Karl v. Fischer entworfene und vom Landbauamt errichtete Palais Lotzbeck bezogen, das »Oberste Parteigericht« mit den »Reichsleitern« SS-Obergruppenführer Walter Buch und SS-Gruppenführer Wilhelm Grimm das Haus Karolinenplatz 4.

Angeschlossen an das private NS-Heizkraftwerk war durch einen Tunnel unter der Brienner Straße hindurch auch der »Führerbau«. Diesen Neubau, seine Residenz, wollte Hitler an diesem 25. Sep-

113

tember 1937 einweihen, und sein Ehrengast war Mussolini.

Schon zwei Wochen zuvor hatte Hitler dieses Ereignis vorbereitet: Auf dem Nürnberger Reichsparteitag, der in diesem Jahr unter dem Motto »Reichsparteitag der Arbeit« stand, hatte er die Architektur und damit sich selbst gefeiert. Die Architektur sei, so schwadronierte er, »neben der Musik die urgewaltigste Kunst, die der Mensch erfunden hat. (...) Während der schöpferischen Armut eines bürgerlichen, liberalen Zeitalters schrumpften die Bauten der Gemeinschaft immer mehr zusammen gegenüber den Industriewerken, Banken, Börsen, Warenhäusern und Hotels usw. bürgerlicher Kapitals- und Interessengemeinschaften.

So wie der Nationalsozialismus aber über diese Interessengemeinschaften die größere Gemeinschaft der Aktion, des Volkes stellt, wird er auch den Werken dieser Gemeinschaft den Vorrang in der Repräsentation gegenüber den Privaten geben. (...) Je größer die Anforderungen des heutigen Staates an seine Bürger sind, um so gewaltiger muß der Staat auch seinen Bürgern erscheinen. (...) Die Gegner werden es ahnen, aber vor allem die Anhänger müssen es wissen: zur Stärkung dieser Autorität entstehen unsere Bauten! Dieser Autorität soll nützen, was sie hier in der Stadt sich erheben sehen, was in Berlin und München, in Hamburg und in anderen Orten in der Planung begriffen und zum Teil schon zur Ausführung reif oder schon jetzt vor ihnen aufgerichtet steht! (...)

Und weil wir an die Ewigkeit dieses Reiches (...) glauben, sollen auch diese Werke ewige sein, (...) nicht gedacht sein für das Jahr 1940, auch nicht für das Jahr 2000, sondern sie sollen hineinragen gleich den Domen unserer Vergangenheit in die Jahrtausende der Zukunft.«[36]

Am Morgen des 25. September empfing Hitler Mussolini privat, für 13 Uhr war ein Mittagessen im »Führerbau« angesetzt. Das Protokoll sah vor: »12.20 Uhr – An den Ehrentempeln haben Aufstel-

lung genommen: Ein Sturm SS-Leibstandarte Adolf Hitler, ein Sturm SS-Standarte Deutschland.

12.25 Uhr – Alle zum Führerhaus geladenen Gäste sind von ihren Hotels zu den Ehrentempeln abgefahren. (...)

12.40 Uhr – Die an den Ehrentempeln angekommenen Gäste sind von Pg. v. Wulffen aufgestellt.

12.50 Uhr – Der Führer fährt von seiner Wohnung zu den Ehrentempeln.«

Dem folgte der genaue Fahrtweg:
»12.55 Uhr – Der Gast fährt zu den Ehrentempeln. Genaues Zeichen gibt der Hauskommandant im Prinz-Carl-Palais, Wüster, in dem Augenblick, in dem der Wagen durchgefahren ist. (...) Beim Eintreffen des Führers und dann beim Eintreffen des Gastes präsentieren die SS-Ehrenstürme. (...)

13.00 Uhr – Kranzniederlegung in den Ehrentempeln.«

Im September 1937 kam der italienische Diktator Mussolini auf Staatsbesuch nach München, wo ihn Hitler und die NSDAP am Königsplatz mit allem Pomp empfingen.

Während vier italienische Faschisten die Kränze zu den Sarkophagen trugen, präsentierten die beiden SS-Ehrenstürme das Gewehr, dann spielte der Spielmannszug. In fünf Minuten war dieses Spektakel beendet, auf dem Königsplatz war kein Publikum. Hitler, Mussolini und die Entourage gingen hinüber zum »Braunen Haus«, wo Heß sie zur Besichtigung erwartete. Danach zeigte Hitler dem Italiener seine neuen, großen Bauten, vor denen jeweils ein SS-Doppelposten wachte.

Im »Führerbau« hatte sich ein kleiner Kreis von geladenen Herren zum Frühstück getroffen, die sich nun im Empfangsraum aufstellten: 60 Mann vom Gauleiter über die Obergruppenführer der SA, SS, des NSKK und des NSFK bis zu den Generalarbeitsführern und Obergebietsführern der HJ standen in der großen Querhalle an der Wand zwischen den Treppenhäusern. Jeder Mann grüßte den »Führer« und meldete sich dem Gast mit seinem Namen und Dienstrang. Hitlers Stellvertreter Heß, Lutze, Himmler, Hühnlein, Hierl, Christiansen und v. Schirach durften dem »Führer« in den Speisesaal des »Führerhauses« folgen, die niederen Chargen vom Gauleiter bis zum Obergebietsführer der HJ mußten ins Kasino hinabsteigen.

Eine gute Stunde später, zum Empfang, trug der »Duce« das von Gerdy Troost gefertigte »Großkreuz des Ordens vom Deutschen Adler« an der Brust, ihm kurz zuvor von Hitler verliehen. Auch das Schrift- und Erscheinungsbild der Originalurkunde auf Kalbspergament hatte die ebenso diensteifrige wie auf ihr Einkommen bedachte Gerdy Troost selbst geprüft und dem »Führer« mehrere Änderungsvorschläge unterbreitet. Die Urkunde sollte ihrer Meinung nach »als Schriftbild eine wesentlich strengere und tektonischere Gesamtkomposition« aufweisen, bei der endgültigen Ausfertigung müsse »selbstverständlich der Name Benito Mussolini in Gold geschrieben« werden. »Wenn der Führer diesen Entwurf gutheißen sollte, dann möchte ich empfehlen, daß die Ausführung hier in München unter meiner Betreuung geschieht«, hatte sie an den Chef der Reichspräsidialkanzlei, Otto Meißner,

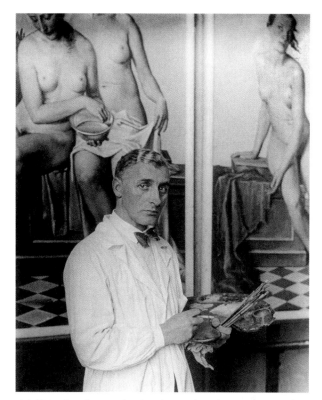

Adolf Ziegler, der »Reichsschamhaarmaler«, hatte 1937 mit dem Bild der »Vier Grazien« (hinter ihm) den Unmut von Gerdy Troost erregt. Hitler bestand jedoch darauf, daß es während des Mussolini-Besuchs im »Führerbau« hängen blieb.

nach Berlin geschrieben; er möge das dem »Führer« vorschlagen, mit dem sie persönlich noch einmal »anläßlich seines nächsten Besuches hier im Atelier sprechen« werde. So kam es. Der Auftrag für Urkunde und Mappe ging wie von Gerdy Troost vorgeschlagen an die Münchner Grafikerin Franziska Kobell und die dortige Buchbinderei Frieda Thiersch.[37]

Stolz zeigte Hitler an diesem 25. September 1937 seinem italienischen Gast, was auf seinen Befehl hin geschaffen worden war. Im Kaminzimmer bestaunten sie das Triptychon »Die vier Elemente« von Adolf Ziegler (1892–1959), dem Präsidenten der Reichskammer der bildenden Künste. Es war eines der Hauptgemälde der ersten »Großen Deutschen Kunstausstellung« (1937) im »Haus der Deutschen Kunst« gewesen. Die für die Innenarchitektur zuständige Gerdy Troost hatte sich vergeblich dagegen ausgesprochen, das 180 mal 300 Zentimeter große Gemälde mit den vier nackten Frauenfiguren aufzuhängen. Hitler wischte alle Bedenken beiseite, ihm gefiel die Arbeit des vom Volksmund heimlich »Reichsschamhaarmaler« genannten Künstlers, der für weltanschaulich korrekte Nuditäten zuständig war. Im Sinne der NS-Ideologie hatte Ziegler als Inhalt des Bildes formuliert: »Die Arbeit stellt unsere Weltanschauung dar. Ihr philosophischer Kern, die Bejahung der Naturgesetzlichkeit ist dargestellt durch die vier Elemente: Feuer, Wasser, Erde und Luft.«

Dann traten die beiden Diktatoren auf den Balkon hinaus, um sich dem Volk zu zeigen, das die Propaganda-Regie für 14 Uhr auf den Platz bestellt hatte: »Ein Orkan von nicht endenden Heilrufen brauste über den weiten Platz, als der Duce und der Führer nebeneinander auf dem Balkon des Führerhauses zur Menge grüßten«, berichtete der *Völkische Beobachter* am nächsten Tag.

Nachdem die Masse müde war vom Jubeln, verließen die beiden Staatschefs exakt um 15 Uhr das Haus, um von einer zwischen den »Ehrentempeln« aufgestellten Tribüne den Vorbeimarsch abzunehmen. »Der Führer und sein Gast nehmen allein

Aufstellung auf dem inzwischen zwischen den Ehrentempeln errichteten Podium«, vermerkte das Protokoll. Dann fuhren motorisierte Polizei, HJ und NSKK vorüber, ihnen folgten zu Fuß die alten Kämpfer, die »SS-Leibstandarte Adolf Hitler«, an der Spitze Julius Streicher, dahinter trug ein Angehöriger der Münchner »SS-Leibstandarte 1«, groß gewachsen, »arische« Kopfform und ohne Zahnfüllung – darauf hatte Generaloberst Sepp Dietrich persönlich geachtet – die »Blutfahne«.

Dahinter marschierten die Zwölferreihen der »Alten Kämpfer«, dann die Parteiformationen, Hitlerjugend, Reichsarbeitsdienst. »Die obersten Führer der Formationen treten jeweils beim Anmarsch ihrer Formation an das Podium und melden nach dem Gruß an den Führer dem Gast; sie bleiben halb rechts [sic!] vor dem Podium so lange stehen, bis ihre Formation vorbeimarschiert ist«, ordnete das Protokoll an. »Hart treffen die schweren Stiefel den Asphalt und über den Reihen blitzen Tausende von Spaten«, schrieb der *Völkische Beobachter* anderntags. »Mit fliegenden Fahnen donnert ein schwarzer Block nach dem anderen heran.«

Nach einer Stunde war auch der Vorbeimarsch absolviert, Hitler begab sich zum Gegenbesuch ins Prinz-Carl-Palais, wo Mussolini residierte. Abends ging der Staatsbesuch zu Ende. Um 19.12 Uhr fuhr Mussolinis Sonderzug nach Rom, zehn Minuten später stieg Hitler in seinen nach Berlin.

In den folgenden Monaten legten an den »Ehrentempeln« viele Gäste Kränze nieder, unter anderem am 22. September 1938 die Wirtschafts- und Freundschaftsabordnung des von Japan eroberten chinesischen Kaiserreichs Mandschukuo. Neville Chamberlain nicht. Der britischen Premierminister stieg am 29. September 1938 mit Adolf Hitler, dem französischen Premierminister Edouard Daladier und Benito Mussolini die Treppen hinauf ins erste Obergeschoß des »Führerbaus«, um die von Deutschland provozierte »Sudetenkrise« zu lösen. Nach dem Wahlerfolg der vom NS-Regime unterstützten Sudetendeutschen Partei (SdP) des NS-

Im September 1938 kam eine Abordnung des von Japan unterworfenen Mandschukuo nach München und erwies selbstverständlich den »Märtyrern« der NSDAP die Ehre.

Rekrutenvereidigung auf dem Königsplatz am 19. November 1938. Das Muster der Steinplatten diente bei solchen Gelegenheiten dazu, die Blöcke der Angetretenen genau auszurichten.

Agenten Konrad Henlein im Jahre 1935 hatte sich der Konflikt der deutschstämmigen Minderheit in der Tschechoslowakei mit der Prager Regierung auf Weisung Hitlers stetig verschärft. Die SdP forderte immer mehr Rechte und nach dem Anschluß Österreichs ans Deutsche Reich im März 1938 die Autonomie und ebenfalls den Anschluß an das nunmehrige »Großdeutsche Reich«. Mit weiteren Drohungen und Ultimaten schürte Hitler den Konflikt. Für seine Kriegsplanung brauchte er das Territorium und die Nahrungsmittelressourcen sowie die Rüstungsbetriebe der Tschechoslowakei, die jetzt militärisch besetzt werden sollte.

Eine Woche zuvor hatte Chamberlain den »Führer« an dessen Ferienort auf dem Obersalzberg aufgesucht und Zugeständnisse versprochen, falls der Deutsche darauf verzichte, Gewalt anzuwenden. In den folgenden Tagen erklärte sich die Prager Regierung bereit, das Sudetenland preiszugeben, wenn Frankreich und Großbritannien die neuen tschechoslowakischen Grenzen garantierten. Doch Hitler wollte die ganze Tschechoslowakei.

Erst als sich US-Präsident Franklin D. Roosevelt einschaltete und gemeinsam mit Chamberlain den italienischen Diktator Mussolini als Schlichter gewann, ließ Hitler sich auf eine weitere Friedenskonferenz ein. »Wie von selbst«, schrieb Rolf Flügel am Tag dieses Treffens in den *Münchner Neuesten Nachrichten*, »lenkt sich der Blick auf Münchens neuen Mittelpunkt, auf den Königlichen Platz, der über seine architektonische Schönheit hinaus zu einem tiefen Symbol nationalsozialistischen Lebens, zu einer Stätte der Weihe und Erinnerung geworden ist. (…) Die Reihe der stolzen Bauschöpfungen aus vielen Jahrhunderten hat hier eine Krönung gefunden, die ebenso von Lebenskraft wie von den friedlichen und kulturellen Zielen des deutschen Volkes spricht.«

Vielleicht wünschte das Volk tatsächlich den Frieden und glaubte auch an Hitlers öffentlich zur Schau getragenen Friedenswillen, doch Hitler wollte Krieg.

Am 29. September 1938 besprachen Hitler, Mussolini, Daladier und Chamberlain in drei Sitzungen im »Führerbau« einen Vertragsentwurf, den Hermann Göring, Außenminister Konstantin v. Neurath und sein Staatssekretär Ernst v. Weizsäcker dem italienischen Diktator zugespielt hatten – wohl ohne Hitlers Wissen. Hitler fand jetzt keinen Grund mehr, das Abkommen abzulehnen, ohne öffentlich als der Kriegshetzer dazustehen, der er in Wahrheit war. Er unterzeichnete also dieses Abkommen. Als die »Retter des Friedens« sich von Hitlers Arbeitszimmer hinaus auf den Balkon des »Führerbaus« begaben, jubelten ihnen die Volksmassen begeistert zu.

Die Tschechoslowakei, die in München nicht vertreten war, mußte nicht nur das Sudetenland, sondern auch andere, von Polen und Ungarn bewohnte Gebiete abtreten. Im Kongreßsaal unterzeichneten die Staatschefs in der Nacht zum 30. September gegen 1.30 Uhr das »Münchner Abkommen«. Hitler hatte damit, ohne einen Schuß abzugeben, auch die von der Wehrmacht gefürchteten tschechischen Grenzbefestigungen und Bunkerwerke entlang der Grenze zu Deutschland in die Hand bekommen, die eine geheime Kommission der Wehrmacht wenige Monate zuvor noch als »unüberwindlich« beurteilt hatte.

Wann immer die mittlerweile untrennbar miteinander verschmolzenen Strukturen von Staat und Partei künftig außerhalb der Parteitage in Nürnberg Stärke und Geschlossenheit demonstrieren wollten, war der Münchner Königsplatz die erste Adresse. Dort sammelten sich, wie die Schriftleiter bemerkten, »nicht regellos zusammengeströmte Haufen von Menschen, sondern Menschen in einer bestimmten Form«, in einer Formation. Die Steinplatten zeichneten dazu das Raster, an dem sich die Kolonnen und Züge orientieren konnten. Jeder Block wußte genau, wo er zu stehen hatte.

Einmarsch und Aufstellung der Marschkolonnen waren stets peinlich genau geplant: »Durchs Mittel-

In den Jahren zwischen 1936 und 1939 wurde der Königsplatz wie selbstverständlich in die Freizeitvergnügungen der Passanten einbezogen. Die ersten wärmenden Sonnenstrahlen werden zu einer kurzen Rast auf dem Sockel der Glyptothek genutzt.

tor der Propyläen rücken Punkt 12 Uhr drei Kompanien Waffen-SS auf den Platz ein und nehmen Aufstellung. Durch das südliche Tor rücken im Anschluß SA- und NSKK-Marschblöcke ein, durchs nördliche Tor gleichzeitig NSFK- und Politische Leiter. Gleichzeitig streben durch den nördlichen und südlichen Eingang an den Propyläen je 3600 HJ, danach zwei Blocks zu je 2400 BDM aus der Luisenstraße. 12.30 Uhr haben MZ und SZ Aufstellung genommen.[38] (…) BDM und HJ säumen den Platz vor der Glyptothek und dem Ausstellungsgebäude, HJ schließt den Platz auch zu den Propyläen hin ab, vor ihnen Politische Leiter, NSKK, NSFK, SA, ganz vorn reihen sich die Alten Kämpfer in zwei Blöcken

ein, Blick auf die Ehrentempel, an der Straße mittig die Blutfahne aufgestellt«, verfügte SS-Obergruppenführer Helfer. Außerdem galten die deutschen »Sekundärtugenden«: »Die Antretezeiten sind peinlichst einzuhalten«.[39]

Der 9. November war nun Teil des nationalsozialistischen Festkalenders geworden, der im März mit dem »Heldengedenktag« begann, im Sommer mit den jährlichen NS-Parteitagen in Nürnberg seinen Höhepunkt erreichte, und im November mit der Ehrung der »Blutzeugen« in München endete. Alljährlich beauftragte Oberbürgermeister Karl Fiehler die Stadtgartendirektion, zu Allerheiligen an den

In der Reichspogromnacht am 9. November 1938 wurden auch in München zahlreiche jüdische Geschäfte zerstört und geplündert, hier das Kaufhaus Uhlfelder (im Rosental).

Am 8. November 1939 versuchte Georg Elser, den Diktator mit einer Bombe zu ermorden. Der Sprengsatz im Bürgerbräukeller explodierte, doch Hitler hatte den Saal kurz zuvor verlassen.

ehemaligen Gräbern der »Helden« auf den verschiedenen Friedhöfen der Stadt und an den »Ehrentempeln« Kränze mit Schleifen niederzulegen, und zwar ohne spezielle Feierlichkeiten, wie Hitler durch den stellvertretenden Gauleiter Otto Nippold extra ausrichten ließ.

Die Gräber, teilweise leer, teilweise mit Familienangehörigen der »Helden« am Königsplatz belegt, blieben bestehen. Fiehler hatte verfügt, »daß die Grabstätten mit allen Rechten und Pflichten, also auch Grabunterhalt und Grabnachkauf, den Grabbesitzern überlassen bleiben, mit der Einschränkung, daß das Grabdenkmal im Falle der Grabauflassung an Ort und Stelle verbleiben muß. Sind Angehörige der Grabbesitzer nicht mehr vorhanden oder kümmert sich niemand mehr um das Grab, ist der weitere Unterhalt einschließlich Nachkauf von der Stadt wahrzunehmen«.[40]

Am Königsplatz selbst sorgte Oberingenieur Strauß von der Städtischen Straßenreinigung vor jedem 9. November dafür, daß die alten Kränze beseitigt und die »Ehrentempel« gefegt wurden. Das November-Ritual selbst änderte sich in den folgenden Jahren nur noch in Kleinigkeiten. So erhielten die »Blutordensträger« 1937 neue Uniformsätze für

die Führungsebene ausgegeben. Auch OB Fiehler mußte neue Maße angeben: »Kopfweite 55, Brustumfang 96, Bauchumfang 83, Rückenbreite 19, Ärmellänge 78, Körpergröße 174«.[41]

Als die »Alten Kämpfer« sich im November 1938 erneut trafen, hatte kurz zuvor der siebzehnjährige deutsch-polnische Emigrant Herschel Grünspan in Paris den deutschen Gesandtschaftsrat Ernst vom Rath angeschossen. Rath erlag am 9. November seinen Verletzungen. Goebbels nutzte die »NS-Weihespiele«, um die durch seine außerehelichen Kabalen mit der Schauspielerin Lida Baarova verlorene Gunst des »Führers« zurückzugewinnen. Im alten Rathaussaal Münchens hetzte er abends in besonders scharfer Weise gegen die Juden, und die »Alten Kämpfer« verstanden seine Botschaft ebenso wie die SA- und NSDAP-Mitglieder an den Lautsprechern in den »Sturmlokalen«. Entsprechend den von Berlin aus zentral vorgegebenen Planungen zum Pogrom innerhalb der im Nazi-Jargon zynisch »Reichskristallnacht« genannten Aktion brannten nicht nur in München in dieser Nacht die Synagogen, plünderten Hitleranhänger Wohnungen und Geschäfte von Juden, von denen sie viele mißhandelten und ermordeten.

Bei den Feierlichkeiten im November des Jahres 1939 kürzte Hitler sein Programm wegen des Krieges ab, er hoffte, Frankreich noch im Winter angreifen zu können, und wollte möglichst schnell wieder mit den ihm hörigen Wehrmachtsgenerälen konferieren. Die Bombe, die Georg Elser, ein Uhrmacher aus dem Schwarzwald, in mühsamer monatelanger Arbeit an einer Säule unmittelbar neben dem Rednerpult des Bürgerbräukellers eingebaut hatte, explodierte erst, als der »Führer« bereits wieder im Zug nach Berlin saß.

1940 blieb Hitler den Feiern gänzlich fern. Die Entscheidung, entweder Großbritannien anzugreifen oder die Sowjetunion zu attackieren, stand in Berlin an. Der »Führer« war unabkömmlich, die »Weihespiele« mußten ohne ihn stattfinden. Das Protokoll wies an: »Die Marschierer des ›9. November‹, soweit sie nicht an der Front stehen, haben ebenfalls vor den Ehrentempeln Aufstellung genommen.« Die 16 Kränze legte Hitlers Stellvertreter Rudolf Heß nieder und grüßte die Toten und ihre Hinterbliebenen.[42]

Der Plan: »Ein eigenes Stadtgebiet der nat.soz. Bewegung«

In einem unauffälligen Ordner mit der Aufschrift »Künftige bauliche Gestaltung Münchens« verwahrte Oberbürgermeister Karl Fiehler die Abschrift eines Papiers mit dem harmlosen Titel: »Die städtebauliche Entwicklung Münchens«. Das Papier aus dem Jahr 1937 stammte von Adolf Wagner, dem alkoholsüchtigen Gauleiter und bayrischen Innenminister.

So sollte München einmal aussehen: Hitler vor dem Modell der »Hauptstadt der Bewegung«. Wie Albert Speer in Berlin, so versuchte in München Hermann Giesler, die Vorgaben Hitlers in megalomanische Großbauprojekte und Achsenschneisen umzusetzen.

Es stellte fest: »Der Charakter Münchens als Stadt wird durch zwei feste Faktoren bestimmt, denn der Führer hat München zur Hauptstadt der nationalsozialistischen Bewegung und zur Hauptstadt der Deutschen Kunst bestimmt.

Zu I.) In München, der Hauptstadt der nat.soz. Bewegung soll für alle Zeiten der Sitz der Reichsleitung der NSDAP. sein. Daraus ergibt sich, daß die Reichsleitung der NSDAP., die Gliederungen der Partei, die der Partei angeschlossenen Verbände, Gauleitung und einige Landesleitungen ihren Sitz und damit die hierfür notwendigen Gebäude in München haben müssen.

Zu a) Entsprechend der klaren Einteilung der Partei in Führung und Verwaltung sind am neuerstandenen königl. Platz zu München an der Ewigen Wache das Führerhaus, das Verwaltungshaus gebaut und gehen ihrer vollkommenen Fertigstellung entgegen.

Im Zuge der Gabelsbergerstraße, die auf der hierfür ausersehenen Seite bereits von den bisher vorhandenen alten Gebäuden gesäubert ist, entsteht das Ämterhaus der Partei.

Das Ämterhaus der Partei schafft die Verbindung zwischen Arcis- und Barer Straße im Zuge der Gabelsbergerstraße und stößt damit auf das für Parteizwecke vorgesehene Stadtgebiet zwischen Türkenkaserne im Süden und Schellingstraße im Norden. Hier sollen gegenüber der unter II.) noch näher zu behandelnden Erweiterung der Pinakothek als Einrahmung der Platz der NSDAP. erstehen, im Osten die ›Halle der Partei‹ mit einem Fassungsvermögen von 60 000 Menschen, im Süden das Museum für Zeitgeschichte, im Norden das Haus der deutschen Arbeitsfront. (…)

Zu b) Die Gliederungen der Partei erhalten auf dem durch die Partei anzukaufenden Gebiet der Technischen Hochschule München zwischen Arcis-, Theresien- und Luisenstraße neue Gebäude, und zwar: Haus der SS., Haus der SA., Haus des NSKK., Haus der HJ., Haus der NS-Frauenschaft, Haus des NS-Studentenbundes, Haus des NS-Dozentenbundes. (…)

Zusammenfassend ist also festzustellen: Die Partei und ihre Gliederungen besitzt [sic!] künftig und bebaut das Gelände, das von folgenden Straßen-

Entlang der analog zum Berliner Projekt geplanten Münchner Ost-West-Achse sollte unter anderem ein großes Opernhaus (oben) den neuen riesigen Schneisen ein bißchen kulturellen Glanz verleihen.

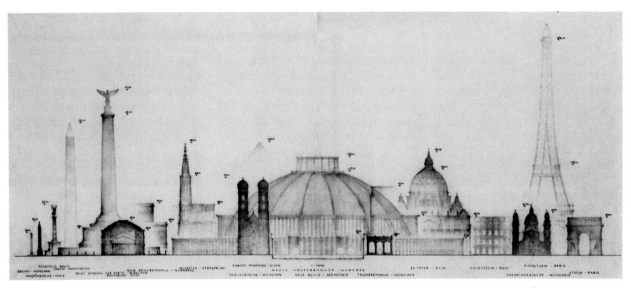

Hitlers Spleen war es, mit jedem neuen Gebäude möglichst viele bekannte Bauwerke anderer Länder zu übertreffen. Für den gigantischen neuen Hauptbahnhof Münchens (Mitte) ließ er daher ein Vergleichsschaubild erstellen, auf dem u.a. der Eiffelturm und daneben der Petersdom in Rom, links davon die Frauenkirche und der Stephansdom in Wien maßstäblich zu sehen waren.

zügen umgrenzt ist: Kgl. Platz, Arcis- bis Karlstraße, Barer bis Gabelsbergerstraße, Türkenstraße, Schellingstraße, Barer bis Theresienstraße, Luisenstraße, Kgl. Platz. Es entsteht für dieses Kernstück der Partei also am Kgl. Platz und am künftigen Platz der NSDAP. ein eigenes Stadtgebiet der nat.soz. Bewegung in München (...).«[43]

Adolf Hitler wünschte sich eine andere Stadt. Wie auch das ehemals »rote« Berlin, so sollte das monarchistisch-katholische München komplett umgebaut werden.[44] Als Zentrum der NS-Stadt München war der Königsplatz vorgesehen. Dafür setzte Hitler sogar ein eigenes Entwurfsbüro ein, direkt im Innenministerium.

Unter Hitlers Befehl planten und bauten an der »Hauptstadt der Bewegung«: der Leiter des Stadtbauamts, bis 1936 Fritz Beblo, dann Karl Meitinger, das 1934 bei der Obersten Baubehörde im Innenministerium eingerichtete Entwurfsbüro Hitlers unter Fritz Gablonsky, der Stadtbaurat, seit 1937 auf Hitlers Wunsch Hermann Reinhard Alker (TH Karlsruhe), von Januar 1938 an Leiter der »Sonderbaubehörde ›Ausbau Hauptstadt der Bewegung‹«,

den am 21. Dezember 1938 Hermann Giesler ablöste, der »Generalbaurat der Hauptstadt der Bewegung«; Giesler war wie auch Speer als Berliner Generalbauinspektor Hitler direkt unterstellt.

Für den »Führer« hatte München als Geburtsstätte der »Bewegung« eminente Bedeutung. München war seine Stadt. Bis 1950 würde sie neben Berlin die modernste Stadt Europas sein: Ein 58 Kilometer langer Autobahnring sollte die Stadt umspannen, aus allen Himmelsrichtungen sollten breite Avenuen auf einen Platz zulaufen, in dessen Zentrum eine gigantische »Säule der Bewegung« geplant war. Von dort sollte eine 120 Meter breite Straße von West nach Ost zum in Laim geplanten Hauptbahnhof hin verlaufen, gegen den alle bisherigen Bahnhofshallen Modellbaugaragen waren: eine Stahlskelettkonstruktion, sechsmal so groß wie der Petersdom. Ein verzweigtes U-Bahn-Netz wollte Hitler den Münchnern schenken, dazu ein monumentales Opernhaus, gigantisch wie kein zweites auf der Welt. Und der Königsplatz, der bereits das Zentrum der »Bewegung« war, sollte endgültig zum Mekka werden, erweitert um eine neue, riesige Parteikanzlei.

Um die Maxvorstadt insgesamt zu einem »Forum der NSDAP« zu machen, kaufte die Partei unentwegt weitere Immobilien. 1939 arbeiteten bereits mehr als 6000 Menschen in den NS-Verwaltungen am Königsplatz. Im Parteiviertel zwischen Karlstraße und Gabelsberger Straße, Barer Straße und Arcisstraße gehörten der Partei 56 Gebäude, wenig später waren es schon 68. In der Arcisstraße 9 saß seit 1937 die »Reichszentralstelle für die Durchführung des Vierjahresplans bei der NSDAP«, auf der Grundlage einer geheimen Denkschrift Hitlers war das dahinterliegende Ziel, Wirtschaft und Armee bis 1939 kriegstauglich zu machen. Der Reichsschatzmeister der NSDAP dehnte sich ebenfalls in der Arcisstraße aus. In der Karlstraße wiederum saßen der »NS-Dozentenbund«, die NS-Studentenorganisationen und die »Reichsjugendführung«, in Haus Nummer 20 die »Reichspropagandaleitung«; an der Ecke Barer Straße residierte die »Reichsführung SS«, in der Barer Straße 6 und 8 die

»Reichsleitung der NSDAP«, schräg gegenüber in den Häusern 7, ehemals das Hotel »Union«, bis 11, ehemals das Hotel »Marienbad«, verwaltete sich die SA. In der Barer Straße 14 hatte bis 1941 Hitlers Hoffotograf Heinrich Hoffmann sein Fotogeschäft, am Karolinenplatz hatte sich die »NS-Frauenschaft« niedergelassen, gegenüber das »Oberste Parteigericht« und in der Gabelsberger Straße fand sich die »Hitler-Jugend«. Die »Gestapo« besetzte seit 1933 außerdem das ehemalige Wittelsbacher Palais in der Brienner Straße. Für das »Kanzleigebäude der NSDAP«, von dem wegen des Kriegs nur das Kellergeschoß gebaut wurde, mußten 1938 elf Häuser an der Gabelsberger- und Arcisstraße bis hin zum »Führerbau« abgerissen werden.

Am 22. Mai 1938 hatte Adolf Hitler zur Arbeitsaufnahme für die Neugestaltung Münchens erklärt: »Nicht Berlin baut Berlin, nicht Hamburg baut Hamburg, nicht München baut München und nicht Nürnberg baut Nürnberg, sondern Deutschland baut sich seine Städte, seine schönen, seine stolzen, seine herrlichen Städte.« Doch ab Herbst 1939 ruhten die weiteren Umgestaltungspläne für München und den Königsplatz. Die Wehrmacht hatte auf Hitlers Befehl Polen überfallen.

Es war Krieg. Für die Deutschen begann er vielversprechend. Dem Sieg über Polen im Herbst 1939 folgten 1940 Siege über viele andere europäische Staaten von Norwegen bis Griechenland sowie der als »Revanche für 1914/18« bejubelte, ohne separate Kriegserklärung am 10. Mai 1940 begonnene Überfall auf Frankreich. Nach wenigen Wochen war die französische Niederlage absehbar: Am 18. Juni 1940 berieten Mussolini und Hitler in den Räumen, in denen knapp zwei Jahre zuvor das »Münchner Abkommen« geschlossen worden war, die Waffenstillstandsbedingungen für Frankreich. Mussolini war dabei, weil er zur Bindung französischer Truppen im Vorfeld des deutschen Überfalls an der italienisch-französischen Grenze Truppen massiert hatte und jetzt einen Teil vom Beutekuchen haben wollte: Ihm schwebte ein Teil

Hitler und Mussolini (hier mit »Reichsstatthalter« Franz v. Epp) trafen sich 1940 erneut in München, um den deutschen Sieg über Frankreich zu feiern.

Das Kriegsende wirft seine Schatten voraus – der Königsplatz mit Tarnbemalung (Hausdächer), vermutlich im Sommer 1943 aufgebracht. Zusätzlich sollten Tarnbäumchen die alliierten Luftaufklärer in die Irre führen.

der französischen Riviera vor, was Hitler allerdings ablehnte.

Bereits am 12. Juni 1941 hatte Hitler ebenfalls im »Führerbau« den rumänischen Ministerpräsidenten Ion Antonescu zur Beteiligung am Krieg gegen die UdSSR verpflichtet. Am 10. November 1942, zwei Tage nach der Landung von US-Truppen in Nordafrika, die den Vorstößen des deutschen »Afrikakorps« unter Rommel Einhalt gebieten sollten, beschlossen Hitler, Frankreichs kollaborierender Ministerpräsident Pierre Laval und die Außenminister Galeazzo Ciano (Italien) und Joachim v. Ribbentrop (»Großdeutsches Reich«) am selben Ort die Besetzung Südfrankreichs. Hitler wollte damit einer möglichen Unruhe in den bisher nicht von deutschen Truppen besetzten Gebieten Frankreichs vor-

beugen. Das bedeutete auch für die dortigen Menschen die Herrschaft des NS-Terrorregimes, die letzten deutschen Flüchtlinge, die teilweise schon seit Jahren vor den SS-Schergen auf der Flucht waren, versuchten jetzt nach Spanien oder Übersee zu entkommen.[45]

Dazwischen, am 10. Mai 1941, dem Jahrestag des deutschen Überfalls auf Frankreich, war Rudolf Heß offenbar ohne Absprache mit Hitler nach England geflogen. Da der Inselstaat wegen der verlorenen »Luftschlacht um England« nicht wie geplant besetzt werden konnte, wollte Heß auf dem Verhandlungsweg die »gegenseitige Zerfleischung der germanischen Völker« beenden, und den für Hitler wichtigen Friedensschluß mit Großbritan-

Alliierte Bomben fallen auf München. Links unten unschwer zu erkennen das Schloß Nymphenburg mit seiner halbkreisförmigen Auffahrt, in östlicher Richtung (rechts außerhalb des Bildrandes) liegt der Königsplatz.

Zu Beginn der intensiven Bombenangriffe veranstaltete das Regime bei solchen Gelegenheiten noch offizielle Trauerfeiern für die Luftkriegsopfer, bei denen der Haß auf die alliierten Angreifer geschürt werden sollte. Hier die Zeremonie vom 23. September 1942 auf dem Münchner Nordfriedhof, am Mikrophon der neue Gauleiter Paul Giesler.

nien herbeiführen. Hitler hatte einen Zweifrontenkrieg für die Zeit des bereits konkret geplanten Überfalls auf die Sowjetunion unbedingt vermeiden wollen. Doch die Engländer steckten den selbsternannten Unterhändler Heß ins Gefängnis, ein Abkommen mit dem endgültig als größenwahnsinnig angesehenen Diktator Hitler war für sie undenkbar. Hitler, dem Heß' Eigenmächtigkeit peinlich war, ließ dessen Dienststelle am Karolinenplatz umgehend auflösen. Zum Nachfolger ernannte er den immer mächtiger werdenden, neuen zweiten Mann im NS-Staat, Martin Bormann.

Die Zeichen der kommenden Niederlage häuften sich jetzt. Im Februar 1942 erschien Hitler nicht mehr zur »Parteigründungsfeier«, 1943 konnten die

»Alten Kämpfer« ihren Triumph nicht einmal mehr auf dem Königsplatz feiern, der Platz lag unter einem Tarnnetz, München inzwischen in der Reichweite der alliierten Bomber. Schon im Oktober 1939 hatte der Kultusminister das Landbauamt angewiesen, daß »in der Glyptothek als Luftschutzmaßnahmen Ausstellungsgegenstände zum Teil mit Bohlen verschalt und zum Teil in den Keller geschafft«würden. Seit 1941 standen regelmäßig Nachtwachen in der *Glyptothek*, für die der Direktor beim Landbauamt Luftschutzbetten und Matratzen, Rauchmasken, Taschenlampen, Verbandszeug und Spirituskocher anforderte. Nach und nach schafften Museumsmitarbeiter die wertvollsten Statuen ins nahegelegene Schloß Haimhausen im Ampertal.

Am 25. September 1944 erließ Hitler die Weisung, einen »Volkssturm« zu bilden, das letzte Aufgebot des Regimes angesichts der drohenden Niederlage. Hier zwei Münchner Buben vor dem in einer Vorstadt der Isar-metropole angeschlagenen Plakat.

Am 17. April 1944 läßt Hitler den ehemaligen Münchner Gauleiter Wagner in einer der letzten pompösen Zeremonien hinter dem nördlichen »Ehrentempel« beisetzen. Die Gebäude sind teilweise mit Tarnnetzen verhängt.

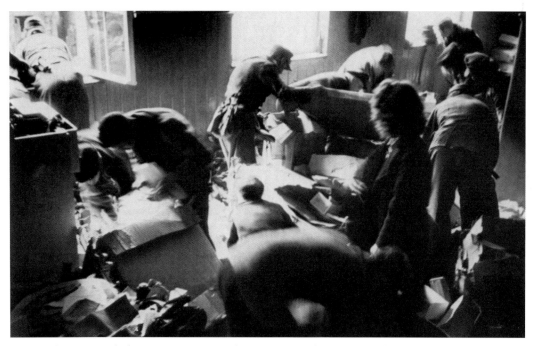

Kurz vor dem Einmarsch der US-Truppen in München am 30. April 1945 nutzte die Bevölkerung die Auflösungserscheinungen des NS-Regimes für Plünderungen. Lebensmittel und Kleidungsstücke waren besonders begehrt.

Von April 1943 an waren in den Sälen der *Glyptothek* auf Weisung der Gauleitung »Möbel und Hausrat eingelagert zur späteren Verteilung an Fliegergeschädigte«, *Glyptothek*s-Chef Wolters monierte, »diese Gegenstände stellen einen Brandherd erster Ordnung dar« und forderte zusätzliches Feuerschutzgerät.[46] Nachdem in der Nacht vom 2. auf den 3. Oktober 1943 erstmals Bomben das »Braune Haus« getroffen hatten, rechnete man auch in der *Glyptothek* mit dem Schlimmsten.

Trotz der Bombengefahr ließ Hitler seinen Münchner Gauleiter Wagner, der einige Jahre zuvor einen Schlaganfall erlitten hatte und nun gestorben war, am 17. April 1944 in einer pompösen öffentlichen Zeremonie zwischen »Führerbau« und nördlichem »Ehrentempel« beisetzen. Mehrfach trafen in den folgenden Monaten Spreng- und Brandbomben das Gebäude, der Römersaal stürzte ein, der Dachstuhl brannte aus und die alljährliche »NS-

Gedenkfeier« am 9. November 1944 geriet recht kurz: Himmler verlas lediglich eine Proklamation.

In den letzten Kriegswochen wollte Paul Giesler, der Bruder des von Hitler eingesetzten Generalbaurats für München, seit 1942 Gauleiter, sich selbst zum Märtyrer stilisieren. Mit einigen Getreuen verbarrikadierte er sich in den »Ehrentempeln«, um den »Kampf bis zur letzten Patrone« zu führen. Je näher die Amerikaner rückten, desto mehr »gläubige Nationalsozialisten« fielen jedoch vom Glauben ab und flüchteten.

In den letzten Kriegstagen herrschte Anarchie in der »Hauptstadt der Bewegung«. Die Münchner stahlen Lebensmittel aus dem Heeresproviantlager an der Dachauer Straße, rollten Emmentaler-Räder aus dem Bürgerbräu-Käselager durch die Stadt und trugen Wein in Eimern aus dem Hauptzollamt. Auch den »Führerbau« plünderten sie: Teppiche, Gardinen, Ledersessel, Silberbesteck. Sogar einige

Am 30. April 1945 ziehen die US-Truppen kampflos in der »Hauptstadt der Bewegung« ein. In der von Trümmern gesäumten Dachauer Straße hängen weiße Laken aus den Fenstern zum Zeichen der Kapitulation, einige Passanten grüßen die Soldaten.

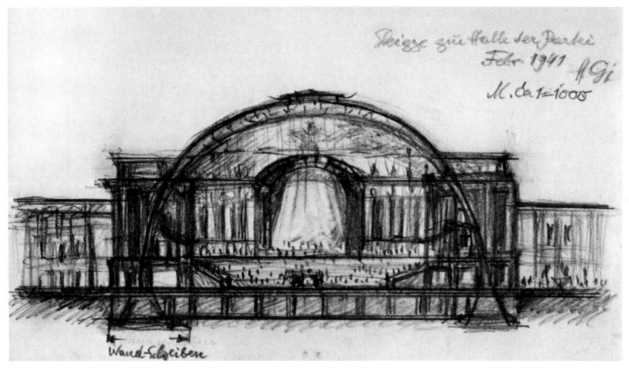

Von Architekt Hermann Giesler hatte Hitler eine »Halle der Partei« entwerfen lassen, an die sein Mausoleum grenzen sollte. Das Gebäude war Teil des geplanten »Forums der Partei« an der Gabelsberger Straße, in unmittelbarer Nähe des Königsplatzes.

Kunstwerke der großen, millionenschweren, im Keller gelagerten Bildersammlung Hitlers verschwanden, die für das von ihm geplante »Reichskunstmuseum« in seiner Heimatstadt Linz bestimmt waren. Dann rückten die Amerikaner in München ein. Es war der 30. April 1945, der Krieg war an der Isar zu Ende.

Hätten Hitler und das »Großdeutsche Reich« den Zweiten Weltkrieg gewonnen, München sähe heute anders aus. Das Zentrum der »Hauptstadt der Bewegung« wäre der Königsplatz. Dort hatten Hitler und Gall bereits die Keller eines neuen »Kanzleibaus« errichten lassen, über denen sich das neue Gebäude an den »Führerbau« bis zur Gabelsberger Straße anschließen sollte. Durch die Erweiterung der Neuen Pinakothek entlang der Barer Straße, den Neubau eines »Hauses der Deutschen Arbeitsfront« nördlich der Theresienstraße, ein Museum für Zeitgeschichte südlich der Gabelsberger Straße und eine »Halle der Partei« östlich der Türkenstraße wäre auf dem Gelände der ehemaligen Türkenkaserne ein großer Ehrenhof entstanden, der »Platz der NSDAP«. Dort hatte Hitler auch seine eigene Grabstätte geplant.

Doch das Regime war untergegangen, Deutschland befreit worden. München war zerstört, seine Einwohner hatten jede Menge Schutt zu räumen. Vom »Parteiviertel« war nicht mehr viel übrig. Das »Braune Haus« hatten mehrere Volltreffer zerstört, anderen NS-Gebäuden in den umliegenden Straßen war es nicht besser gegangen. Am Königsplatz war die *Glyptothek* schwer beschädigt. Auch der Ausstellungsbau im Süden des Platzes hatte Treffer abbekommen. Nur die »Ehrentempel« und die beiden Parteibauten der NSDAP standen nahezu unversehrt. Ebenso hatte die Pflasterung des Platzes keine schwereren Schäden abbekommen. An diesem architektonischen Erbe sollte München in den folgenden Jahrzehnten schwer zu tragen haben.

131

Vor dem ehemaligen »Verwaltungsbau« am Königsplatz werden im Mai 1945 von den US-Besatzungsbehörden NS-Fahnen ausgelegt, die von den Besuchern mit Füßen getreten werden mußten – eine von vielen Maßnahmen, die die Entnazifizierung voranbringen sollten.

Unbequeme Altlast

Neubeginn am Königsplatz

Am Abend des 5. Juli 1945 spielte sich auf dem Münchner Nordfriedhof eine gespenstische Szene ab: Vor dem Reihengrab 149-3-43 seilten ein paar Angestellte des städtischen Bestattungsamts einen Sarg in die Grube ab und schaufelten eilig Erde hinterher. Es gab keine Trauermusik, keine Reden und keinen Pfarrer. In wenigen Minuten war der Spuk vorbei. Hier fand Wilhelm Ehrlich seine letzte Ruhe, nach Gralow bei Landsberg an der Warthe, wo der Leichnam bis November 1935 geruht hatte, konnte man ihn nun nicht mehr bringen. In Gralow saßen jetzt sowjetische Truppen, später sollte es polnisches Staatsgebiet werden.

In der Nacht zuvor hatten die städtischen Totengräber alle 16 »Märtyrer der Bewegung« aus den »Ehrentempeln« geholt, nun verscharrten sie sie eilig. Die sterblichen Überreste von Martin Faust begleiteten Mutter und Tochter, bei Andreas Bauriedl waren es die Tochter und eine Nichte, bei Lorenz v. Stransky sorgte die Schwiegermutter dafür, daß er kirchlich beerdigt wurde. Die Angehörigen der anderen fanden eine auf die Grabsteine geklebte Karte, mit der die Friedhofskanzlei sie bat, sich zu melden. Auch die von Kurt Neubauer, dessen Überreste wieder auf dem Sollner Friedhof lagen.

Der Leichnam Adolf Wagners mußte ebenfalls verschwinden, die Totengräber schafften ihn ins Reihengrab 88-214 des Friedhofs im Perlacher Forst. Den ehemaligen Gauleiter wollte niemand begleiten. »Es muß vermieden werden«, hatte der

neue, von den US-Besatzungsbehörden eingesetzte Oberbürgermeister Karl Scharnagl am 27. Juni 1945 verfügt, »daß die Bestattungen unter öffentlicher Beteiligung oder unter irgendwelcher nach außen tretender Form durchgeführt werden«. Das erst wenige Tage amtierende Stadtoberhaupt war in den 20er Jahren schon einmal Oberbürgermeister gewesen, die Nazis hatten Scharnagl nach der Machtübernahme 1933 gewaltsam aus dem Rathaus vertrieben. Am 12. Juli 1945 konnte der Direktor des Städtischen Bestattungsamts dem OB Vollzug melden: »Die Leichen bzw. Leichenreste von den

Das alte Münchner Rathaus diente ab Mai 1945 als provisorisches Hauptquartier der US-Besatzungstruppen in Bayern.

133

Ehrensärgen in den Tempeln am Königsplatz wurden am 5. 7. 1945 ohne Zwischenfälle entfernt und, soweit vorhanden gewesen, in den Fam. Grabstätten, sonst in Reihengräbern nach Friedhofschluß unter Ausschluß der Öffentlichkeit beigesetzt«.[1]

Das Gußeisen der schwäbischen Sarkophage und die acht Pylone, zusammen 21 Tonnen schwer, verschrottete die Firma Kustermann und lieferte dafür Bremsklötze für die Verkehrsbetriebe. Die inneren Metallsärge, insgesamt 1,3 Tonnen schwer, gingen an die Straßenbahn, die daraus Lötzinn gewinnen wollte, um Straßenbahnanker und Leitungen reparieren zu können. Die »Helden der Bewegung« waren damit diskret entsorgt. Noch aber standen die steinernen Repräsentanzen der Nazis.

Münchens Zukunft: »Brennpunkt für den Fremdenverkehr«

Karl Meitinger wollte von der Vergangenheit nichts mehr wissen. Er hatte die Niederlage des »Großdeutschen Reiches«, den »Zusammenbruch« gut überstanden. Schon während der NS-Herrschaft war er Stadtbaurat von München gewesen, und nun – trotz des »Machtwechsels« – im Sommer 1945 schon wieder in Amt und Würden. Sein Blick war nach vorn gerichtet: »Wir müssen unter allen Umständen trachten, die Erscheinungsformen und das Bild der Altstadt zu retten«, sagte er auf der ersten Sitzung des Stadtrats im August 1945. Er wollte »in einigen Jahrzehnten unser liebes München wieder haben, wie es war«. Dann werde »München eines Tages wieder Brennpunkt für den neuen Fremdenverkehr sein und sein alter Ruf als deutsche Kunststadt [wieder] erblühen«.[2]

Hatte der »Fremdenverkehrsverband München und Südbayern« während der NS-Herrschaft noch mit den »Ehrentempeln« für die Stadt als Reiseziel geworben, sollte nun das ehemalige »Nationalheiligtum des deutschen Volkes« möglichst schnell verschwinden. Der Königsplatz mußte jetzt umgehend »entnazifiziert« werden. Das wünschten

Deutsche wie Amerikaner. Zu »Stätten des Friedens« umgewandelte »Ehrentempel« hätten jeden Besucher daran gemahnt, daß sie zuvor Stätten des Terrors gewesen waren, aus den Särgen gegossene Glocken immer Münchens Geschichte beläutet. Derartige Vorschläge aus der Bevölkerung fanden daher nicht die Zustimmung der Entscheidungsträger in München.

Normalität sollte her. Daß vom 27. September 1945 an der »Städtischen Oberschule für Mädchen« am Königsplatz (heute Luisengymnasium) wieder Unterricht erteilt wurde, war also eine gute Nachricht. Der Antrag der Betreuungsstelle für politische Verfolgte von Januar 1946 dagegen, den Königsplatz und die Brienner Straße in Straße bzw. Platz der Opfer des Faschismus umzubenennen und eine Gedenkstätte einzurichten, zielte aus Sicht der Stadtverwaltung in die falsche Richtung.

Das jedenfalls glaubte OB Scharnagl und beschied knapp, Wiedergutmachung sei bereits durch die Rückbenennung gegeben.[3] Der Platz hatte zwar während des Nationalsozialismus offiziell ebenfalls »Königsplatz« geheißen, auch wenn viele Nationalsozialisten ihn »Königlicher Platz« nannten. Aber das war Scharnagl egal. Verhindert werden mußte aus seiner Sicht, daß der Königsplatz, daß ganz München ein NS-Mahnmal würde. Nichts sollte an die »Hauptstadt der Bewegung« erinnern, und Neues in Form von Gedenkstätten sollte schon gar nicht entstehen.

Scharnagl war davon überzeugt: Das wollte auch die Mehrheit der Münchner. Und so bekämpfte er die Idee, an Stelle des zerstörten Wittelsbacher Palais in der Brienner Straße, in dessen Kellern Gestapo-Beamte unter anderen die Geschwister Scholl gefoltert hatten, ein »Haus der Erinnerung« zu errichten. Zu beseitigen waren dagegen die noch übriggebliebenen, offensichtlichen NS-Spuren wie die »Ehrentempel«. Zu Scharnagls Freude wünschten das auch die US-Militärbehörden. Seit der Veröffentlichung der Kontrollratsdirektive Nr. 30 zur »Beseitigung deutscher Denkmäler und Museen militärischen und nationalsozialistischen Charak-

Der Königsplatz im Winter 1945/46. Die »Ehrentempel« und die Propyläen haben den Krieg weitgehend unzerstört überstanden.

Auf dieser Aufnahme vom Sommer 1946 sieht man noch die Reste der Tarnnetze sowohl am südlichen »Ehrentempel« als auch am stark zerstörten Ausstellungsgebäude am südlichen Platzrand.

An mehreren Stellen der Stadt, so auch hier am Karlstor (Stachus), forderten in der ersten Nachkriegszeit große Aufschriften die GI's auf, vorsichtig zu fahren.

Das ehemalige »Braune Haus« an der Brienner Straße im Sommer 1945. Schon vor Kriegsende von mehreren Bombentreffern weitgehend zerstört, war von der alten Pracht nicht mehr viel übriggeblieben.

Blick vom Königsplatz auf den Karolinenplatz. Hier waren die Zerstörungen ebenfalls nicht so verheerend aus-
gefallen wie in anderen Münchner Stadtteilen. Im Hintergrund die Frauenkirche, deren Reparatur 1946 begann.

Den Hochbunker an der Hotterstraße im Stadtzentrum bauten findige Unternehmer 1947 zu einem Beherber-
gungsbetrieb mit Namen »Hotel City« um.

ters« vom 13. Mai 1946 war klar, daß die Tempel zerstört werden mußten. Es gab auch eine zeitliche Vorgabe: Bis 1. Januar 1947 sollte alles verschwinden, was geeignet war, »die deutsche militärische Tradition zu bewahren und lebendig zu erhalten, den Militarismus wachzurufen oder die Erinnerung an die nationalsozialistische Partei aufrechtzuerhalten«.

Bemerkenswerterweise traf dies für die Parteibauten nicht zu. Zwar hatten die Amerikaner im Winter 1945 die Reichsadler samt Hakenkreuzen über den Portalen der beiden NS-Bauten in der Arcisstraße entfernt. Aber die unzerstörten, komfortabel ausgestatteten Gebäude nutzten sie weiter: Der »Führerbau« wurde zum US-Hauptquartier, im Keller und auch in den Räumen des Verwaltungsbaus richteten die Amerikaner einen Central Collecting Point ein, in dem sie vom NS-Regime gestohlene Kunstwerke sammelten. Das »Haus der Deutschen Kunst« machten sie zum US-Offizierskasino, im ehemaligen »Luftgaukommando« richteten sie einen PX-Laden ein, und wo früher der »Reichszeugmeister« saß, regierten nun die US-Standortkommandanten.

Alle diese Bauten durften stehenbleiben. Denn die Direktive sah unter Punkt II. vor: »Nicht zu zerstören oder sonst zu beseitigen sind Gegenstände von wesentlichem Nutzen für die Allgemeinheit oder von großem architektonischen Wert, bei welchen der Zweck dieser Direktive dadurch erreicht werden kann, daß durch Entfernung der zu beanstandenden Teile oder durch anderweitige Maßnahmen der Charakter einer Gedenkstätte wirksam ausgemerzt wird.«

Umbau oder Abriß:
Kampf um die »Ehrentempel«

Die »Ehrentempel« hatten für die US-Militärbehörden keinen »wesentlichen« Nutzen. Aber sie standen noch, und immer wieder präsentierten die Münchner Ideen, wie sie künftig zu verwenden

seien. Scharnagl fand Gefallen an dem Vorschlag von Eisenhowers Kunstberater Brown, die »Tempel« zu Kunstausstellungsgebäuden umzubauen. Andere wünschten sich dort zwei Kaffeehäuser. Als schließlich Michael Kardinal Faulhaber dafür plädierte, auf die Sockel der Tempel je eine evangelische und eine katholische Kirche zu stellen, riß den US-Behörden der Geduldsfaden.

Am Dienstag, den 26. November 1946 um 16 Uhr befahl der Direktor der Militärregierung für Bayern, General Walter J. Muller, dem bayerischen Ministerpräsidenten Wilhelm Hoegner, die »Ehrentempel« müßten umgehend umgebaut werden oder verschwinden. Vollzug sei zu melden bis spätestens 1. Januar 1947. Da der Beauftragte für die Entnazifizierung beim Staatsministerium für Unterricht und Kultus, Reinhold Strenger, niemanden finden konnte, der die Tempel in der kurzen Zeit hätte umgestalten können, empfahl er deshalb den Abbruch der beiden Bauten und eine anschließende »gärtnerische Gestaltung«. Hans Eckstein assistierte ihm dabei in der *Neuen Zeitung*, dies müsse geschehen, um zu zeigen, »daß die Deutschen die Kraft haben, mit dem Alten zu brechen«.[4]

Am 2. Dezember stimmte Hoegner unter Hinweis auf die Kontrollratsdirektive dem Abbruch zu, am 3. räumte der bauleitende Architekt für die Instandsetzung der Verwaltungsbauten, Dieter Sattler, in einem Memorandum ein: »Auch das deutsche Volk wünscht diese Zeugen des 3. Reiches verschwinden zu sehen«, plädierte jedoch seinerseits für »Kunstpavillons«, mit denen die Sockel überbaut werden sollten. Am 4. sprach sich der Ministerrat dagegen aus und beschloß, die NS-Kultstätten abtragen zu lassen, weil die Bevölkerung das »Verschwinden der Ehrentempel vom Boden« verlange. Bayerns Innenminister Josef Seifried nahm das Vorhaben nun in die »höchste Dringlichkeitsstufe« auf.

Am 10. Dezember beantragte Strenger beim Landeswirtschaftsamt 500 Liter Dieselkraftstoff, damit der Abbruch beginnen könne, sowie beim Landesarbeitsamt die »beschleunigte Überweisung« von

Anfang Januar 1947 werden die beiden »Ehrentempel« auf Anweisung der US-Behörden gesprengt. Nur widerwillig waren die Münchner Behörden dem Befehl der Siegermacht nachgekommen. Die Sockel der Tempel stehen noch heute dort.

Die Trümmer der früheren NS-Feierstätten blieben zunächst liegen, und wurden erst nach und nach entfernt. Im Hintergrund links der ehemalige »Führerbau« mit verschalten Fenstern, rechts davon die Ruine des »Braunen Hauses«.

Auch im »Verwaltungsbau« stöberten Anfang Mai 1945 Plünderer nach Verwertbarem, die vielen vorhandenen Hitler-Bilder zählten offenbar nicht dazu.

30 Hilfsarbeitern. Der Generaldirektor der Bayerischen Staatsgemäldesammlungen, Eberhard Hanfstaengl, versuchte am 11. Dezember ein letztes Mal, den Standort für Ausstellungsräume zu reklamieren: Er monierte die hohen Kosten des Abbruchs, fügte hinzu, aus seiner Sicht verlange der Platz anstelle der Tempelbauten von gleicher Größe, etwa durch »Schließung der Wände, event. mit Fensteröffnungen, das Aufsetzen eines Daches entsprechend denen der alten Bauten, event. niedere Flügelanbauten«, die das Äußere völlig verändern würden. Daß er damit dennoch die NS-Ästhetik der Platzgestaltung fortschreiben wollte, fiel ihm offenbar nicht auf.

Die Bauten, führte Hanfstaengl weiter aus, dürften angesichts des Raumbedarfs für künstlerische Veranstaltungen nicht »einer wenn auch noch so berechtigten moralischen Empfindung zuliebe geopfert werden«. Die »radikale Beseitigung«, so Hanfstaengl, erwecke in ihm die »Erinnerung an brutale nationalsozialistische Handlungen, die man vermeiden sollte. (…) Wenn in den beiden Pavillons eine frische und lebendige Kunst unserer Zeit Freude und Anregung verbreitet, so wird in kürzester Frist der falsche Nimbus eines mißverstandenen Märtyrertums verblichen sein.« Die »Tempel« standen bis zu diesem Zeitpunkt fester als gedacht,

nicht nur wegen der Befürworter einer Umnutzung. Walter Kiaulehn, der als vormaliger NS-Schriftleiter[5] über hervorragende Kenntnisse der »braunen Denkart« verfügte, berichtete in der *Neuen Zeitung*:

»Die Ehrentempel sind vier Meter tief in Beton gegründet; zwanzig Meter im Quadrat erstreckt sich also unter jedem Tempel ein riesiges Kellergewölbe. Kein Mensch weiß, zu welchem Zweck es vorgesehen war. Zuletzt bewahrte die SS ihre Skier darin auf, was kein sonderlicher Beweis für den angeblich pietätvollen Zweck der Gebäude ist. Wollte man den steinernen Unfug sprengen, dann müßte man mit dem Aufwand von fünfzehntausend Arbeitsstunden und fünfzehntausend Kilogramm Dieselöl jeden der Natursteinpfeiler mit einer Sprengladung versehen, damit dann am Schluß die Dachplatte herunterstürzte. Das Einfüllen der Keller würde vier Monate dauern. Kosten für beide Ehrentempel siebzig- bis hunderttausend Mark. Ebenfalls fünfzehntausend Arbeitsstunden würde der Abbruch der beiden Tempel kosten. (…) Kosten für beide Ehrentempel hundertfünfzig- bis hundertachtzigtausend Mark. Bei beiden Möglichkeiten ist aber noch nicht an die Beseitigung des Kellers gedacht. (…) Der Abbruch oder die Sprengung würde zudem den Platz leer und im Sinne der Naziideologie ›heilig‹ bleiben lassen.«

Kiaulehn plädierte für einen Umbau, wie ihn Sattler empfohlen hatte. Er »würde dem Königsplatz endlich wieder einen Abschluß und eine lebendige Verbindung zur Brienner Straße mit dem Obelisken in der Mitte schaffen. Er würde die ›Führerbauten‹ gleichmäßig verdecken, (…) er wäre die glücklichste Lösung, weil er zu den Trümmern, die wir schon überreichlich haben, nicht noch neue und fatalere Trümmer schaffen würde«.[6]

Die Siegermacht bestand jedoch nun auf dem Abriß, wegen der knappen Frist blieb jetzt nur noch die Sprengung. Am 9. und 16. Januar 1947 war es soweit. Handwerker hatten die Fenster der Parteigebäude ausgehängt, Polizisten die Straßen abgesperrt. Die anschließenden Sprengungen zerstörten den oberirdischen Teil der »Ehrentempel«. Die

Sockel und die Kelleranlagen darunter blieben erhalten. Um sie zu zerstören, wäre soviel Dynamit nötig gewesen, daß die Explosion die Kunstschätze in den Parteibauten und diese selbst gefährdet hätte. An den folgenden Tagen transportierten Bauarbeiter den Schutt ab.[7] Auch die Kandelaber und die Fundamente der beiden Fahnenmasten ließen die Behörden in diesem Jahr beseitigen.

»Die politisch bedeutendste Stelle des Entnazifizierungsprogramms«

Aber der Königsplatz blieb mit seinem NS-Plattenbelag und den beiden Parteibauten an seinem östlichen Ende trotz der gegenteiligen Absichten der Stadtverwaltung ein (unfreiwilliges) Mahnmal des Nationalsozialismus. Und so trat ein Gremium mit den Staatssekretären Franz Fischer, für Bauwesen im Innenministerium, und Dieter Sattler vom Kultusministerium, den Regierungsbaudirektoren Karl Hocheder und Hermann v. Miller sowie einer Reihe von Architekten zusammen. Am 19. Februar 1947 beschloß es einen »engeren Wettbewerb« über die Zukunft des Platzes. Das interne Gremium, geführt

von Fischer und Sattler, präsentierte am 20. März erste Vorschläge. Gustav Gsaengers Idee einer Brunnenanlage »Schuld und Sühne« fand keinen Anklang. Präsident Rudolf Esterer überraschte mit der neuerlichen Behauptung, bereits Klenze habe sich den Königsplatz gepflastert gedacht und er könne daher so bleiben, wie er seit 1935 war. Und der Entnazifizierungs-Beauftragte Strenger war frustriert, weil der Wettbewerb ursprünglich hätte klären sollen, was über den Tempelfundamenten zu bauen sei, nun werde aber darüber diskutiert, ob dies überhaupt geschehen solle: »Es werden nicht einige Tausend Mark an Fachleute des Hochbaues verteilt, nur um von ihnen zu hören, daß nicht gebaut werden solle.«

Schließlich einigte sich das Gremium auf den Grundsatz »zurück zu Klenze« und eine möglichste Kaschierung der Parteibauten, schränkte jedoch ein: »Bei der gegenwärtigen Wirtschaftslage ist eine radikale Lösung unmöglich. Der Königsplatz kann leider z. Zt. von einer nazistischen Entstellung noch nicht völlig befreit werden.« Es empfahl »eine Annäherung an jenen Zustand, der vor der Nazi-Unzeit bestand. (...) Für die Entnazifizierung ist conditio sine qua non, in Nord und Süd die nazi-

Der Römersaal der Glyptothek vor 1945. Die Skulpturen waren sicherheitshalber 1941 ausgelagert worden.

Der Saal fiel wie das gesamte Bauwerk mit seiner Innenausstattung und den Malereien dem Bombenkrieg zum Opfer.

stische Einengung zu beseitigen, die Symmetrie des Königsplatzes wiederherzustellen und dem Platz seine ursprüngliche Grenze westlich der Arcisstr. wiederzugeben, die Ehrentempel verschwinden zu machen, der Brienner Str. zwischen Königs- und Karolinenpl. eine organische autonome Form wiederzugeben.«

Eine Grünfläche anstelle der »Ehrentempel« lehnten die Experten ab. Das würde »eine Stelle auffallend betonen, die aus politischen Gründen nicht betont werden darf«. Der Königsplatz wäre durch das neue Grün über die Arcisstraße hinaus nach Osten erweitert worden, diese Maßnahme hätte »anstelle der Ehrentempel einen Ehrenhain treten lassen«. Diese Lösung wünschte niemand, sie hätte die historische Gestaltung der Brienner Straße (mit der Abfolge Platz-Straße-Platz-Straße-Platz) erneut durchbrochen.

Aber noch standen die Sockel der »Ehrentempel«, und die Idee, darauf Ausstellungsgebäude zu errichten, war auch unter den Experten en vogue. Sie folgten Sattlers Gutachten und empfehlen: »Daß ein dringender Bedarf an repräsentativen Ausstellungsräumen vorhanden ist, bedarf keiner Begründung. Daß der Platz der Ehrentempel wie keiner für die Ausstellung von Kunstwerken und kunstgewerblichen Gegenständen geeignet ist, steht ebenfalls außer Zweifel. Man darf nicht unterschätzen, welchen Eindruck es im Auslande hervorrufen wird, wenn die Deutschen an der politisch bedeutendsten Stelle des gesamten Entnazifizierungsprogramms beweisen, daß sie nicht nur zu zerstören vermögen, sondern daß sie auch in dieser Notzeit die Kraft zu einer Aktion aufbringen, die den Willen zur Umkehr und eine neue Mentalität unmißverständlich dokumentieren würde.«[8]

Am 25. Mai traf das Expertengremium schließlich eine Entscheidung. Regierungsbaudirektor Karl Hocheder von der Bauabteilung des Innenministeriums setzte sich mit seinem Plan durch. Er

Die Glyptothek hatte schwere Schäden davongetragen. Zwar stand die Fassade weitgehend noch, aber die Räume dahinter hatten Bomben dem Erdboden gleichgemacht.

sah vor, die Fundamente mit einem längeren, niedrigen Kunstausstellungsgebäude zu überbauen, 85 Meter lang, zehn Meter hoch. Der Rohbau sollte schon im Winter stehen. Es kam abermals anders.

Neue Bauherren, alte Bauunternehmer

Ab 28. August 1947 stand rund um die Reste der ehemaligen »Ehrentempel« ein Bauzaun. Arbeiter fuhren 100 000 Ziegel, 15 Tonnen Kalk, fünf Tonnen Zement und drei Tonnen Gips heran und verbreiterten die Sockel. Im September stand bereits das Gerüst für das Modell, das nach Hocheders Plänen am südlichen Tempel in Originalgröße errichtet werden sollte, um die Wirkung zu testen. Allerdings behinderten anhaltende Stromsperren die Arbeiten. Und doch: Als sich Staatssekretäre, Ministerialbeamte und Architekten am 21. November 1947 zu einer Besprechung im Kultusministerium am Salvatorplatz trafen, hatten zunächst zehn, seit Oktober deutlich mehr Bauarbeiter bereits 40 000 Mauersteine, vier Tonnen Romankalk, drei Tonnen Karbidkalk, fünf Tonnen Zement, 25 Kubikmeter Nadelschnittholz, 40 Kilogramm Nägel und eine Tonne Gips verbaut.

Die Presse monierte den fehlenden Wettbewerb. Hans Eckstein meinte in der *Süddeutschen Zeitung*, man baue auf dem Fundament des Nationalsozialismus, und so sei es kein Wunder, »daß sich in diesen Tagen aus den Grüften der nationalsozialistischen Märtyrer ein böses Gespenst erhob: eine Fassadenattrappe, von der man glauben könnte, sie wäre vor Jahren im Atelier von Hitlers Hofarchitekten Troost erfunden worden«.[9]

An der Baufirma lag es nicht, sie hatte die Pläne nicht erstellt. Aber sie hatte bereits Erfahrung mit Arbeiten an diesem Platz. Niemand störte sich daran, daß ausgerechnet die Firma Leonhard Moll, Lindwurmstraße 129–131, beauftragt worden war: eben jene Firma, die schon um 1935 an zentraler Stelle während der NS-Umgestaltung des Königsplatzes tätig gewesen war.

Im August 1948 demonstrierten Zehntausende auf dem Königsplatz gegen den Preisauftrieb nach der Währungsreform und die Spaltung Deutschlands.

Molls Arbeitskräfte, darunter zahlreiche Flüchtlinge aus dem ehemaligen Sudetengau, die in Baracken in der Arnulfstraße hausten, mußten sich aber wegen der geplanten Kosten von 500 000 Reichsmark Kritik gefallen lassen. Sie sollten, schimpften Passanten, »die Arbeit an einer (…) ›völlig überflüssigen‹ Baustelle« niederlegen, solange so viele Leute noch keine Wohnungen hätten, oder auf engstem Wohnraum zusammengedrängt seien.[10]

In der Zeitschrift *Das Steckenpferd* lästerte Klaus Heller im Februar 1948: »In München liegen noch tausende Tonnen unaufgeräumter Schutt. In Bayern leben Millionen Flüchtlinge in den erbärmlichsten Verhältnissen (auch finanziell). Millionen Arbeiter bekommen für ihre ehrliche Arbeit einen Hungerlohn. Das Projekt Königsplatz dürfte mindestens einige 100 000 Mark kosten. Und tausende Arbeitsstunden. Und Treibstoff. Und Maschinen. (…) Wie wäre es zum Beispiel, sämtliche Autobahnen zu zerstören. Sie sind noch viel nazistischer als der Königsplatz, die ›Straßen des Führers‹«.[11]

Auch das Innenministerium änderte angesichts der öffentlichen Auseinandersetzung seine Meinung. Am 5. Februar 1948 bewertete die Bauabteilung eine Reihe von Gutachten aus einem erneuten Wettbewerb und faßte zusammen: »Eine Bebauung

Auch die Gewerkschaften nutzten den Königsplatz jetzt zu friedlichen Aufmärschen, hier der bayrische DGB-Vorsitzende Max Wönner bei einer Ansprache am 1. Mai 1949.

auf dem Platze der Ehrentempel-Fundamente sollte aus künstlerischen und psychologischen Gründen unterbleiben. (…) Dagegen können im Zuge der Brienner Straße in deren Richtungstendenz Bauten geringen Umfangs in lockerer Anordnung für Ausstellungszwecke errichtet werden, ohne daß damit große städtebauliche Planungen für ferne Sicht belastet würden.« Wenn die Ecken bebaut werden sollten, dürfe die Form der Ehrentempel nicht übernommen, die Silhouette nicht wiederholt werden. »Die Gebäude sollen nach Masse, Höhe und Architektur anspruchslos und bescheiden bleiben, damit der Königsplatz und seine Gebäude das Übergewicht behalten, ja noch gesteigert werden.«

Hans Eckstein von der *Süddeutschen Zeitung* lobte die neue »gute, endgültige Lösung« der Sachverständigenkommission unter Vorsitz von Fischer und Sattler, die offenbar auch ihn gehört hatte. Und in der Zeitschrift *Das Kunstwerk* stand zu lesen, wie der Königsplatz in der Zukunft aussehen sollte: »Es gilt die Parteibauten dadurch zu isolieren, daß man die durch die Sprengung entstandene Lücke von jeder Bebauung freihält.« Auch solle der Fahrverkehr verbannt, der Platz wieder begrünt werden.[12]

Die Verwaltung zog kurz nach der »Währungsreform« in den westlichen Besatzungszonen die Konsequenzen. Das Geld war jetzt noch knapper als

zuvor, da fiel die widerwillig getroffene Entscheidung, einen Schlußstrich zu ziehen, leichter. Am 29. Juni 1948 forderte das Landbauamt die Firma Leonhard Moll auf, »wegen der zu hohen Unterhaltungskosten die Baustelleneinrichtung, Geräte und Einrichtungen abzubauen, und die Arbeiten mit Wirkung vom 17. Juli 1948 vorerst einzustellen«.[13] Die übriggebliebenen Sockel der »Ehrentempel« verdeckte künftig ein schlichter Holzzaun.

Nachdem die Stadtratsfraktion der CSU im August noch einmal versucht hatte, die Fundamente der NS-Gedenkstätten für ein Grandhotel zu reklamieren[14], verebbte die Diskussion. Die Münchner vergaßen die »Ehrentempel«. Im »Verwaltungsbau« kamen die von Edwin C. Rae, dem Chef der *Monuments, Fine Arts and Archives Section* der Militärregierung in den verschiedenen Verstecken und Geheimdepots entdeckten Beutekunstberge der NS-Verbrecher unter, im »Führerbau« die Staatsbibliothek und das »Amerikahaus« .

Auch ein Vorstoß, die Leipziger Gelddrucker der Firma Giesecke & Devrient im ehemaligen »Führerbau« in der Arcisstraße 10 unterzubringen, scheiterte. Die Firma war aus der »Ostzone« geflohen und sollte im Zuge der Währungsreform die neue Westwährung drucken. Minister Alois Hundhammer (CSU) konnte sich mit diesem Vorhaben aus einem einfachen Grund nicht durchsetzen: Hier lagerten inzwischen ebenfalls Kunstwerke.[15]

Der Königsplatz als Demonstrationsort: Brot statt Waffen

Der Königsplatz war im Jahr 1948 längst wieder Veranstaltungsort für politische Demonstrationen, wenn auch unter geänderten ideologischen Vorzeichen. Am 6. April waren sogar wieder Uniformierte marschiert: Am Tag der US-Army, beobachtete die Presse, beklatschten die Zuschauer besonders eifrig die exakten Exerzierübungen der GIs. Als am 1. Mai Zehntausende auf dem Platz demonstrierten, wehten statt der NS-Fahnen dieses Mal die Banner der

Gewerkschaften und sogar der SED. Der bayerische Gewerkschaftsführer Lorenz Hagen forderte die politische und wirtschaftliche Einheit Deutschlands.

Die Leute forderten »Brot statt Waffen«. Denn das war die größte Sorge der Deutschen. Normalverbrauchern standen monatlich zu: acht Kilogramm Brot, ein knappes Kilogramm Nährmittel, 100 Gramm Fleisch, 400 Gramm Fett, 62,5 Gramm Käse, ein Liter Magermilch, 100 Gramm Trockenmilch, eineinhalb Kilogramm Zucker, 125 Gramm Kaffee-Ersatz, 300 Gramm Frischfisch und ein Kilogramm Trockenobst. Die Kammerspiele mußten ihre Pforten schließen, nachdem acht Schauspieler während der Aufführungen wegen Unterernährung zusammengebrochen waren. Auch im Theater der Jugend hungerten die Schauspieler, und so ließ OB Scharnagl als Sonderration zehn Pakete Mehl an die Schauspieler verteilen.

Am 8. August 1948 demonstrierten auf dem Königsplatz Zehntausende für »Berlins Kampf um unsere Freiheit«. Der Oberbürgermeister von Berlin, Ernst Reuter, sprach ebenso wie der Vorsitzende der »Ostzonen«-CDU, Jakob Kaiser, der stellvertretende bayerische Ministerpräsident, Josef Müller (CSU), der neue SPD-Oberbürgermeister Thomas Wimmer und Vertreter der anderen demokratischen Parteien. Und 100000 Arbeitnehmer folgten am 25. August 1948 einem Aufruf der Gewerkschaft und nahmen – zwei Monate nach der Währungsreform – an einer Protestversammlung »gegen Preiswucher« auf dem Königsplatz teil. Lorenz Hagen bezeichnete den CDU-Wirtschaftsexperten Ludwig Erhard und den Direktor für Ernährung, Landwirtschaft und Forsten im Verwaltungsrat des Vereinigten Wirtschaftsgebiets, den ehemaligen ostelbischen Gutsbesitzer Hans Schlange-Schöningen (CDU) als »Wirtschaftsdiktatoren«, zu denen

Nachdem die schlimmsten Kriegsschäden beseitigt und ein Großteil der Trümmer abgeräumt waren, kehrte Normalität auf dem immernoch granitbelegten Königsplatz ein. Spaziergänger flanieren auf ihm, ein Stelzenläufer macht Werbung für den Zirkus Krone.

Die Münchner nannten den Königsplatz inzwischen »Plattensee« und benutzten ihn als willkommene Parkfläche nahe der Innenstadt. Im Hintergrund das wiederhergestellte Ausstellungsgebäude auf der südlichen Platzseite in den 60er Jahren.

die breite Masse kein Vertrauen mehr habe.[16]

Das Erbe der Nazis drückte die Stadt schwer, auch finanziell. Auf dem Schreibtisch des Oberbürgermeisters lag im Januar 1950 eine Denkschrift über »Die Abwicklung der städtebaulichen Neugestaltungsmaßnahmen des ›Dritten Reiches‹«, die »eine untragbare finanzielle Belastung für die frühere ›Ausbaustadt‹ München« sei. »Die Abwicklung der zahlreichen, in der Ausführung steckengebliebenen Neugestaltungsmaßnahmen des ›Dritten Reiches‹, insbesondere aber die Wiederinstandsetzung des durch diese Maßnahmen schwer in Mitleidenschaft gezogenen städt. Ver-

kehrs- und Versorgungsnetzes stellt heute die Stadt (…) vor eine Aufgabe, die allein zu lösen sie angesichts ihrer sonstigen drückenden Nachkriegslasten und ihrer überaus angespannten Finanzlage außerstande ist.«

Die Verlegungs- und Straßenbaukosten durch die Umbaumaßnahmen der Reichsbahn für den neuen Bahnhof hätten 2,7 Millionen Reichsmark verschlungen. Nun rechneten die Stadtväter für die Wiederherstellung der alten Straßenzüge und die neuerliche Verlegung der städtischen Verkehrs- und Versorgungseinrichtungen mit Kosten von vier Millionen DM. Insgesamt standen auf der Erfassungsliste der Stadt Kriegsschäden von rund 200 Millionen Reichsmark. »Durch die Währungsumstellung gingen außerdem Altgeldguthaben in Höhe von 180 Millionen RM unter. Die Wertpapierbestände der Rücklagen schmolzen auf einen geringen Bruchteil zusammen, soweit sie nicht als Schuldverschreibung des ehemaligen Deutschen Reiches restlos entwertet wurden.«

München war pleite. In den ersten Nachkriegsjahren meldete der Kämmerer regelmäßig rote Zahlen. Den Wiederaufbau Münchens, argumentierte der Autor der Denkschrift deshalb, müsse die Bundesregierung in Bonn bezahlen. Schließlich hatte Hitler München für Deutschland umgebaut. Daraus leitete er ab, daß es sich beim Umbau Münchens um ein ebenfalls »dem ganzen deutschen Volk zustattenkommendes Projekt« handelte. Folgerichtig sollte daher »auch das Reich [!] die Kostenlast jedenfalls insoweit tragen, als die städtebauliche Neugestaltung Münchens die Leistungskraft der Stadt selbst überschreiten würde«. Und Rechtsnachfolger des Reichs sei – zumindest in den westlichen Besatzungszonen – die Bundesrepublik Deutschland.[17]

Doch der Bund konnte und wollte genauso wenig Gelder in dieser Höhe ausgeben wie die Stadt. Und so blieb der Königsplatz ein »Plattensee«, und bald geriet in Vergessenheit, was sich hinter dem Bretterzaun an der Arcisstraße verbarg.

Erst als Jahre später das Holz verwitterte und der Zaun einzustürzen drohte, flackerte die Diskussion erneut auf, ob auch die Fundamente abgebro-

Der Verkehr floß um das Stadttor der Propyläen herum in zwei Fahrspuren quer über den ansonsten dicht zugeparkten Königsplatz. In diesem Zustand blieb das Areal bis 1988.

chen werden sollten. 180000 DM sollte das kosten. Die Bayerische Verwaltung der staatlichen Schlösser, Gärten und Seen empfahl die billigste Lösung: Die Bepflanzung des Geländes und der Sockelreste für 23000 DM. So geschah es: Je die Hälfte bezahlten die Finanzverwaltung (zuständig für den nördlichen »Tempel«) und die Kulturverwaltung (zuständig für den südlichen).

Mit den Jahren wuchsen Gras und Büsche über die ehemaligen Weihestätten. Statt der braunen Marschkolonnen ergoß sich jetzt die Wirtschaftswunder-Autolawine über den Platz. Zwischen großen Parkflächen waren mit dicken weißen Streifen vier Fahrspuren von insgesamt elf Metern Breite aufgemalt worden, hier brauste der Verkehr über die Granitplatten, seit 1958 nicht mehr wie die Kutschen der Monarchen durch die Kolonnaden der *Propyläen*, sondern außen herum. Immer mehr Platten brachen unter der unvorhergesehenen Belastung, Ludwigs Königsplatz verwahrloste.

Einen lautstarken Appell, den demokratisch genutzten »hitlerischen Plattenbelag« zu beseitigen, richtete erneut Walter Kiaulehn, inzwischen Präsident der Aktionsgemeinschaft »Grüner Kreis«, im Juni 1961 an den ehemaligen NS-Juristen und nunmehrigen bayerischen Kultusminister Theodor Maunz: »Als Hüter des einzigartigen Bauerbes von Ludwig I. und seines Sohnes [sic] Maximilian II. muß der bayerische Staat die auf ihn überkommenen Gebäude, Straßenzüge und Plätze so bewahren und an die Zukunft weitergeben, wie sie von den Königen und ihren großen Baukünstlern gedacht worden sind. Bleibt der jetzige Zustand auf dem Königsplatz weiter bestehen, haben es die gedankenlosen Verkehrsenthusiasten leicht, die den Königsplatz endgültig zu einem Autoparkplatz degradieren wollen.«[18] Eine konkrete Folge hatte der sofort auf die lange Reise durch die zuständigen Gremien geschickte Vorstoß. Von Juli 1962 an durften Autos nur noch an den östlichen Ecken abgestellt werden. Aber der Platz an sich blieb wie er war.

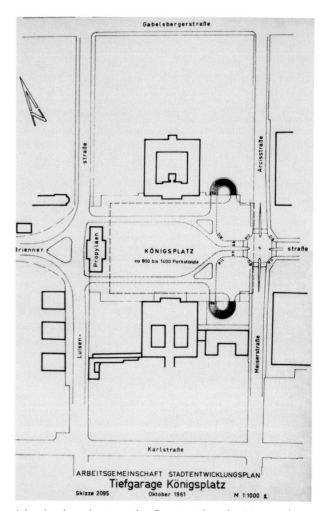

Jahrzehntelang berieten die Gremien über die Neugestaltung des Königsplatzes. Im Jahr 1961 stand eine Tiefgarage in der Gunst der Politiker weit oben.

Olympisches Feuer 1972

Am 28. Oktober 1965 überraschte der Präsident des Nationalen Olympischen Komitees, Willi Daume, den Münchner Oberbürgermeister Hans-Jochen Vogel (SPD) mit einer Idee: München solle die Olympischen Spiele 1972 austragen. Nachdem sich kurz zuvor das IOC in Madrid gegen erbitterten Widerstand der Bundesrepublik dafür entschieden habe, bei den nächsten Spielen zwei getrennte deutsche Olympiamannschaften zuzulassen (und damit

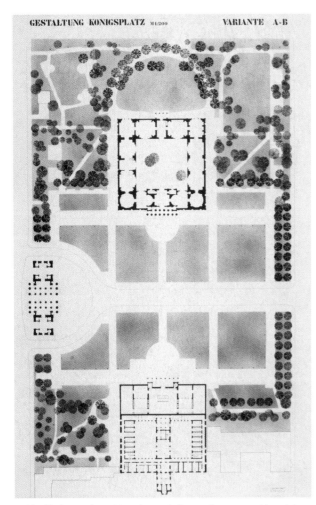

Schließlich wurde 1986 dieser Rekonstruktionsvorschlag (ohne Tiefgarage) verabschiedet. Ab 1987 rekonstruierten Gartenbauer die früheren Grünanlagen.

einem alten Wunsch der DDR-Regierung nachgekommen war), stünden die Chancen gut. Viele IOC-Mitglieder seien bereit, nun wieder etwas für die Bundesrepublik zu tun. Als Austragungsort käme in Westdeutschland nur München in Frage. Vogel wandte ein, die Stadt besitze keine geeigneten Sportanlagen, aber Daume konterte, dies sei eher ein Vorteil, weil das IOC lieber neue Stadien als alte sehe. München hätte sieben Jahre Zeit, alle erforderlichen Sportstätten neu zu bauen.

Die Olympischen Spiele, das erkannte OB Vogel schnell, waren eine Chance für die Stadt: Viele

Touristen, große Einnahmen für Gastronomie und Einzelhandel, große Zuschüsse vom Bund für Infrastrukturmaßnahmen würden München voranbringen. Gleichzeitig flackerte jedoch auch die Debatte um den Königsplatz wieder auf. Er sei »ein antikes Forum von vollendeter Einheit und klassischer Harmonie«, argumentierte Hans Zech 1966 in einem Buch mit dem Titel »Ein neuer Königsplatz«. Aber statt den »Barbarismus des Hitlerschen Plattensees« zu beseitigen und den Platz von seiner »todbringenden Versteinerung« zu befreien, führe die Untätigkeit der Stadt dazu, daß Besucher »einen mit größtenteils zerbrochenen Granitplatten gepflasterten und mit Asphalt geflickten Autoparkplatz« vorfänden. »Damit wurde das tödliche Verbrechen der Tyrannis am schönsten Platz unserer Stadt und unseres Landes nicht nur nicht wieder gutgemacht, sondern geduldet«, der Königsplatz nach dem Königlichen Platz nun zum Königlichen Parkplatz gemacht.

Zech forderte, künftig sollten Aufmärsche und Großkundgebungen von diesem Platz ebenso verbannt werden wie die Autos, fahrende und parkende. Er plädierte dafür, den »Massenparkplatz und Großgaragenhof Königsplatz« unter die Erde zu bannen, in eine Tiefgarage. Die Olympischen Spiele seien ein guter Zeitrahmen, um die von Bombenschäden gezeichnete *Glyptothek* zu restaurieren, und den Königsplatz von den Platten zu befreien. Bis zur feierlichen Eröffnung der Spiele sei folgendes sicherzustellen: »Alle Hoch- und Tiefbaumaßnahmen müssen am Königsplatz beendet, die neue Konzeption des Königsplatzes verwirklicht sein. (…) Das olympische Feuer, Symbol des ewigen Griechenlands, müßte nicht nur im Stadion auf dem Oberwiesenfeld, sondern auch auf dem Königsplatz entzündet werden«.[19]

Doch es sollten weitere 22 Jahre vergehen, bis auf Ludwigs Platz Hitlers Erbe gänzlich beseitigt war. Denn der »Plattensee« war zunächst noch sehr nützlich. In München wie anderswo fuhren immer mehr Autos, und Parkraum wurde knapp. Als

Bei der Mai-Kundgebung 1968 auf dem Königsplatz mischten sich Studenten mit Ho-Tschi-Minh-, Mao- und Karl-Marx-Bildern unter die Gewerkschafter.

Ministerpräsident Franz Josef Strauß ließ am 6. November 1980 einen »großen Zapfenstreich« der Bundeswehr auf dem Königsplatz abhalten. Daß damit fatale Erinnerungen an die Zeit vor 1945 geweckt wurden, störte ihn nicht.

Abstellfläche nahe der Innenstadt war der Platz vorerst unersetzbar. Zwar wollte die SPD-Fraktion im Stadtrat »die Verschandelung dieses historischen Platzes durch parkende Fahrzeuge, die sich zu einer Blechwüste addieren«, nicht länger hinnehmen. Aber ähnliches hatte sie bereits sieben Jahre zuvor gesagt. Auch der einzige CSU-Oberbürgermeister dieser Jahrzehnte, Erich Kiesl, wollte Grün sehen und übernahm Zechs Vorschlag, beim Abbau der Platten eine Tiefgarage unter dem Königsplatz zu bauen. Bevor die neue, den Platzbereich tangierende U-Bahn-Linie (U2) jedoch nicht fertiggebaut sei und die Ausstellungsgebäude nicht vollständig renoviert wären, könne an Baumaßnahmen am Königsplatz nicht gedacht werden.[20]

Im Juli 1978 – die Olympischen Spiele in München waren längst Geschichte – legte die Oberste Baubehörde des Innenministeriums endlich drei Alternativen für den Königsplatz vor: 1. Grünfläche mit je zweispuriger Umfahrung der *Propyläen*, 2. Grünfläche mit je einer Spur durch die Pylonen der *Propyläen*, 3. Erneuerung des Plattenbelags in seiner bisherigen Form.

Doch noch war die U-Bahn nicht fertiggestellt. Also rutschte der Umbau 1980 von der Dringlichkeitsliste eins in Liste zwei. Zur Empörung vieler lautstarker Demonstranten dienten die Platten nicht nur weiter als Piste für Münchens Autofahrer, sondern 1980 erstmals auch als Austragungsort für eine Rekrutenvereidigung und einen »Großen Zapfenstreich« der Bundeswehr.

Otto Meitinger, Sohn des schon zu NS-Zeiten amtierenden Stadtbaurats Karl Meitinger und seit 1976 Inhaber des Lehrstuhls für Entwerfen und Denkmalpflege der TU München, befürwortete im Herbst 1981 in einem Gutachten einen grünen Platz mit vierspuriger Straßenführung. Einige Beamte im Innenministerium konferierten anschließend erneut über dieser Frage, ohne zu einem konkreten Ergebnis zu kommen.

Im selben Jahr beklagte deshalb eine »Gruppe der an der Stadtgestaltungskommission beteiligten Architekten«, daß es keinen Ideenwettbewerb gebe, vielmehr »die Oberste Baubehörde im Bayerischen Innenministerium sich für legitimiert und fähig« halte, diese wichtige öffentliche Aufgabe behördenintern abzuwickeln.

Die Gegen-Forderung lautete: offener Wettbewerb. Die Oberste Baubehörde lehnte das jedoch als überflüssig ab. Auch der zuständige Bezirkssausschuß Maxvorstadt stritt bis 1986 weiter über die Frage: Begrünung oder Parkplätze, nachdem der Vorsitzende Rudolf Altmann (CSU) schon 1980 eine Tiefgarage beantragt hatte. Im Oktober 1986 beschloß der Stadtrat schließlich, daß der »Plattensee« nach 52 Jahren wieder zugunsten des historischen Vorbildes weichen solle. Die Kosten von 6,2 Millionen Mark übernahmen je zur Hälfte Stadt und Freistaat. Im April 1987 rollten die Bagger an.

Der Königsplatz ist überall – in Bayern

Ein gutes Jahr später, im Juni 1988, 43 Jahre nach Kriegsende, lag er wieder da, als wäre nicht geschehen: der Königsplatz. München hatte sich architektonisch für die Monarchie entschieden, für das Alte, Verläßliche, die gute Tradition, schließlich war früher alles besser. Ganz früher. Von den dreizehn Jahren, die den Königsplatz von Grund auf verändert hatten, war auf dem Platz selbst jede Spur getilgt.

Das galt auch für München insgesamt: Wo immer die Zerstörungen des »Dritten Reichs« oder des Zweiten Weltkriegs Lücken gerissen hatten, baute man in München mehr oder weniger originalgetreu wieder auf. Eine neue Form zu finden versuchte man hier nicht. In München hatten »die ›Traditionalisten‹ den Wiederaufbau der Stadt« gesteuert, bilanzierte Gavriel Rosenfeld im Jahr 2000 in seinem Buch »Munich and memory«. »Heute ist München wahrscheinlich die einzige deutsche Großstadt ohne eine markante Ruine wie z. B. die Kaiser-Wilhelm-Gedächtniskirche in Berlin.« Immerhin waren nun die alten Steinplatten verschwunden, die die Nationalsozialisten 52 Jahre zuvor auf dem Platz

Im Sommer 1987 werden die Platten entfernt, wenig später ist die NS-Aufmarschfläche restlos verschwunden.

verlegt und auf die sie ihre Stiefel geknallt hatten, daß das ganze Viertel erschauderte.

Wäre das nicht geschehen, hätten jene Neonazis, die sich am 18. August 1987 vor der Feldherrnhalle versammelten, in der Nacht ihre Fackeln wohl am Königsplatz entzündet und ihre Lieder vor den »Tempel«-Sockeln gegrölt. Ihre »Gedenkfeier« galt Rudolf Heß, der sich an diesem Tag im Spandauer Gefängnis nach 46jähriger Haft selbst getötet hatte. Der Königsplatz war bekanntlich der »Gedenkplatz für die Märtyrer des Nationalsozialismus« gewesen. Und zu denen zählten die Neonazis selbstverständlich auch den »Freiheitskämpfer« Rudolf Heß. Dies blieb dem Platz und seinen nunmehr wieder grünenden Grashalmen erspart.

Aber wo sind sie geblieben, die Platten? Robert Haas weiß es, er war damals Bauleiter der Firma Stratebau, die das Projekt leitete: »Ein findiger Unternehmer kam auf die Idee, die Platten am Königsplatz mit einer Saugglocke abzuheben, für teures Geld von der Baustelle zu schaffen und an interessierte Unternehmen zu verkaufen. Sogar die Scherben hat der noch verarbeitet.« Die Platten seien immerhin »ein wertvoller Naturrohstoff« gewesen, meint Haas, geeignet »für Erhaltungsmaßnahmen in historischen Bereichen«.[21]

Es war die Firma Bornhofen & Schätz aus Fürstenstein bei Passau, die den Zuschlag erhielt – nach einer ordentlichen Ausschreibung, wie Eduard Kessler betont, damals Bauleiter für die Stadt, später Leiter des Straßenbaubezirks Mitte. Die Passauer hätten das höchste Gebot für Platten und Erfassungsmauern abgegeben. Hans-Jörg Bornhofen bezahlte nach eigener Auskunft für das dabei gewonnene historische Steinmaterial rund 200 000 DM.[22]

Im Sommer 1987 saß er in seinem 7er BMW und beaufsichtigte die schweren Lastwagen, die seine Gebrauchtware direkt vom Königsplatz abholten. »Teile der Platten hat Bornhofen von der Baustelle weg verkauft«, erinnert sich Haas. Tatsächlich sprachen sogar Passanten Bornhofen an, ob man die Stücke auch einzeln kaufen könne. Man konnte. »Welche Rolle die Platten vorher gespielt haben«, sagt Bornhofen, »hat die Leute wenig interessiert.« Haas glaubt heute: »Der Bornhofen hat sich eine goldene Nase verdient.«

Draufgezahlt hat Bornhofen »auf keinen Fall«, das will er schon zugeben. »Aber die Sache war mit einem Risiko verbunden. Wir wußten nicht, ob die Platten mit dem Mörtel-Fundament verbunden waren. Eine Reinigung wäre unbezahlbar gewe-

Die Platten vom Königsplatz endeten nicht in der Steinmühle. Sie liegen heute u. a. in Gräfelfing.

152

sen.« Außerdem wiesen zwei Drittel der Platten Zerstörungsspuren auf, vor allem die fünf Zentimeter dicken. Die meisten der Zehn-Zentimeter-Stücke waren dagegen komplett erhalten, makellose Granitplatten, wie Bornhofen fand, »mit einem sehr schönen Farbspektrum«.

Es war heiß an diesen Tagen im Sommer 1987, Bornhofens Büro war sein Auto. Per Funktelefon dirigierte er die Lastwagen der von ihm beauftragten Speditionen zum Königsplatz. Zwei bis drei LKW fuhren jeden Tag ab, nach zwei Monaten war der Königsplatz vom »Plattensee« befreit.

Die Steine gingen an viele kleine Baustellen in ganz Bayern, die größte Partie nahm die Stadt Friedberg bei Augsburg ab. 4000 Quadratmeter des Königsplatzes pflastern nun die Fußwege der Altstadt: Jungbräu- und Mauernbräustraße, Marienplatz. »Wir wollten winterfeste Platten«, erläutert der damalige Bürgermeister Albert Kling. Dann kam das Angebot, und als er hörte, woher die Platten kämen, habe er »geschmunzelt«. In Friedberg seien die Originale vor der Verlegung noch neu zugeschnitten worden, auf 24 mal 24 Zentimeter, und nun erfüllen sie ihren Zweck. »Der Stein ist ein guter Stein«, sagt Kling. Im Gegensatz zu Augsburg müsse Friedberg seine Platten nicht jeden Winter ausbessern.[23]

Auch Augsburg nahm 300 Quadratmeter ab, aber die sind bis heute in einem Lager verstaut. Gräfelfing dagegen hat seine Erwerbungen ebenfalls verbaut. An der Ecke Bahnhof-/Rottenbucherstraße warten die Fußgänger an der Ampel auf Granitplatten vom Königsplatz auf das grüne Lichtsignal. Acht mal vier Stück, 400 DM hat jedes Stück gekostet. Die Gemeinde bezog sie von der Firma des Münchner Straßenbaumeisters Max Kolhöfer, der etwa 5000 Quadratmeter aufgekauft hatte, die ansonsten in kleinen Partien an Gartenbauer gingen, unter anderem an einen Privatmann am Chiemsee.

Eine Originalplatte landete auf verschlungenen Wegen im Münchner Stadtmuseum, wo sie noch

heute liegt. Daß die »Diebe« vom Museum ihn nicht gefragt hatten, grämt Bornhofen nicht. »Irgendwie hatten sie ja ein Recht dazu.«

Münchens geheime Hoffnung: Die Zeit heilt Wunden

Bei Eduard Kessler klingelte das Telefon: Ein Mitarbeiter der *Glyptothek* beschwerte sich beim städtischen Bauleiter des Königsplatzprojekts. Die antiken Figuren in den Ausstellungsräumen schwankten bedenklich. Draußen bebte der Platz wie bei einem Erdbeben, wann immer die Abrißbirne auf das Fundament donnerte. Wie sich das in den Museen auswirken könnte, darüber hatte Kessler nicht nachgedacht.

Als er in der *Glyptothek* stand, konnte er aber nichts feststellen. Die Mitarbeiter des gegenüberliegenden Museums der Staatlichen Antikensammlung hatten keine Störungen gemeldet, aber nun wollte Kessler sich doch vergewissern, daß auch die dortigen Schätze nicht gefährdet waren. Er überquerte den Platz und war überrascht: Die Schaukästen, in denen Vasen und andere Exponate standen, vibrierten bedenklich – völlig unbemerkt vom Aufsichtspersonal.

Sorgfältig erneuern Arbeiter 1988 die Begrünung und die kleinteilige Pflasterung des Königsplatzes.

Rund um die Propyläen grenzen seit 1988 neue Granitrandsteine die Grünflächen ab.

Offenbar hatten die Arbeiter der Firma Leonhard Moll 1935 tatsächlich für »tausend Jahre« gebaut,[24] und ihre Nachfolger von Stratebau mußten deshalb schweres Gerät anfordern, um das immer noch unter der gesamten Platzfläche vorhandene Fundament zu zerstören, das einst die Platten getragen hatte. Kessler stoppte sofort die Abrißbirne, die jedes Mal »ein kleines Erdbeben« verursachte, und ließ die Bauarbeiter mit Preßluftmeißeln weiterarbeiten. Schließlich war alles zertrümmert und abtransportiert, und der Platz konnte neu gestaltet werden.

Im Juni 1988 wuchs endlich auf dem Königsplatz Gras. Zwischen den Wiesen hatten die Bauarbeiter des Stratebau-Subunternehmers Gunter Hartmann die Straße gepflastert, andere Kollegen die Schuppenbögen vor den *Propyläen* gelegt. Nichts erinnerte mehr an die steinerne Uniformität der dunklen Jahre zwischen 1933 und 1945. Der Platz sah fast wieder so aus, wie seine Schöpfer, Klenze und Ludwig I., ihn zu Beginn des 19. Jahrhunderts erdacht hatten. Es war wieder ein monarchischer Platz, und die Münchner waren zufrieden, daß die Zeit zurückgedreht worden war. Nur wenige kritische Stimmen störten die Harmonie. War die Rückkehr zum Ursprung die einzige sinnvolle Lösung? Architekturprofessor Winfried Nerdinger verwies auf die politische Aufgabe, die beim Umgang mit den NS-

Bauten zu bewältigen sei, und zwar nicht von der Denkmalpflege.

Irritiert war er darüber, »daß zwar im NS-›Verwaltungsbau‹ am Königsplatz auch noch die Toilettenanlagen unter Denkmalschutz gestellt wurden, während gleichzeitig der gesamte Königsplatz, das flächenmäßig größte NS-Denkmal in München, ohne Diskussion beseitigt wurde, da eine Auseinandersetzung politisch nicht erwünscht war«.[25]

Nerdinger konstatierte, daß in München – wie in anderen Städten – eine »abgestufte architektonische Entnazifizierungskosmetik« stattgefunden habe: Embleme und Hoheitszeichen seien wie an den Parteibauten überall entfernt worden, die Gebäude dagegen würden ohne Skrupel genutzt, ihre Vergangenheit sei mit der Zeit aus dem Gedächtnis der Menschen verlorengegangen.

An einem Ministerium habe man dem Adler das Hakenkreuz herausgemeißelt, auch die »Adolf-Hitler-Linde« auf dem Gedenkstein der NS-Muster-

Mittlerweile stehen sowohl im »Führerbau« als auch im »Verwaltungsbau« sogar die Toiletten unter Denkmalschutz.

Bevor der Platz bepflanzt werden konnte, mußte auch der den Königsplatz kreuzende Abwasserkanal erneuert werden.

siedlung Ramersdorf habe ein geschickter Steinmetz entnazifiziert. Und der für die Reichsbank nur bis zum Erdgeschoß gebaute Block an der Ludwigstraße sei noch in den fünfziger Jahren nach dem ursprünglichen Entwurf der NS-Baubürokratie für die bayerische Landeszentralbank fertiggestellt worden. Nerdingers Resümee: »Die repräsentativen NS-Bauten wurden dagegen durch Kultur langsam im Bewußtsein der Bürger neutralisiert.«

Im nun »Haus der Kunst« genannten NS-Ausstellungsgebäude – das Wort »deutsch« fehlte nach 1945 – habe man Picasso, van Gogh und das Gold des Tutanchamun gesehen. Daß dieser Bau der »NS-Tempel für eine zum ›Fanatismus verpflichtende Kunst‹« gewesen war, sei kaum noch bekannt. Im

»Führerbau« habe der größte Massenmörder der Geschichte residiert, dort sei die Vergewaltigung des tschechischen Volks vereinbart worden, aber heute sei er der Ort, an dem Musikhochschüler übten und man am Abend Konzerte besuche.

Tatsächlich war der Nationalsozialismus in Münchens Architektur deutlich sichtbar geblieben, aber kaum jemand vermochte das noch zu erkennen. Die Strategie der Münchner Stadtverwaltung, also der »Weltstadt mit Herz«, diesen Teil ihrer Geschichte durch Neunutzung zu neutralisieren, hatte funktioniert.

Adolf Hitler hatte das vorhergesehen: »Die kleinen Tagesbedürfnisse, sie haben sich in Jahrtausenden verändert und werden sich ewig weiter

155

wandeln. Aber die großen Kulturdokumente der Menschheit aus Granit und Marmor stehen seit Jahrtausenden. Und sie allein sind ein wahrhaft ruhender Pol in der Flucht all der anderen Erscheinungen«, hatte er 1937 formuliert. »Deshalb sollen diese Bauwerke nicht gedacht sein für das Jahr 1940, auch nicht für das Jahr 2000, sondern hineinragen gleich den Domen unserer Vergangenheit in die Jahrtausende der Zukunft.« Die pragmatischen Entscheidungen der US-Besatzungsbehörden und der städtischen Behörden in der Nachkriegszeit, die Bauwerke weiterzunutzen, hatten es ermöglicht, daß Hitlers Vision Wirklichkeit wurde.

Längst waren die NS-Bauten »demokratisiert«, der »Führerbau« beherbergt seit 1957 die Staatliche Hochschule für Musik und Theater, im »Verwaltungsbau« ist seit 1947 das Zentralinstitut für Kunstgeschichte untergebracht. Dagegen hatte Nerdinger nichts einzuwenden, daß jedoch an keinem dieser Bauten eine Erinnerungstafel an die Herkunft erinnere, empfand der Architekturprofessor als fatal: »Die historische Chance, Millionen von Besuchern und Zehntausende von Studenten über die Geschichte des Hauses immer wieder mit dem Nationalsozialismus zu konfrontieren und dadurch mitzuwirken am Aufbau eines antifaschistischen Bewußtseins, wurde nie erwogen. Im Gegenteil war und ist bis heute das Bestreben darauf gerichtet, alle mit der Architektur verknüpften Bezüge zum Nationalsozialismus systematisch auszulöschen.«

Um die vereinzelt tatsächlich irgendwann angebrachten Gedenktafeln mußten die Initiatoren jeweils heftig ringen. So etwa am Neubau der Landesbank, wo einmal das Wittelsbacher Palais gestanden hatte, das die Nazis als Gestapo-Hauptquartier genutzt und ungezählte Opfer bestialisch gefoltert und ermordet hatten: »In der Zeit der NS-Gewaltherrschaft Dienstgebäude der Geheimen Staatspolizei. Durch Bomben zerstört 1944«, steht – die historische Wahrheit stark verkürzend – seit 1984 auf einem Schild, um das drei Jahre gestritten wurde. Auch das Landwirtschaftsministerium ließ im selben Jahr im Hof eine Erinnerungstafel an-

bringen, die wegen der Hartnäckigkeit des sehr engagierten Bezirksausschusses München 3 / Maxvorstadt nicht zu verhindern war.

Nerdinger ereiferte sich auch über die Versäumnisse an anderen Stellen: »Daß im Keller des heutigen Landwirtschaftsministeriums an der Ludwigstraße der Gauleiter bis in die letzten Kriegstage morden ließ, im Polizeipräsidium eine Zeitlang Frick, Himmler und Heydrich ihr Unwesen trieben, im Justizpalast in der Prielmayerstraße Roland Freisler die Mitglieder der Weißen Rose zum Tod verurteilt hatte und in Stadelheim die bayerischen Widerstandskämpfer hingerichtet wurden, all das wird nicht durch den geringsten Hinweis an diesen Bauten ins Bewusstsein der Bewohner der ehemaligen ›Hauptstadt der Bewegung‹ gebracht.«

Das Landwirtschaftsministerium hatte sich erbittert dagegen gewehrt, als vormaliger Sitz des Gauleiters gekennzeichnet zu werden, und auch die anderen Behörden zeigten keine Neigung, die Vergangenheit ihrer Häuser mit derartigen Erinnerungstafeln offenzulegen. Und so finde Münchens Erinnerung seither in Dachau statt. Es sei, so Nerdinger weiter, »Münchens geheime Hoffnung: Die Zeit heilt Wunden.«[26]

Nerdinger stellte abschließend fest, daß beim Umgang mit NS-Repräsentationsbauten bei allen verantwortlichen Politikern oder Ministerialbeamten grundsätzlich die Devise gelte, »nur ja nicht auf die NS-Geschichte des Bauwerks hinweisen. Befragt nach dem Grund heißt es entweder, es könne den Benutzern nicht zugemutet werden, ständig mit der NS-Zeit konfrontiert zu werden; ein Beamter erklärte sogar bezüglich des sogenannten ›Führerbaus‹, die ausländischen Musikstudenten würden Schaden durch einen derartigen Hinweis erleiden. Oder es wird behauptet, durch einen Hinweis an den Bauten würde man erst Kultstätten für Rechte und Neonazis schaffen.«

Nerdinger hielt diese Argumente für falsch. Die Demokratie müsse »Flagge zeigen und Zeichen setzen. Konkret: Die Weltstadt mit Herz, das liebe

Der Königsplatz, wie er sich seit 1988 wieder der Öffentlichkeit präsentiert: Im Vordergrund die kleinteilige Musterpflasterung vor den Propyläen, dahinter die beiden Fahrspuren in der Platzmitte, rechts und links von Grünflächen gesäumt.

München, sollte bekennen, daß es einmal ›Hauptstadt der Bewegung‹ war, daß der braune Sumpf von hier ausging. Dann kann auch verkündet werden, daß sich etwas geändert hat. Nur den Königsplatz zu begrünen und über die ›Ehrentempel‹ Gras wachsen zu lassen – oder gar durch Museumsbauten zu ersetzen –, ist die falsche Haltung, denn alles nur Verdrängte kehrt in anderer Form wieder.«[27]

So wie die »Täterorte« getarnt und ihrer Vergangenheit entledigt werden, so fristet auch der zentrale Münchner Gedenkort in Bezug auf das »Dritte Reich« ein peinliches Dasein: der Platz der Opfer des Nationalsozialismus am Maximiliansplatz. Dort steht seit 9. November 1985 zwischen Bäumen

versteckt eine Stele, die deutlich niedriger ist als der Obelisk für die bayerischen Soldaten am nahen Karolinenplatz, und viel bescheidener beschriftet ist als die Tafeln in Gärtners Feldherrnhalle, die an die Toten der Kriege von 1870/71 und 1914–1918 erinnern. Dort steht zu lesen: »Im Weltkriege 1914/18 kämpften Schulter an Schulter mit den deutschen Brüdern u. treuen Verbündeten für des Reiches Bestand u. Freiheit 1400000 Bayern. 200000 starben den Tod fürs Vaterland« Auf der Säule am Platz der Opfer des Nationalsozialismus brennt hinter einem Gitter in einer Schale ein ewiges Feuer. Unten am Stein lehnt meist ein Kranz. Nur sehr aufmerksame Passanten bemerken, daß diese

157

Insel einen eigenen Namen hat. Die umliegenden Geschäfte nutzen lieber die Adresse Maximiliansplatz.

In seinem Buch »Vergangenheitsbewältigung in Deutschland« urteilte Peter Reichel 2001: »Auch in München ging es zuallererst um Umnutzung. Auch dort hieß die Devise Spurenbeseitigung. Vielleicht stärker als anderswo.« Daß viele Münchner, vor allem die einflußreichen, so verbissen waren im Bewahren der Verdrängung, hat denselben Grund wie in anderen Städten auch: Die westdeutschen Eliten wollten die eigene Verstrickung vergessen. Vielen Wissenschaftlern und Beamten lastete ihr Verhalten im Nationalsozialismus unangenehm auf der Seele, vielen Firmen war es peinlich, sich in den dreißiger Jahren beim »Gauobmann der Deutschen Arbeitsfront (Gau München-Oberbayern)« um die Auszeichnung als »Nationalsozialistischer Musterbetrieb« beworben und sich damit zum »Leistungskampf der deutschen Betriebe« gemeldet zu haben.

So geschehen etwa im Falle der Deutschen Bank, Filiale München. Die schickte für das Arbeitsjahr 1937/1938 mit der Bewerbung stolz ein Foto vom Betriebsappell am 27. September 1937 an Gauobmann Wilhelm Wettschureck in die Brienner

Straße 46, direkt am Königsplatz im Parteiviertel gelegen. Die Unterlagen für den »Heilpraktikerbund Deutschlands« schickte Pg. [Parteigenosse] Ernst Kees, für Kaut-Bullinger Pg. Rudolf Egerer, für das Bankhaus Merck, Finck & Co. Betriebsführer Pg. August v. Finck, für das Hotel Schottenhamel Richard Schottenhamel und Betriebsobmann Josef März, beide Pg. Und für die Thuringia Versicherung begründeten Betriebsführer Karl Hoffmann und Betriebsobmann Hans Stichaner, beide Pg., ihren Antrag damit, daß »in unserem Betrieb, in welchem bekanntlich Carl Laforce vom 10. Mai 1921 bis zum 9. November 1923 zusammen mit einigen anderen alten Kämpfern beschäftigt gewesen ist, das Verständnis für nationalsozialistische Ideen immer vorhanden war«.[28]

Die Ehrung von Widerstandskämpfern dagegen fiel den Münchner Honoratioren erheblich schwerer. sie hätte ihr eigenes Versagen verdeutlicht. Für Georg Elser etwa fand sich erst 1997 unmittelbar neben seiner zeitweiligen Wohnung ein Plätzchen an der Türkenstraße, das nach dem schwäbischen Hitler-Attentäter benannt wurde. Andere Gedenktafeln, etwa die für in den letzten Kriegstagen ermordete Mitglieder der »Freiheitsaktion Bayern«, haben die Stadtmächtigen in einem für die Öffentlichkeit unzugänglichen Innenhof versteckt, oder, wie beim Versuch, an der Feldherrnhalle an die vier bei Hitlers Putsch 1923 ermordeten Polizisten zu erinnern, aus Denkmalschutzgründen abgelehnt.

Die Bodenplatten, die an den ersten demokratisch gewählten bayerischen Ministerpräsidenten Kurt Eisner (an der Kardinal-Faulhaber-Straße) und an Georg Elser (am Gasteig) erinnern, treten die Fußgänger täglich mit Füßen, letztere, weil die dortige Hausbesitzerin es untersagte, an ihrer Hausfassade eine Gedenktafel anzubringen.

Auch die Behörden trugen zum Verdrängen bei: Das Bayerische Landesamt für Denkmalpflege stellte die beiden Troost-Bauten am Königsplatz als »bedeutendes neoklassizistisches Ensemble« unter Schutz, nobilitierte dadurch ganz nebenbei die NS-Architektur und entzog die Bauwerke damit

Viele Firmen, die von »Arisierungen« profitiert hatten, versuchten das nach 1945 vergessen zu machen.

gleichzeitig allen das Äußere und Innere verändernden Umbauprojekten.[29]

Gedenken gab es in München vorwiegend für die deutschen Kriegsopfer, wie Gavriel Rosenfeld kritisiert: »Im Vergleich zu anderen deutschen Städten hat München eine eher zurückhaltende Strategie des Erinnerns gezeigt.«[30] Erst nachdem der Königsplatz wieder der alte war, erhoben sich erneut Stimmen, die nach einem Dokumentationszentrum riefen. Die Diskussion dauert bis heute an.

»Nicht bauen, sondern nachdenken«: Der Dauerstreit um ein Haus der Geschichte

Die Demokratisierung des Königsplatzes trotz seiner äußerlichen Monarchisierung kam in den achtziger und neunziger Jahren in Form von Open-Air-Kino-Veranstaltungen (im Juli 1986 beispielsweise »Der Postmann«), Lasershows und Open-Air-Konzerten (im Juli 1995 Orffs »Carmina Burana«). Die Münchner Event-Kultur entdeckte den Platz für sich. Aber noch immer gab es hartnäckige Einwohner der Landeshauptstadt, die an diesem Platz trotz der allgemeinen Enthistorisierung einen Ort des Erinnerns schaffen wollten. Vor allem bei Bezirks- und Stadtpolitikern, dagegen nicht bei denen, die das Bundesland regierten, regten sich weiterhin Stimmen zugunsten eines Dokumentationszentrums.

Am 14. Dezember 1988 beschloß die Vollversammlung des Stadtrats einstimmig, daß bei den weiteren staatlichen Planungen im Bereich Brienner, Arcis- und Meiserstraße ein »Haus für Zeitgeschichte« mitzuplanen sei. »Dort sollen in einer ständigen Ausstellung die historische Entwicklung zum Nationalsozialismus, die Zeit des Dritten Reichs sowie der Beginn der Bundesrepublik Deutschland schwerpunktmäßig dargestellt werden.« Die Regierung des Freistaats nahm diese Anregung nicht auf. Am 18. Juli 1989 bekräftigte der Stadtrat seinen Wunsch und nannte auch den Ort: »... im Bereich des früheren ›Braunen Hau-

An den beiden NS-Bauten am Königsplatz verraten noch die Spuren der Befestigungen und die Konsolen, wo einst die großen Hakenkreuzembleme befestigt waren.

ses‹«. Gleichzeitig beschloß der Freistaat Bayern einen Ideenwettbewerb und berief eine Jury. Diese lehnte den geplanten Standort ab, das Gelände des ehemaligen »Braunen Hauses« und der Nuntiatur sollte unbebaut bleiben, das Gelände der »Ehrentempel« dagegen sei »möglichst zu nutzen«. Der von Johann-Christoph Ottow, Erhard Bachmann, Michel Marx und Georg Brechensbauer eingereichte und von der Jury akzeptierte Entwurf sah statt dessen vor, die Sockel der »Ehrentempel« zu beseitigen und damit den »Führerbau«, »den Ort des Münchner Abkommens als Stätte der Erinnerung ins öffentliche Bewußtsein zu bringen«. Die Jury hielt diesen Vorschlag für »sehr einleuchtend. Die Konzeption eines Erinnerungsweges entlang der östlichen Außenmauer mit zusätzlichen Ausstellungspavillons scheint ein sinnvoller Beitrag in den Bemühungen, an diesem Ort eine Stätte der Vergangenheitsbewältigung zu schaffen.«[31]

Juror Norbert Huse wünschte dagegen die Sockel zu erhalten: »Jeder Eingriff bei den Sockeln (...) würde, heutigen Harmoniebedürfnissen zuliebe, eine Situation zerstören, in der die Verwerfungen der Münchner Geschichte anschaulich

Den Königsplatz nutzen die Münchner inzwischen für Kulturereignisse, hier ein Werbephoto für Carl Orffs *Carmina Burana* 1995.

sind wie sonst nirgends in der Stadt.« Zur Geschichte gehöre auch das Dunkel. Sein Kollege Josef Wiedemann hingegen wollte »die massive Störung einer einmaligen historischen Situation nicht hinnehmen«, der Platz müsse wieder das werden, was er war: »ein in sich ruhender harmonischer, etwa quadratischer, einzigartiger Freiraum«. Die Parteibauten wollte er durch Erweiterungen der Klein antikensammlung und der *Glyptothek* vom Platz abriegeln. Und Juror Christoph Sattler schließlich war gegen jede Bebauung, sowohl an der Brienner Straße als auch an Arcis- und Meiserstraße. Huse forderte zum Schluß: »Nicht bauen, sondern nachdenken!«

Was hoffnungsvoll begonnen hatte, endete wie immer: Nichts geschah. Mit der fortdauernden Uneinigkeit über die Zukunft des Platzes war auch das Dokumentationszentrum vertagt. Und so wiesen immer wieder nur kleine, aber wirkungsvolle

private Initiativen auf den Mangel und das Vergessen hin: Am 9. November 1995 brannte der Künstler Wolfram P. Kastner einen Fleck in den Rasen des Königsplatzes. Ein von ihm angebrachtes Schild erläuterte, daß NS-Studenten an diesem Ort Bücher verbrannt hatten. Kastner bat die Stadt, kein Gras mehr über die Geschichte wachsen zu lassen. Eine Dauerinstallation lehnte eine Gedenkstättenkommission jedoch ab und verwies auf den Denkmalschutz. Außerdem sei »eine historische Situation nicht mehr gegeben, die Kontinuität des eigentlichen Zustandes ist nicht mehr gewahrt«.

Weil die Presse diese Entscheidung kritisierte, erhielt Kastner eine »widerrufliche wegerechtliche Sondernutzungserlaubnis« bis zum 23. Dezember 1995. Über den Wortlaut des Bescheids hätte das berühmte Münchner Original Karl Valentin (1882–1948) sicher ein Couplet geschrieben: »In Vollzug des Kulturausschußbeschlusses

Bei Events auf dem Königsplatz werden heutzutage die Rasenflächen abgedeckt und mit dem Einheits-Plastik-Stapelsitz bestuhlt.

vom 30.11.1995 wird die Stadt bis zur Wachstumsperiode im nächsten Jahr auf eine Wiederherstellung der Grasnarbe verzichten«, beschied das Baureferat der Stadt. »Danach wird auf dem Erdfleck aufgrund natürlichen Wachstums und gärtnerischer Maßnahmen die ursprüngliche Grasfläche neu entstehen. An eine erneute Entfernung des Bewuchses (...) ist nicht gedacht.« Am 22. Dezember 1995 überreichte Kastner dem OB eine Schenkungsurkunde für das Erinnerungszeichen. Städtische Arbeiter sägten das Schild am 28. Februar 1996 ab und deponierten es im Stadtarchiv.

»Als Geburtsstätte und zentrale Schaltstelle der NSDAP hat München im Nationalsozialismus eine bedeutende Rolle gespielt«, schrieb die *Neue Zürcher Zeitung* 2001, 56 Jahre nach Ende der NS-Herrschaft. »Doch die bayerische Landeshauptstadt tut sich schwer mit dem braunen Erbe. Während an anderen Orten in Bayern Dokumentationszentren,

die über die Nazi-Zeit informieren, rege besucht werden, erfahren Interessierte in München kaum etwas über die Rolle der Stadt im Dritten Reich.«[32] In der Diskussion über das Dokumentationszentrum beschloß der Stadtrat am 16. Oktober 2001, wegen der Kosten und des Standorts noch einmal mit der Landesregierung zu verhandeln. Erneut reiften Pläne: Ein Stadtplan der NS-Geschichte sollte hergestellt werden, von einer »Geschichtsmeile« war unbestimmt die Rede. Auch der Landtag beschäftigte sich mit der Frage, und schließlich beauftragte die damalige Kultusministerin Monika Hohlmeier (CSU) das Münchner Institut für Zeitgeschichte (IfZ) mit einem Gutachten.

Ein gutes Jahr später, am 6. Dezember 2002 eröffnete Oberbürgermeister Christian Ude das Symposium »Ein NS-Dokumentationszentrum für München« mit dem Geständnis: »Die Auseinandersetzung mit dem ›Dritten Reich‹ ist in München erstaunlich spät zu einem zentralen Thema der Kultur und der Politik geworden. (…) Heute fragen wir erstaunt, warum es ein halbes Jahrhundert gedauert hat, bis beispielsweise am prächtigsten Saal der Stadt, im Alten Rathaus, eine Tafel angebracht wurde, die daran erinnert, daß genau von dieser Stelle aus Joseph Goebbels zur Reichspogromnacht aufgerufen hat.« Aber nun freue er sich, daß alle Seiten, alle demokratischen Parteien, Stadt wie Staat, die Notwendigkeit eines NS-Dokumentationszentrums erkannt hätten.

Es solle alles umfassen, was in der »Hauptstadt der Bewegung« mit dem Nationalsozialismus verbunden war, bis hin zu den großen Umbauplänen. Eine solche Ausstellung würde weit über den Königsplatz und dessen Rolle hinausgehen. Aber sie solle genau dort eingerichtet werden: Münchens »Topographie des Terrors« sollte auf dem Gelände des ehemaligen »Braunen Hauses« errichtet werden. Volker Dahm vom IfZ, der zuvor die Einrichtung der »Dokumentation Obersalzberg« in Berchtesgaden, direkt neben den Überresten des Hitlerschen »Berghofes«, betreut hatte, wandte sich gegen diese Münchner Pläne. Das sei »nicht machbar«. Die hohen Kosten von zig Millionen Euro stünden dagegen. In seinem IfZ-Gutachten plädierte er für ein anderes Konzept.

Dahm schrieb, Bayern verfüge mit den KZ-Gedenkstätten Flossenbürg und Dachau, den Dokumentationszentren am Obersalzberg und in Nürnberg sowie einigen kleineren Einrichtungen »über ein in Deutschland einmaliges Netzwerk zeithistorischer Bildungseinrichtungen«. Er räumte ein: »Die Landeshauptstadt München (…) bildet einen weißen Fleck auf dieser Landkarte.« Noch vorhandene NS-Gebäude und -Plätze seien »in das Stadtbild eingewachsen« und würden »von den heute lebenden Menschen oft nicht als nationalsozialistische Bauwerke und Schauplätze wahrgenommen«. Das Gutachten schloß mit der Einschätzung, die politische Bedeutung Münchens im und für den Nationalsozialismus sei ja nach 1930 ohnehin stark geschrumpft, weil Hitler, Göring, Goebbels, Himmler und die restliche Entourage sich nach der »Machtübernahme« häufiger in Berlin als in München aufgehalten hätten.

Mit dieser Begründung lehnte das IfZ-Gutachten eine »große Lösung«, ein eigenes NS-Dokumentationszentrum in München, als »zusätzliches Prestigeprojekt von internationalem Rang und internationaler Attraktivität« ab. »Geht man (…) von der Rolle aus, die München im Nationalsozialismus gespielt hat, dann ist ein NS-Dokumentationszentrum dieses Zuschnitts nicht zwingend erforderlich.«

Trotz aller »Entnazifizierungsmaßnahmen«: Auch heute noch sind an zahlreichen Münchner Gebäuden Spuren des »Dritten Reichs« zu finden, hier ein Fenstergitter am Wirtschaftsministerium.

Das Wirtschaftsministerium ist das ehemalige Luftgaukommando der NS-Zeit. Auch die Stahlhelme in den Fenstergiebeln stammen unübersehbar aus dem »Dritten Reich«.

1995 kommt es auf dem Königsplatz zu einer symbolischen Aktion, zur »Knüpfung eines sozialen Netzes« durch Münchner Kinder.

Dahm plädierte statt dessen für eine Dokumentation, »die sich weitgehend auf das historische Geschehen in München und die hier anzutreffenden NS-Spezifika beschränkt«. Das sei »aus fachwissenschaftlicher Sicht ausreichend und sinnvoll. (…) Dagegen würde sich ein NS-Dokumentationszentrum inhaltlich nur partiell von der Dokumentation Obersalzberg unterscheiden und auch viele Redundanzen zum Dokumentationszentrum in Nürnberg und zu den KZ-Gedenkstätten hervorbringen, was in einer Zeit leerer öffentlicher Kassen und hoher Steuerbelastungen schwer zu rechtfertigen wäre.«

Dahms Projekt »Nationalsozialismus in München« sah einen »Gang durch das nationalsozialistische München« mit drei Teilausstellungen zwischen Königsplatz und Haus der Kunst vor, eine Besichtigungsstrecke, auf der NS-Gebäude und Plätze auf »vandalismussicheren Schrifttafeln« er-

läutert würden. »Voraussetzung für die Realisierung dieser Konzeption ist, daß die Eigentümer bzw. privaten oder institutionellen Nutzer der historischen Gebäude und Orte mit der Aufstellung der Informationstafeln einverstanden sind.« Das Gutachten räumte ein: »Zweifellos muß hier aber mit erheblichen Widerständen gerechnet werden.«

Kultusministerin Monika Hohlmeier (CSU) war angetan: »In dem Gutachten, dem zentralen Bestandteil der Stellungnahme des Kultusministeriums gegenüber dem Bayerischen Landtag, wird der Impuls gegeben, daß eine Ausstellung in München einen besonderen Schwerpunkt auf den Aufstieg der NSDAP während der Weimarer Republik und vor dem Hintergrund der damaligen Demokratieschwäche in Deutschland legen könnte. Eine solche Gewichtung würde nicht nur der eigenen Geschichte Münchens entsprechen, sondern auch in die Zukunft wirken. Man könnte aufzeigen, daß eine Demokratie nicht so sehr an der Menge ihrer Feinde zugrunde gegangen ist als am Mangel ihrer Verteidiger. Wir könnten deutlich machen, daß die freiheitliche Ordnung nur lebensfähig bleibt, wenn sich gerade junge Menschen mit ihr identifizieren und sich im Ernstfall für sie einsetzen. Menschen werden nicht als Demokraten geboren, sie müssen zu Demokraten und zu mutigen Verteidigern der Demokratie erzogen werden.«[33]

Die »Hauptstadt des Vergessens«[34] schien also ihrer Linie treu bleiben zu wollen, und Rainer Volk, der auf dem Symposium am 7. Dezember 2002 die Podiumsdiskussion moderierte, mokierte sich über den künftigen »Wandertag« für Schulklassen in der »Hauptstadt der Bewegung«. Auch Nerdinger wandte sich gegen die Versuche, die »Täterorte« wie »Objekte eines Besichtigungsprogramms« zu behandeln. Das führe nur zu einem »NS-Tourismus«. Einzig ein Dokumentationszentrum könne umfassend über Bau- und Planungstätigkeiten und in den Häusern begangenen Verbrechen informieren. »Architektonische Relikte sprechen selten von selbst, zumindest sind sie nur Spuren, die gedeutet werden müssen.«

Zur Beschilderung der »Täterorte« sagte Nerdinger: »Man muß dann auch zum Wirtschaftsmi-

Nur für einige Monate durfte diese Schrifttafel 1995 auf dem Königsplatz stehen bleiben: Sie erinnerte an eine Aktion zum Gedenken an die »Bücherverbrennung«.

nisterium, zum damaligen Luftgaukommando, gehen. Von dort aus wurde der Bombenkrieg organisiert. Weiter zum Polizeipräsidium, wo Pöhner, Himmler und Heydrich waren und dann zum Justizpalast, wo Freisler saß und die Geschwister Scholl zum Tode verurteilt hat, weiter zu Krauss-Maffei und zu BMW, wo Flugzeugmotoren usw. produziert worden sind, zur Bundesbahn, zur Bundeswehr, zu der ehemals größten SS-Kaserne. Wenn Sie dieses Konzept verfolgen wollen, dann in dieser Richtung.« Er gab zu bedenken: »Wenn der interessierte Fußgänger vor den ca. 35 Gebäuden auch nur jeweils drei Minuten verweilt, um die Tafeltexte zu lesen, ohne die Gebäude auch nur wirklich zu betrachten oder zu betreten, dann ist er schon fast drei Stunden unterwegs. Jetzt kommen aber noch drei Teilausstellungen hinzu. Damit ist nun endgültig sicher gestellt, daß bei diesem Schautafelrennen nur die ausdauernden und wetterfesten Fußgänger durchhalten. Schulklassen werden vorher aufgeben, Ausländer werden sich verlaufen. Die einen werden dieses, die anderen jenes sehen. Auf jeden Fall erhalten die wenigsten ein zusammenhängendes Bild vom Nationalsozialismus in München.«

Die Kunsthistorikerin Iris Lauterbach plädierte für die große Lösung: »Erinnerung ist an Orte gebunden. Das Gedächtnis funktioniert topographisch. Das Dokumentationszentrum für München sollte daher auf dem historischen Gelände des Parteiviertels, begrenzt von Barer Straße, Karl-, Arcis- und Gabelsbergerstraße, errichtet werden.« Für »völlig ungeeignet« erklärte sie aus naheliegenden Gründen die noch bestehenden Troost-Bauten, »die daher zu Recht nicht zur Debatte stehen«. Lauterbach, deren Zentralinstitut für Kunstgeschichte im ehemaligen Verwaltungsbau sitzt, plädierte für einen Neubau nördlich der Musikhochschule, aber noch innerhalb der »kontaminierten Zone«.

Während Michael Backmund vom Bildungsverein »Insight e.V.« feststellte, daß heute über ein Projekt diskutiert werde, »das eigentlich vor 57 Jahren hätte beginnen müssen«, blickte Siegfried Benker,

Der Künstler Wolfram P. Kastner hatte am 9. November 1995, sechzig Jahre nach der Bücherverbrennung, mit einem neuen Brand-fleck an diesen barbarischen Akt der Nationalsozialisten auf dem Königsplatz erinnert.

Stadtrat von Bündnis 90/Die Grünen, in jenen Dezembertagen 2002 sehr optimistisch in die Zukunft: »Wir sind so weit, wie wir noch nie waren«, sagte er und äußerte den Wunsch, »daß wir im Jahr 2003 zumindest die Grundsatzbeschlüsse auf städtischer wie auch auf Landesebene haben und daß wir dann im Jahr 2005 – zum 60. Jahrestag des Endes des Nationalsozialismus und der Befreiung – ein Dokumentationszentrum in München haben werden«.[35]

Trotz des IfZ-Gutachtens beharrte der Stadtrat in der Vollversammlung vom 18. Dezember 2002 auf der »großen Lösung«. Aber wo sollte sie gebaut werden? Schon 1996 hatte der Vorsitzende des »Bezirksausschusses 3/Maxvorstadt«, Klaus Bäumler, angeregt, »eine der ›Topographie des Terrors‹ in der Berliner Prinz-Albrecht-Straße [heute: Käthe-

Niederkirchner-Straße] vergleichbare Einrichtung zu schaffen und als Standort den ehemaligen Bunker unter der ›Kunstplattform‹ zu prüfen«, an der Ecke Luisen-/Elisenstraße gelegen. Zwischenzeitlich galt bei Klaus Bäumler und dem Bezirksausschuß das Areal des ehemaligen Heizwerks des Parteiviertels an der Meiserstraße 8 als möglicher Standort. Doch auch diese Idee ist inzwischen überholt.

Man kann es drehen und wenden wie man will: 60 Jahre nach dem Ende des »Dritten Reiches« hat ausgerechnet die ehemalige »Hauptstadt der Bewegung« nicht, was andere im Nationalsozialismus bedeutende Städte haben: eine Gedenkstätte. Über die Geschichte des Königsplatzes informiert die Passanten seit 26. Januar 2002 wenigstens eine Schautafel mit Lageplan am nördlichen »Ehrentempel«-Sockel, um die die Architekten Piero Steinle

Das Innere des von Troost entworfenen »Führerbaus« im Zustand von 1995. Nur die an den Säulen klebenden Plakate verdeutlichen, daß es sich nicht um eine Aufnahme aus der Erbauungszeit handelt. Auf der Treppe liegt ein ermüdeter Studierender der mittlerweile hier untergebrachten Hochschule für Musik und Theater.

In einem der beiden Lichthöfe des ehemaligen »Verwaltungsbaus« ist heute die Gipsabguß-Sammlung des Zentralinstituts für Kunstgeschichte untergebracht, das diesen Bau seit den fünfziger Jahren nutzt. Statt der Millionen Karteikarten der NSDAP kümmern sich die hier tätigen Wissenschaftler jetzt um friedlichere Dinge, die schönen Künste.

und Julian Rosefeldt, unterstützt vom Bezirksausschuß, hart gerungen haben. Sie macht in ihrer Kümmerlichkeit das Fehlen eines Dokumentationszentrums umso offensichtlicher.

Wer auf die Jahrzehnte der Diskussion seit Karl Meitingers Blick in die Zukunft zurückschaut, muß feststellen: Die Verzögerungstaktik von Staatsregierung und Stadt hat sich gelohnt. Die Taktik des Vertagens sparte nicht nur Geld. Darüber hinaus hat sich die Monströsität der NS-Verbrechen – Holocaust, Krieg, Völkermord – inzwischen mit anderen Orten verbunden, an denen sie dokumentiert sind. München erscheint – wie im IfZ-Gutachten formuliert – als Stadt nachrangiger NS-Relevanz, mit mystischer, weniger politischer Funktion zwischen 1933 und 1945.

Auch wenn im März 2005 ein Kuratorium für ein NS-Dokumentationszentrum unter Vorsitz des ehemaligen CSU-Bundesfinanzministers Theo Waigel eingerichtet worden ist, auch wenn Bundeskanzler Gerhard Schröder Anfang 2005 eine Beteiligung des Bundes zugesagt hat, so fehlt der entscheidende Ruck, die Begeisterung, der Wille. Es bleibt zu hoffen, dass München sich endlich seiner Geschichte stellt. Dazu gehört auch, dass man über kleinliche Bedenken hinwegsieht. Es ist unverständlich, dass Münchens Stadtväter die »Stolpersteine« des Kölner Bildhauers Gunter Demnig zur Erinnerung an deportierte und ermordete Juden auf den Gehwegen vor ihren letzten Wohnorten nicht dulden.

Oberbürgermeister Christian Ude schrieb dem Künstler Anfang 2004, »daß das Thema Erinnerungsarbeit für die Landeshauptstadt München und für mich persönlich in den letzten 10 Amtsjahren außerordentlich wichtig war«. Er verwies auf die 1995 geschaffene Gedenkstätte für die ermorde-

Bei den großen Kulturveranstaltungen auf dem Königsplatz steht die Bühne meist vor den Propyläen, hier bei einem klassischen Konzert im Sommer 1995. Das von der Sonne verwöhnte München kann dabei fast immer auf den Wettergott zählen.

Der Königsplatz 2005. Die NS-Steinplatten sind längst verschwunden, das Gebäudeensemble sieht wieder fast aus wie zu Klenzes Zeiten. Doch die Erinnerung an die dunklen Jahre der Münchner Stadtgeschichte sorgt noch immer für Streit.

ten Sinti und Roma und die im Jahr 2000 eingerichtete Gedenkstätte für die Opfer der Reichspogromnacht sowie für die nach Kaunas deportierten Juden im Neuen Rathaus. Schließlich fügte er noch den Hinweis an, daß trotz Kritik die Wehrmachtausstellung in München habe stattfinden können. Ude fragte aber auch, »ob eine Inflationierung der Gedenkstätten tatsächlich zu einer Ausweitung oder Intensivierung der Erinnerungsarbeit führt. Ich habe wie alle Mitglieder des Ältestenrats des Münchner Stadtrats daran erhebliche Zweifel.«

Der Historiker Ernst Piper beklagte auf dem Symposium im Dezember 2002 die verpaßten Chancen: »Inzwischen ist München gegenüber vielen anderen Städten ins Hintertreffen geraten, was

gerade einem ›Täterort‹ von so herausragender Bedeutung schlecht ansteht.«

Viele hoffen jetzt auf das neugebildete Kuratorium. »Wir haben eine große Chance«, sagte Theo Waigel nach seiner Wahl zum Kuratoriumsvorsitzenden, »eine einmalige Stätte der Aufklärung und der Dokumentation über die NS-Geschichte in München zu schaffen«. In der Standortfrage hat sich der Politische Beirat am 25. Juli 2005 auf das Gelände des ehemaligen »Braunen Hauses« festgelegt. Mitglied Klaus Bäumler befürwortet einen städtebaulichen Realisierungswettbewerb. Doch trotz aller aufkeimenden Euphorie: mit einer schnellen Lösung ist nicht zu rechnen. Es wird also noch dauern in München.

Im Sommer 1947 ist aus dem »Nationalheiligtum des Deutschen Volkes« ein Teich geworden. Zwei Buben haben in der Ruine des nördlichen »Ehrentempels«, wo früher die Sarkophage standen, ein Segelboot zu Wasser gelassen.

Anhang

Anmerkungen

Einleitung
1 Hitler 1941, S. 138.

Ludwigs Kampf (1777–1868)
1 Krauss-Meyl 1997, S. 30ff.
2 Heigel 1872, S. 316.
3 Gutachten des Ministers Eduard von Schenk zum Kabinettsreskript vom 29. Mai 1827, das die Kreisregierungen anhielt, historische und künstlerisch bedeutsame Denkmale zu suchen, zu finden und zu erhalten. Der Erlaß aus der Villa Colombella bei Perugia, wo Ludwig sich zu dieser Zeit aufhielt, gilt als Geburtsurkunde der amtlichen Denkmalpflege und der historischen Vereine. Abgedruckt in: Spindler 1930, S. 377.
4 Vierneisel 1980, S. 304.
5 Heigel 1872, S. 57.
6 Mit dem »antiken Styl« war der dorische gemeint.
7 Heigel 1872, S. 56.
8 Heigel 1872, S. 302.
9 Ludwig, Gedichte I / 1829, S. 32.
10 Heigel 1872, S. 60.
11 Heigel 1872, S. 123.
12 Erichsen/Henker 1986, S. 14.
13 Die sieben Göttinger Professoren Jakob und Wilhelm Grimm, Friedrich Christoph Dahlmann, Georg Gottfried Gervinius, Heinrich Ewald, Wilhelm Albrecht und Wilhelm Eduard Weber waren vom Hannoveraner König Ernst August 1837 ihres Amtes enthoben worden, da sie sich geweigert hatten, der vom König verfügten Aufhebung der Verfassung von 1833 zuzustimmen. Ihnen wurde vorgeworfen, die Protestaktion nicht nur unterschrieben, sondern auch verbreitet zu haben und dafür verantwortlich zu sein, daß ihr Wortlaut in Deutschland in Tausenden von Exemplaren kursierte. Trotz vielfachen Protestes sollten fünf Jahre vergehen, bis auch der letzte von ihnen wieder eine Anstellung an einer deutschen Hochschule erhielt.

14 Heigel 1872, S. 126 f.
15 Nerdinger 1987, S. 11.
16 Nerdinger 1987, S. 12.
17 Nerdinger 1987, S. 13.
18 Der Untersberger Marmorbruch liegt in Fürstenbrunn bei Salzburg (Österreich).

Hitlers Vordenker (1868–1933)
1 Staatsarchiv München, Landbauämter LBA 2400: Briefe des Direktors der Antikensammlung, Paul Wolters, an das Kultusministerium, 30.11.1926 und 10.6.1930. Ob diese Erklärung wirklich zutrifft, scheint nach heutigem Kenntnisstand fraglich, wahrscheinlicher ist, daß es das im Herbst eingedrungene und im Winter gefrorene Wasser gewesen ist, das zu Absplitterungen etc. führte.
2 Vgl. Weyerer 1993, S. 123.
3 Vgl. Weyerer 1993, S. 124 f.
4 Staatsarchiv München, Bestand Polizeidirektion München, Akte Nr. 6-709.
5 Vgl. Baird 1990, S. 41ff.
6 Bayerisches Hauptstaatsarchiv, MK 41286 (Akten Kultusministerium; alle Zitate aus den Antragsschreiben).
7 Bayerisches Hauptstaatsarchiv, OBB Akten 12735. Alle im Folgenden genannten Hausnummern sind die zum jeweiligen Zeitpunkt gültigen. Seither wurden zahlreiche Numerierungen dort verändert.
8 Interview mit Hermann Roth, Stadtarchiv München, BuR 1271.
9 Bayerisches Hauptstaatsarchiv, MK 41286, Akten des Kultusministeriums.
10 Interview mit Hermann Roth, Stadtarchiv München, BuR 1271.
11 *Münchner Neueste Nachrichten*, 16. 07. 1928: »Königsplatz und Neue Museen«.
12 Bayerisches Hauptstaatsarchiv, OBB Akten Nr. 12735 und Stadtarchiv München, LBK 1622.
13 Goebbels 1997, S. 311 ff.
14 Large 2001, S. 237

15 *Völkischer Beobachter*, 21.2.1931.

16 Hanfstaengl 1970, S. 223.

17 Speer 1969, S. 255.

18 Vgl. sein Schreiben an die Polizeidirektion vom 8. 7. 1931, Staatsarchiv München, Pol. Dir. München Nr. 6753.

19 Vgl. Bayerisches Hauptstaatsarchiv, OBB Akten, Nr. 12735. Der Vorgang ist außerdem abgedruckt in Bäumler, Klaus: Historisch-aktuelles Königsplatzpanorama.

20 Zittel 1960, sowie Staatsarchiv München, Landbauämter LBA 1653 (Brienner Str. 15/Nuntiatur).

Hitlers München (1933–1945)

1 *Münchner Neueste Nachrichten*, 31. 3. 1933: »Goebbels verkündet ›Abwehr-Boykott‹ gegen jüdische Geschäfte für 1. 4.«, und *Münchner Neueste Nachrichten*, 1. 4. 1933: »Die große Kundgebung auf dem Königsplatz«.

2 So etwa die *Münchner Neueste Nachrichten*, 11. 5. 1933: »Studenten feiern nationale Erhebung«.

3 *Münchner Neueste Nachrichten*, 29. 6. 1933: »Deutschlands nationaler Trauertag«.

4 Vgl. Stadtarchiv München, BuR 458/2, Präsidialverfügung von 7.11.1933.

5 *Völkischer Beobachter*, 9.11.1933.

6 *Völkischer Beobachter*, 10.11.1933.

7 Stadtarchiv München, Bürgermeister und Rat 458/2, »Programm zur Feier der zehnjährigen Wiederkehr des Todestages der ersten Gefallenen der nationalsozialistischen Bewegung am 8. und 9. November 1933«.

8 *Münchner Zeitung*, 22. 3. 1934, Stadtarchiv München, LBK 11591.

9 *Deutsche Bauzeitung*, Heft 15, 11. 4. 1934, S. 273 ff.

10 Kiener, Hans: »Paul Troosts künstlerische Sendung«, in: *Münchner Neueste Nachrichten*, 24. 1. 1934.

11 So Golo Mann in einem Brief, zitiert bei Kruft 1993, S. 5.

12 Thomas Mann erwähnte den Fries in einem Brief an seinen Bruder Heinrich vom 27. Februar 1904, in dem er einen Besuch im Hause Pringsheim schildert, und schreibt über die Familie seiner künftigen Frau mit leicht antisemitischem Unterton: »Kein Gedanke an Judenthum kommt auf diesen Leuten gegenüber; man spürt nichts als Kultur.«

13 Stadtarchiv München, Lokalbaukommission LBK 1600a. Die folgenden Vorgänge bei der Enteignung bzw. dem Verkauf der Häuser in der Arcisstraße sind dokumentiert in: Stadtarchiv München, LBK 741–744.

14 Zöberlein o. J., S. 29.

15 Stadtarchiv München, LBK 11591.

16 Lauterbach 1995, S. 15 f.

17 *Völkischer Beobachter*, 4. 11. 1935.

18 Staatsarchiv München, LBA 2399, Rechnung Molls vom 5.12.1935.

19 Stadtarchiv München, BuR 305/6b, Memorandum Fiehlers vom 27.11.1934.

20 Lauterbach 1995, S. 41.

21 Staatsarchiv München, LBA 2398, »Kostenanschlag« vom 25. November 1935 (!). Vgl. hierzu LBA 2399: Nach einer Aufstellung »Umgestaltung des Königsplatzes/Zwischenzeitliche Abrechnung nach dem Stand vom 30. 12. 1937« schrieb Moll am 1. Oktober 1936 eine Rechnung über insgesamt 229 354,72 RM, die zu diesem Zeitpunkt bereits durch drei Abschlagszahlungen beglichen war.

22 Bayerisches Hauptstaatsarchiv München, OBB Akten 12735.

23 *Völkischer Beobachter*, 3.11.1935: »Adolf Hitlers Bauten am Münchner Königsplatz«.

24 Vgl. Vondung 1971, S. 28 ff.

25 Vondung 1971, S. 16. Vgl. hierzu in Bezug auf die sprachlichen Bilder zuletzt den Aufsatz »Christliche Märtyrer im 20. Jahrhundert« von Christina Agerer-Kirchhoff, in: Die Neue Ordnung, Januar 2005.

26 Der »Blutorden« der NSDAP war von Hitler im März 1934 gestiftet worden. Personen erhielten ihn, die beim Hitler-Putsch am 9.11.1923 aktiv an Kampfhandlungen beteiligt waren, vgl. http://www.dhm.de/lemo/objekte/pict/mi007861, Stand: 16. 06. 2005.

27 1935 las Gauleiter Wagner die Namen der Toten.

28 Stadtarchiv München, BuR 452/19.

29 Behrenbeck 1996. Das Zitat stammt aus Behrenbecks Vortrag auf dem Münchner Symposion vom 6. Dezember 2002.

30 Vondung 1971, S. 161, vgl. auch T. Heuss: »Hitlers Weg«, 1932, S. 1.

31 Gamm 1962, S. 142.

32 Heilmeyer 1935, S. 135 ff.

33 Lauterbach 1995, S. 12.

34 Stadtarchiv München, Bürgermeister und Rat 305/8b. Dennoch führten auch amtliche Stadtpläne und sonstiges Kartenmaterial die Bezeichnung »Königlicher Platz« ein.

35 Staatsarchiv München, NSDAP 102. Das ursprüngliche Matrosenlied »Zum letzten Mal/wird der Appell geblasen« war zunächst vom kommunistischen Dich-

ter Willi Bredel für den Roten Frontkämpferbund neu betextet worden. Der SA-Angehörige Horst Wessel hatte den Text Bredels in den zwanziger Jahren auf die SA umgedichtet (einer von mehreren Fällen, in denen sich die NSDAP kommunistisches Liedgut aneignete). Nach dem Tod Wessels 1930 wurde das Lied zur offiziellen Parteihymne der NSDAP. Seit der Machtübernahme 1933 fungierte es bis 1945 als zweite Nationalhymne des »Dritten Reiches«. Bei offiziellen Anlässen wurden in dieser Zeit immer das Deutschland-Lied und anschließend das »Horst-Wessel-Lied« gespielt.

36 Hitler, Parteitagsreden, 1937.

37 Staatsbibliothek München, Ana 325 Troost (Ehrenurkunden). Frau Troost fertigte eine Reihe von Orden und Urkunden für den »Führer«, unter anderem Urkunde und Mappe für die Beförderung Görings 1938 zum Generalfeldmarschall. Dafür stellte sie Reichsminister (und Chef der Reichskanzlei) Hans Heinrich Lammers für die »Urkundenmappe, blau Maroquin mit reicher Handvergoldung der Deckel und Innenkante, Pergamentspiegeln und Pergamenturkundenblatt« 767 RM in Rechnung. Auch Albert Speer gehörte zu ihren Kunden. Sogar nach 1945 ließ er bei ihr noch Schmuckstücke für seine Frau fertigen.

38 MZ und SZ: Musikzug und Spielmannszug.

39 Staatsarchiv München, NSDAP 94. Veranstaltung 1940.

40 Stadtarchiv München, Bürgermeister und Rat 512, Brief an Wagner 23. 10. 1936.

41 Stadtarchiv München, BuR 458/3.

42 Staatsarchiv München, NSDAP 94.

43 Stadtarchiv München, Bürgermeister und Rat 305/6b.

44 Immerhin durfte München seinen Namen behalten, für Berlin war ja nach dem »Endsieg« die Umbenennung zur Welthauptstadt »Germania« vorgesehen.

45 Anna Seghers beschreibt die Zustände in den unbesetzten Gebieten Frankreichs während dieses Zeitraums in ihrem 1942 in Mexiko abgeschlossenen Roman »Transit«.

46 Staatsarchiv München, Landbauämter LBA 2400.

47 Lauterbach 1995, S. 157.

Unbequeme Altlast (1945 bis heute)

1 Bayerisches Hauptstaatsarchiv München, Staatsministerium für Unterricht und Kultus, MK 51530.

2 Nerdinger, W. in: *Süddeutsche Zeitung* 17./18. 11. 2001.

3 Lauterbach 1995, S. 45 / Stadtarchiv München, BuR 1986.

4 Eckstein, Hans: »Treu nach Troost'schem Vorbild«, in: *Süddeutsche Zeitung*, 8. 11. 1947 und Nerdinger, W. in: *Süddeutsche Zeitung* 17./18. 11. 2001.

5 Vgl. Peter Köpf: Schreiben nach jeder Richtung. Goebbels-Propagandisten in der westdeutschen Nachkriegspresse, Berlin 1995. Kiaulehn hatte vor 1945 unter anderem für die NS-Propagandapostille *Signal* geschrieben und in der *Deutschen Zeitung im Ostland* 1943 die Infanterie der NS-Wehrmacht als »Königin der Waffen« verherrlicht.

6 wk (Walter Kiaulehn): »Das Schicksal der Münchener ›Ehrentempel‹«, in: *Die Neue Zeitung*, 20. 12. 1946.

7 Bayerisches Hauptstaatsarchiv München, Staatsministerium für Unterricht und Kultus, MK 51530.

8 Bayerisches Hauptstaatsarchiv München, Staatsministerium für Unterricht und Kultus, Sitzung 1. 4. 1947, MK 51530.

9 Eckstein, Hans: »Treu nach Troost'schem Vorbild«, in: *Süddeutsche Zeitung*, 8. 11. 1947.

10 So berichtete Oberbaurat Gruber ans Kultusministerium, vgl. Bayerisches Hauptstaatsarchiv, Staatsministerium für Unterricht und Kultus, MK 51530.

11 Abgelegt im Stadtarchiv München, Lokalbaukommission LBK 1271 Presseausschnitte.

12 Eckstein, Hans: »O. E. Schweizer – Die Neugestaltung des Königsplatzes in München«, in: *Das Kunstwerk*, Ausgabe 3/1948.

13 Brief Gruber (Kultusministerium) an Firma Moll: Bayerisches Hauptstaatsarchiv, Staatsministerium für Unterricht und Kultus, MK 51530.

14 Eckstein, Hans: »Parteibauten für den – Fremdenverkehr?«, in: *Süddeutsche Zeitung*, 25. 8. 1948.

15 Bayerisches Hauptstaatsarchiv, Akten des Kultusministeriums, MK 50857.

16 Schattenhofer 1980.

17 Stadtarchiv München, Bürgermeister und Rat 2803, Denkschrift »Die Abwicklung der städtebaulichen Neugestaltungsmaßnahmen des ›Dritten Reiches‹: Eine untragbare finanzielle Belastung für die frühere ›Ausbaustadt‹ München«, 13. 1. 1950.

18 Münchner Merkur, 22. 6. 1961, »Kunstfehler am Königsplatz«. Maunz (1901–1993) war 1935–1945 Professor in Freiburg und beschäftigte sich mit der rechtlichen Stellung der Polizei im NS-Staat. Wie Carl Schmitt wird er heute zu denjenigen gezählt, die dem NS-Regime juristische Legitimität zu geben versuchten. Nach 1945 war Maunz einer der wichtigsten Verfassungsrechtler Westdeutschlands. Zu seinen Schü-

lern zählten Roman Herzog und Edmund Stoiber. 1964 mußte Maunz von seinem Amt als bayrischer Kultusminister zurücktreten, nachdem seine Arbeiten aus dem Dritten Reich bekannt geworden waren. In seinen letzten Lebensjahren soll er rechtsextreme Gruppierungen juristisch beraten haben.

19 Das Ausstellungsgebäude war bereits 1963 wieder aufgebaut worden. Dabei fanden Bauarbeiter unter einem Mauerpfeiler der westlichen Portikusflanke eine Kassette aus Naturstein, in der 18 Silbermünzen (Geschichtskonventionstaler) lagen, eine Steinplatte 30 x 50 Zentimeter mit Grund- und Aufriß der Galerie und eine ebenso große Schriftplatte, in die die Jahreszahl 1838 eingraviert war, sowie den Druckstein der Gründungsurkunde und ein Goldmedaillon Ludwigs I. in einem Goldstuckrahmen. Eingraviert auf der Kassette stand zu lesen: »Maurer Meister dieses Baues war Jordan Maurer.«

20 Fischer, Otto: »Königsplatz soll Erholungsfläche werden«, in: *Süddeutsche Zeitung*, 30. 3. 1973.

21 Gespräch mit Robert Haas am 19. 11. 2004 in Gräffing.

22 Gespräch mit Hans-Jörg Bornhofen, 4. 3. 2005.

23 Gespräch mit Albert Kling am 7. 3. 2005.

24 Nach Leonhard Moll ist heute in München-Sendling eine Straße benannt: der »Leonhard-Moll-Bogen«.

25 Lauterbach 1995, S. 209.

26 In einem Vortrag anläßlich des Symposions »Das Erbe – vom Umgang mit NS-Architektur« am 8. 7. 1988 in Nürnberg; gedruckt: Nerdinger, Winfried: »Umgang mit NS-Architektur – Das schlechte Beispiel München«, in: Weiß / Ogan (Hg.) 1992. Am Justizpalast ist seit 1993 eine Gedenktafel angebracht.

27 Lauterbach 1995, S. 208.

28 Staatsarchiv München, NSDAP 887.

29 Darauf verwies Winfried Nerdinger auf der Tagung »Ein NS-Dokumentationszentrum für München« am 6. 12. 2002.

30 Ebd.

31 Ferdinand Stracke: Statement des Vorsitzenden des Preisgerichts. Die Beratungen er Jury und das Ergebnis sind vollständig abgedruckt in: Bayerische Akademie der Schönen Künste 1991.

32 *Neue Zürcher Zeitung*, 8. / 9. 12. 2001, »Münchens Mühen mit der NS-Zeit«.

33 Vgl. Bäumler 2002.

34 Wolfram Kastner auf der Tagung »Ein NS-Dokumentationszentrum für München« am 6. 12. 2002.

35 Vgl. Bäumler 2002.

Literatur

Angermair, Elisabeth: Inszenierter Alltag – »Volksgemeinschaft« im nationalsozialistischen München 1933–1945, München 1993

Arnold, Dietmar: Neue Reichskanzlei und »Führerbunker«. Legenden und Wirklichkeit, Berlin 2005

Backes, Klaus: Hitler und die bildenden Künste – Kulturverständnis und Kunstpolitik im Dritten Reich, Köln 1988

Bade, Wilfrid/Hoffmann, Heinrich: Werden, Kampf und Sieg der NSDAP, Altona-Bahrenfeld 1933

Baird, Jay W.: To Die for Germany. Heroes in the Nazi Pantheon, Bloomington / Indianapolis 1990

Bärnreuther, Andrea: Revision der Moderne unterm Hakenkreuz. Planungen für ein »neues München«, München 1993

Bauer, Reinhard: Maxvorstadt zwischen Münchens Altstadt und Schwabing, München 1995

Bauer, Richard: Ruinen-Jahre. Bilder aus dem zerstörten München 1945–1949, München 1983

Bäumler, Klaus: Historisch-Aktuelles Königsplatz-Panorama. Einblick – Rückblick – Ausblick – Durchblick, München 1996

Bäumler, Klaus: NS-Dokumentationszentrum am Königsplatz. Materialien zur aktuellen Diskussion, München 2002

Bayerische Akademie der Schönen Künste: Diskussion über Neubauten am Königsplatz, Jahrbuch 5, Schaftlach 1991

Bayern im ersten Vierjahresplan. Denkschrift der bayerischen Landesregierung zum 9. März 1937, München 1937

Behrenbeck, Sabine: Der Kult um die toten Helden. Nationalsozialistische Mythen, Riten und Symbole 1923 bis 1945, Vierow 1996

Broszat, Martin (Hg.): Bayern in der NS-Zeit, Band 1/Soziale Lage und politisches Verhalten der Bevölkerung im Spiegel vertraulicher Berichte, München 1977

Buttlar, Adrian von: Leo von Klenze. Leben – Werk – Vision, München 1999

Chaussy, Ulrich, Christoph Püschner: Nachbar Hitler. Führerkult und Heimatzerstörung am Obersalzberg. Aktualisierte Sonderausgabe, Berlin 2001

Dahm, Volker: Projekt eines NS-Dokumentationszentrums in München. Gutachten des Instituts für Zeitgeschichte, München 2002

Demps, Laurenz: Berlin-Wilhelmstraße. Eine Topographie preußisch-deutscher Macht, Berlin 2000

Dietzfelbinger, Eckart, Gerhard Liedtke: Nürnberg – Ort der Massen. Das Reichsparteitagsgelände. Vorgeschichte und schwieriges Erbe, Berlin 2004

Dresler, Adolf: Das Braune Haus und das Verwaltungsge-bäude der Reichsleitung der NSDAP in München, München 1937

Dülffer, Jost, Jochen Thies und Josef Henke (Hg.): Hitlers Städte. Baupolitik im Dritten Reich, Köln/Wien 1978

Eichler, Max: Du bist sofort im Bilde. Lebendig-anschauliches Reichsbürger-Handbuch, Erfurt 1940

Erichsen, Johannes und Michael Henker (Hg.): »Vorwärts, vorwärts sollst du schauen« – Geschichte, Politik und Kunst unter Ludwig I. Katalog zur Ausstellung. Veröffentlichungen zur bayerischen Geschichte und Kultur, 8/1986, Regensburg 1986

Fest, Joachim C.: Hitler. Eine Biographie, Frankfurt/Main 1973

Fiehler, Karl (Hg.): München. Hauptstadt der Bewegung, München 1937

Fiehler, Karl (Hg.): München baut auf, München 1937

Frank, Hans: Im Angesicht des Galgens, München 1955

Frankfurter Kunstverein (Hg.): Kunst im 3. Reich. Dokumente der Unterwerfung, Frankfurt 1975

Frese, Peter (Hg.): Ein griechischer Traum. Leo von Klenze, der Archäologe, München 1985

Gamm, Hans-Jochen: Der braune Kult – das Dritte Reich und seine Ersatzreligion. Ein Beitrag zur politischen Bildung, Hamburg 1962

Giesler, Hermann: Ein anderer Hitler – Bericht seines Architekten Hermann Giesler. Erlebnisse, Gespräche, Reflexionen, Leoni am Starnberger See, 1978

Goebbels, Joseph: Die Tagebücher 1924–1945. München 1997

Grube, Frank und Gerhard Richter: Alltag im Dritten Reich. So lebten die Deutschen 1933–1945, Hamburg 1982

Habel, Heinrich: Der Königsplatz in München als Forum des Philhellenismus, in: Jahrbuch der Bayerischen Denkmalpflege 33 für 1979 (1981), S. 175–198

Halbwachs, Maurice: Das kollektive Gedächtnis, Stuttgart 1966

Hanfstaengl, Ernst: Zwischen Weißem und Braunem Haus, München 1970

Hederer, Oswald: Karl von Fischer. Leben und Werk, München 1960

Heigel, Carl Theodor: Ludwig I. König von Bayern, Leipzig 1872

Heilmeyer, Alexander: Die Stadt Adolf Hitlers, in: Süddeutsche Monatshefte, Dezember 1935, S. 135 ff.

Henker, Michael: Bayern nach dem Krieg: Photographien 1945–1950 [zu der Ausstellung: »50 Jahre Freiheit, Friede, Recht, Bayern seit 1945«, vom 5. Mai bis zum 24. September 1995 im Vestibül der Bayerischen Staatskanzlei in München]

Herzog, Hans-Michael: Der Königsplatz in München, in: Bauwelt 1988, Nr. 28/29, S. 1222 ff.

Herzog, Hans-Michael: Gelungene Nazifizierung – mißlungene Entnazifizierung. Der Königsplatz in München, in: Kritische Berichte 1/1989, S. 104 ff.

Hitler, Adolf: Mein Kampf, München 1941

Hockerts, Hans Günter: Führermythos und Führerkult, in: Möller, Horst, Volker Dahm, Hartmut Mehringer (Hg.): Die tödliche Utopie. Bilder, Texte, Dokumente, Daten zum Dritten Reich, München 1999, S. 73–82.

Hoffmann, Heinrich und Leopold von Schenckendorf: Kampf um's Dritte Reich. Eine historische Bilderfolge, Altona-Bahrenfeld 1933

Hoffmann, Heinrich: Das Braune Heer – 100 Bilddokumente. Leben, Kampf und Sieg der SA und SS. Mit einem Geleitwort von Adolf Hitler, Berlin 1933

Hoffmann, Heinrich: Hitler befreit Sudetenland, Berlin 1938

Hoffmann, Heinrich: Hitler wie ihn keiner kennt. Hundert Bilddokumente aus dem Leben des Führers, Berlin 1942

Huse, Norbert: Unbequeme Baudenkmale. Entsorgen? Schützen? Pflegen? München 1997

Kiener, Hans: Kunstbetrachtungen. Ausgewählte Aufsätze, München 1937

Klose, Dirk: Klassizismus als idealistische Weltanschauung. Leo von Klenze als Kunstphilosoph, Kiel 1998

Kopleck, Maik: PAST FINDER München 1933–1945. Stadtführer zu den Spuren der Vergangenheit, Berlin, 2005

Krauss, Marita und Florian Beck (Hg.): Leben in München von der Jahrhundertwende bis 1933, München 1990

Krauss, Marita und Stefan Sutor (Hg.): Die Zeichen der Zeit. Alltag in München 1933–1945, München 1991

Krauss-Meyl, Sylvia: Das enfant terrible des Königshauses. Maria Leopoldine, Bayerns letzte Kurfürstin (1776–1848), Regensburg 1997

Kruft, Hanno-Walter: Alfred Pringsheim, Hans Thoma, Thomas Mann. Eine Münchner Konstellation, München 1993

Kulturreferat der Landeshauptstadt München, Bayerische Landeszentrale für politische Bildungsarbeit (Hg.): Ein NS-Dokumentationszentrum für München. Ein Symposion in zwei Teilen. Tagungsband, München 2003

Large, David Clay: Hitlers München. Aufstieg und Fall der Hauptstadt der Bewegung, München 2001

Lauterbach, Iris, Julian Rosefeldt, Piero Steinle (Hg.): Bürokratie und Kult. Das Parteizentrum der NSDAP am Königsplatz in München. Geschichte und Rezeption, München, Berlin 1995

Lehmbruch, Hans: Aspekte der Stadtentwicklung Münchens 1775–1825, in: Nerdinger, Winfried (Hg.): Klassizismus in Bayern, Schwaben und Franken. Architekturzeichnungen 1775–1825, München 1980

Lehmbruch, Hans: München – Hauptstadt der Verdrängung, in: Süddeutsche Zeitung, 17./18. November 2001

Lehmbruch, Hans: Propyläen und Königsplatz in München 1816–1862, in: Nerdinger, Winfried: Romantik und Restauration. Architektur in Bayern zur Zeit Ludwigs I. 1825–1848, München 1987, S. 126–133

Ludwig, König von Bayern: Gedichte Teil I, München 1829

Maier-Hartmann, Fritz: Die Bauten der NSDAP in der Hauptstadt der Bewegung, München 1942

Nannen, Henri: Tag der deutschen Kunst, in: Die Kunst im Dritten Reich, 1–2/1937

Nerdinger, Winfried: Romantik und Restauration. Architektur in Bayern zur Zeit Ludwigs I. 1825–1848, München 1987

Neumann, Robert: Hitler. Aufstieg und Untergang des 3. Reiches. Ein Dokument in Bildern. Unter Mitarbeit von Helga Koppel, München, Wien, Basel 1961

Petsch, Joachim: Baukunst und Stadtplanung im 3. Reich, München/Wien 1976

Piper, Ernst und Reinhard Bauer: München. Die Geschichte einer Stadt, München 1993

Poliakov, Léon, Josef Wulf: Das Dritte Reich und seine Diener, Berlin-Grunewald 1956

Preis, Kurt: München unterm Hakenkreuz. Die Hauptstadt der Bewegung zwischen Pracht und Trümmern, München 1988

Price, Billy F. (Hg.): Adolf Hitler als Maler und Zeichner, Zug 1983

Rasp, Hans Peter: Eine Stadt für tausend Jahre. München – Bauten und Projekte für die Hauptstadt der Bewegung, München 1981

Rasp, Hans-Peter: Bauten und Bauplanung für die »Hauptstadt der Bewegung«, in: Münchner Stadtmuseum (Ausstellungskatalog): München – »Hauptstadt der Bewegung«, München 1993

Reichel, Peter: Politik mit der Erinnerung. Gedächtnisorte im Streit um die nationalsozialistische Vergangenheit, München 1995

Reichel, Peter: Vergangenheitsbewältigung in Deutschland. Die Auseinandersetzung mit der NS-Diktatur von 1945 bis heute, München 2001

Reidelbach, Hans: Bayerns Geschichte in Wort und Bild. Nach den Wandgemälden des Bayerischen Alten National-Museums mit begleitenden Texten von Hofrat Prof. Dr. Hans Reidelbach, München 1913

Reidelbach, Hans: König Ludwig I. und seine Kunstschöpfungen. Zu allerhöchstdessen hundertjähriger Geburtstagsfeier geschildert von Hans Reidelbach, München 1888

Rittich, Werner: Architektur und Bauplastik der Gegenwart, Berlin 1938

Rosenfeld, Gavriel D.: Munich and memory. Architecture, monuments, and the legacy of the Third Reich, Berkeley 2000

Rosefeldt, Julian und Piero Steinle: Stadt im Verborgenen. Unterirdische NS-Architektur am Königsplatz in München, SZ-Magazin Nr. 7, 18. 2. 1994

Schäfer, Bernhard: Der Münchner Königsplatz im Dritten Reich – Eine Studie zu den Anfängen und Intentionen repräsentativen Bauens im Nationalsozialismus, Magisterarbeit München 1994

Schattenhofer, Michael (Hg.): Chronik der Stadt München 1945–1948, München 1980

Schleich, Erwin: Die zweite Zerstörung Münchens, Stuttgart 1978

Schmitthenner, Paul: Die Bauten im neuen Reich, München 1934

Schrade, Hubert: Bauten des Dritten Reiches, Leipzig 1937

Schuster, Peter-Klaus: Nationalsozialismus und »Entartete Kunst«. Die »Kunststadt« München 1937, München 1987

Seckendorff, Eva von: Erster Baumeister des Führers. Die NS-Karriere des Innenarchitekten Paul Ludwig Troost, in: Tabor, Jan (Hg.): Kunst und Diktatur. Architektur, Bildhauerei und Malerei in Österreich, Deutschland, Italien und der Sowjetunion 1922–1956, Band 2, Wien 1994, S. 580–585

Selig, Wolfram: Chronik der Stadt München, München 1980

Speer, Albert: Erinnerungen, Berlin 1969

Spindler, Max (Hg.): Briefwechsel zwischen Ludwig I. von Bayern und Eduard von Schenk 1823–1842, München 1930

Spindler, Max: König Ludwig I. als Bauherr, München 1958

Stephan, Hans: Die Baukunst im Dritten Reich, Berlin 1939

Teut, Anna: Architektur im 3. Reich, Berlin, Frankfurt, Wien 1967

Troost, Gerdy und Gauverlag Bayerische Ostmark (Hg.): Das Bauen im neuen Reich, Bayreuth 1941 (3. Auflage)

Trumpp, Thomas: Zur Finanzierung der NSDAP durch die deutsche Großindustrie. Versuch einer Bilanz, in: Bracher, Karl Dietrich u.a.: Nationalsozialistische Diktatur 1933–1945. Eine Bilanz, Düsseldorf 1983, S. 132 ff.

Usadel, Georg: Zeitgeschichte in Wort und Bild. Bände 1 bis 4, Oldenburg 1937–1939

Vierneisel, Klaus (Hg.): Der Königsplatz 1812–1988. Eine Bild-Dokumentation zur Geschichte des Platzes (Texte u. Bilder: Hans Michael Herzog), München 1991

Vierneisel, Klaus und Gottlieb Leinz: Glyptothek München 1830–1980. Katalog zur Jubiläumsausstellung zur Entstehungs- und Baugeschichte, 17. September bis 23. November 1980, München 1980

Vondung, Klaus: Magie und Manipulation. Ideologischer Kult und politische Religion des Nationalsozialismus, Göttingen 1971

Wächtler, Fritz (Hg.): Die neue Heimat. Vom Werden der nationalsozialistischen Kulturlandschaft, München 1940

Weiß, Wolfgang und Bernd Ogan (Hg.): Faszination und Gewalt – Zur politischen Ästhetik des Nationalsozialismus, München 1992

Weyerer, Benedikt: München: Stadtrundgänge zur politischen Geschichte 1933–1949, München 1993

Weyerer, Benedikt: München: Stadtrundgänge zur politischen Geschichte 1950–1975, München 1996

Zech, Franz: Ein neuer Königsplatz, München 1966

Zittel, Bernhard: Die Vertretung des Hl. Stuhles in München 1785–1934, in: Wendel, Joseph Kardinal (Hg.): Der Mönch im Wappen, München 1960

Zöberlein, Hans: »München, die Stadt der Bewegung«, in: Deubner, Ludwig: München – Die Kunst-Stadt des Neuen Reiches, Sonderdruck aus der Heimatzeitschrift *Das Bayerland*, S. 29.

Benutzte Archive

Bayerisches Hauptstaatsarchiv München
Bayerisches Landesbauamt, München
Erzbischöfliches Archiv, München (Bestand Kardinal-Faulhaber-Archiv)
Institut für Zeitgeschichte, München
Landeshauptstadt München, Tiefbauamt (Fotoarchiv)
Staatsarchiv München
Stadtarchiv München
Staatsbibliothek Berlin, Zeitungsabteilung
Staatsbibliothek München

Bildnachweis

akg-images: S. 19, 20, 21
Archiv Münchner Merkur: 124, 129 u.
Archiv Schricker: S. 51 li., 55
Bayerische Staatsbibliothek: S. 11, 63, 65
Bayerische Staatsbibliothek, Bildarchiv Hoffmann: S. 62 li., 97, 110
Bayerische Staatsgemäldesammlung: S. 39
Bayerisches Hauptstaatsarchiv: S. 23, 25, 100, 101 re., 106, 126, 140
Bildarchiv Foto Marburg: S. 33, 34, 41, 125, 135 u., 141 li.
Egginger, Karlheinz: S. 163
Francé, Walter Bernhard: S. 139.
Geheimes Hausarchiv, München: S. 32 o.
Giesler, Hermann: S. 131
Glyptothek München: S. 26, 35
Grammbitter, Ulrike: S. 113
Hanffstengel, Hans v.: 122
Kester Archiv, Heribert Sturm: S. 61, 119
Sammlung Christel und Luitpold Knauer: S. 128
Kopleck, Maik: S. 7, 70, 162
KZ-Gedenkstätte Dachau: S. 82
Müller, Alfred: S. 169
Presseillustration H. R. Hoffmann: S. 83
Rosefeldt, Julian: S. 159, 167
Rumpf, Stephan: S. 161, 168
Sammlung Reinhard Bauer: S. 30, 36, 42, 68
Sammlung Christian Härtel: S. 59 re., 60, 61, 62 re., 77
Sammlung Rudolf Herz: S. 50 li.
Sammlung André Hüsken: S. 14
Sammlung Georg Pettendorfer: S. 92 li.
Sammlung Ernst Piper: S. 18, 46, 47, 48, 50 re., 54, 59 li., 69, 71, 72, 75, 96, 105, 109 o., 111, 164, 165
Sammlung Sybille Seidl-Obermayer: S. 15
Sammlung Karl Stehle: S. 51 re., 57
Seckendorff, Eva v.: 154 u.
Staatliche Graphische Sammlungen, München: S. 28, 31
Staatsbibliothek München: S. 32 u.
Stadtarchiv München: S. 45, 53, 56, 58, 73, 76, 78, 80, 81, 84, 93, 95, 105, 107, 115, 116, 117, 120, 123, 129 o., 130, 133, 135 o., 136, 137, 141 re., 142, 145, 146
Stadtmuseum München: S. 12, 17, 22, 27, 29, 43, 44, 52, 87 m., 158
Steinle, Piero: S. 166
Stiftung Preußische Schlösser und Gärten Berlin-Brandenburg (Potsdam): S. 37
SV-Bilderdienst: S. 87 u., 127, 132, 150
Tiefbauamt München: S. 89, 98, 147, 148, 149, 152, 153, 154 o., 155, 157
Tourismusamt München: Rückumschlag
Zenz, Friedrich: S. 8

Alle anderen Bilder stammen aus dem Archiv des Autors oder des Verlages. Rechteinhaber, die wir nicht eruieren konnte, bitten wir, sich mit dem Verlag in Verbindung zu setzen.

Personenregister

Adam, Wilhelm 88
Adenauer, Konrad 57
Albani, Prinz 28
Alfahrt, Felix 101
Alfons v. Bayern 51
Alker, Hermann Reinhard 123
Altmann, Rudolf 151
Antonescu, Ion 125
Arco auf Valley, Anton v. 49, 62

Baarova, Lida 120
Bachmann, Erhard 159
Backmund, Michael 164
Barlow, Elise 68
Bauer, Anton 95
Bäumler, Klaus 165, 169
Bauriedl, Andreas 60, 101, 106, 133
Beauharnais, Eugène-Rose de 22
Beblo, Fritz 95, 123
Benker, Siegfried 164
Berchtold, Josef 60, 100
Bieber, Oswald 64, 75
Bismarck, Otto v. 53 f., 71, 92
Böck, Erwin 67
Böhler, Otto Alfons 93
Bonaparte, Jérôme 28
Bonaparte, Napoleon 17, 21–25, 28 f., 40, 45
Bormann, Martin 92, 127
Bornhofen, Hans-Jörg 152 f.
Brechensbauer, Georg 159
Bruckmann, Elsa 70, 72
Bruckmann, Hugo 70
Buch, Walter 113
Büchner, Georg 40
Bühlmann, Joseph 52
Bühlmann, Manfred 66

Canova, Antonio 23, 27 f.
Casella, Theodor 101 f.
Chamberlain, Neville 116, 118
Christiansen, Friedrich 115
Ciano Conte di Cortelazzo, Galeazzo 125
Cockerell, Charles Robert 26
Cornelius, Peter 33, 36

Dahm, Volker 162 f.
Daladier, Edouard 116, 118
Daume, Willi 148 f.
Demnig, Gunter 168
Deroy, Erasmus v. 23
Dietrich, Josef »Sepp« 116
Dietrich, Otto 88
Dillis, Georg v. 26
Dohm, Ernst 91
Dresler, Adolf 16
Drexler, Anton 14, 56, 84

Ebert, Friedrich 50
Echinger, Friedrich 13 f.
Eckart, Dietrich 71 f.
Eckstein, Hans 138, 143 f.
Egerer, Rudolf 158
Ehrlich, Wilhelm 101, 133
Eisner, Kurt 14, 49 f., 158
Elgin, Thomas Bruce, 7. Earl v.
Ellersiek, Kurt 82
Elser, Georg 120 f., 158
Epp, Franz Ritter v. 51, 79, 80, 83 f.
Erhard, Ludwig 145
Esser, Hermann 80
Esterer, Rudolf 141

Faulhaber, Michael Kardinal 56 f., 138
Faust, Martin 101 f., 133
Feichtmaier (Geschäftsführer) 76
Feuchtwanger, Lion 82
Fichte, Johann Gottlieb 20
Fiehler, Karl 80, 85, 95, 101, 111 f., 119–121
Finck, August v. 158
Fischer, Franz 141, 144
Fischer, Karl v. 22 f., 29 f., 44 f., 92, 113
Fischer, Theodor 64
Flick, Friedrich 69
Flügel, Rolf 118
Frank, Hans 80
Frank (Regierungsrat) 74 f.
Freisler, Roland 156, 164
Freud, Sigmund 82
Frick, Wilhelm 60, 79, 156

Friedrich II., König von Preußen 19 f., 72
Furtwängler, Adolf 52

Gablonsky, Friedrich (Fritz) 67, 99, 123
Gall, Leonhard 90, 112, 131
Gärtner, Andreas 29
Gärtner, Friedrich v. 40, 157
Gervinus, Georg Gottfried 38
Giesler, Hermann 121, 123, 130 f.
Giesler, Paul 127, 129
Goebbels, Joseph 67–69, 76, 81 f., 89, 100, 120, 162
Goethe, Johann Wolfgang 32
Gogh, Vincent van 155
Göring, Hermann 59 f., 79, 85, 102, 118, 162
Grimm, Wilhelm 113
Grimminger, Jakob 101
Grünspan, Herschel 120
Gsaenger, Gustav 141
Guggenheimer, Eduard 92
Guggenheimer, Moritz 92
Gürtner, Franz 61 f.

Haas, Robert 152
Habsburg, Ferdinand Erzherzog v. 21
Hagen, Lorenz 145
Hallerstein, Karl Haller v. 26
Hanfstaengl, Eberhard 140
Hanfstaengl, Ernst 72
Harrer, Karl 56, 84
Hartmann, Gunter 154
Hechenberger, Anton 60, 101
Heckel, Max v. 52
Heilmeyer, Alexander 90
Heinlein (Professor) 100, 107
Heinrich der Löwe 9
Held, Heinrich 16, 79
Heldmann, Josef 95
Heller, Klaus 143
Henlein, Konrad 118
Hérigoyen, Joseph v. 29
Heß, Rudolf 14, 58, 62, 72, 76, 88, 92, 112, 115, 121, 125, 137, 152
Heuss, Theodor 110

Peter Köpf

lebte von 1984 bis 1992 in München. Seither lebt
der Journalist in Berlin. Im Ch. Links Verlag veröffentlichte er 1995 eine Untersuchung über die
Vergangenheit der Gründer der westdeutschen
Zeitungen: »Schreiben nach jeder Richtung: Goebbels-Propagandisten in der westdeutschen Nachkriegspresse«. Inzwischen hat er Biographien über
Edmund Stoiber, »Die Burdas« und »Die Momm-
sens« veröffentlicht. Außerdem ist er *Senior Editor*
der Monatszeitung *The Atlantic Times*.

Mehr Informationen unter: www.denk-bar.de

Ulrich Chaussy, Christoph Püschner
Nachbar Hitler
Führerkult und Heimatzerstörung
am Obersalzberg

5. aktualisierte und erweiterte Auflage
240 Seiten, 205 Abbildungen und Karten
Broschur
ISBN 3-86153-382-0
19,90 €; 34,90 sFr

Zehn Jahre lang recherchierte Ulrich Chaussy das Phänomen Obersalzberg, die ideologischen Bausteine, aus denen Hitler seine Trutzburg bei Berchtesgaden schuf, sowie die Unfähigkeit der Nachgeborenen, aus diesem Mikrokosmos nationalsozialistischer Machtpolitik zu lernen. Erzählerische Rafinesse sowie das gelungene Arrangement aus heutigen Fotos und historischen Quellen setzt »Nachbar Hitler« deutlich von anderen Publikationen zum Thema ab. *Süddeutsche Zeitung*

Eine sorgfältig dokumentierte Arbeit, die eine imponierende Fülle neuentdeckter Details enthält. Viele unbekannte Fotos runden diese gespenstische Geschichte einer bedenkenlosen Umweltzerstörung ab. *F.A.Z.*

Endlich ist ein Buch erschienen, das den bislang unzerstörbaren Mythos vom heiligen Berg des Führers zerlegt. »Nachbar Hitler« kommt großformatig und so reich bebildert daher, dass die Vermutung naheliegt, der Verlag wollte nicht nur ein Aufklärungswerk vorlegen, sondern den bunten Broschüren an diesem Ort subversiv-seriös Konkurrenz machen. *Der Tagesspiegel*

Ch. Links Verlag, Schönhauser Allee 36, 10435 Berlin, www.linksverlag.de, mail@linksverlag.de

Ch.Links

Eckart Dietzfelbinger, Gerhard Liedtke
Nürnberg – Ort der Massen
Das Reichsparteitagsgelände
Vorgeschichte und schwieriges Erbe

160 Seiten, 158 Abbildungen
Festeinband
ISBN 3-86153-322-7
29,90 €; 52,20 sFr

Der Name der Stadt Nürnberg ist wie kein anderer mit Geschichte und Ideologie der Nationalsozialisten verbunden. Zeitlich eingerahmt von den Nürnberger Gesetzen 1935 und dem Kriegsverbrechertribunal nach 1945 erfolgte der Aufbau der »Stadt der Reichsparteitage« zum nationalen Wallfahrtsort.
Das Areal am Dutzendteich war bis in die 1930er Jahre Naherholungsgebiet, Vergnügungsstätte für die Einwohner und zugleich Industriestandort.
Dieser Band bietet erstmals eine Zusammenfassung der Geschichte des Geländes. Freizeit und Industrie, sportliche und politische Großveranstaltungen in der Weimarer Republik, NS-Reichsparteitage und 50 Jahre quälender Debatten über den Umgang mit dem schwierigen Erbe fanden hier ihren Schauplatz und Ausgangspunkt.

Das Autoren-Duo liefert eine Kompakt-Chronik über Vorgeschichte und Nachhall der »Blendwerke«, die laut Hitler »gleich den Dornen unserer Vergangenheit in die Jahrtausende der Zukunft« hineinragen sollten und sich an der Antike orientierten. Dietzfelbinger und Liedtke betten Stadt- und Weltgeschichte ein und bilanzieren: »Nürnberg ist der Ort der Massen und Mitläufer, ohne die das System des Schreckens nicht funktioniert hätte.« *Abendzeitung Nürnberg*

Ch. Links Verlag, Schönhauser Allee 36, 10435 Berlin, www.linksverlag.de, mail@linksverlag.de